TABI
CONTENTS
旅コンテンツ
完全セレクション

JN015263

癒しの
湯の街 名湯秘湯

Famous onsen towns and secluded hot springs

温泉列島に癒やしを求める旅へ

癒やしがほしい旅ならば湯宿に泊まるのがいちばんだ。
身を沈める湯の中へ日常が溶けて消えてしまう。

いい湯だな♪という歌がある。温泉の愉楽を語るにはこの一節だけで十分だろう。日常の面倒や疲れがほぐれて消える気分が、理屈抜きに端的だ。温かいお湯で体全体がのびのびと幸せになる。旅の気分も湧出している。

「いい湯」は湯加減も重要。熱すぎずぬるすぎず、それで心も体も癒やされる。血行が良くなっている。浸かりながら、知らず健康を感じている。いい湯だな♪の気分は健康の喜びだ。

そもそも体は温めたほうが良いそうだ。免疫力が高まるという。温泉の効能には、湯によってアレに効くコレに効くとそれぞれだが、重要なのは、湯の鮮度だと温泉学は教える。湯も湧出して時間が経つと酸化し、劣化するから効能も落ちると。湯治が目的ならば源泉かけ流しがいいということになる。

江戸の戯作者山東京伝は熱海の湯治に出かけ「…大石へ熱湯を吐きつける様子は雷のようで、湯気が雲のように空に上がるのは、身の毛もよだつほどだ。この湯をあちこちの客舎に引いて湯船に入れ、冷まして入浴する」と書き、鮮度は抜群だったようだ。熱海の温泉ブームを起こしたのは家康以来の徳川家で、各大名が押しかけた。それ以前は北条政子が愛した伊豆の温泉が人気だった。一方秀吉は有馬温泉を好んだ。ここは清少納言の『枕草子』にも出てくる。温泉は古来から、日本の文化であった。

私たちも大いに愉しみ、温泉の薬効にあずかりたいものだ。熱燗でもやりながら美味しいものを食べ、湯上がりのビールはまたたまらない。しかし『養生訓』の貝原益軒など先人たちが口を揃えて説く、温泉の禁止事項がある。いわく「食後すぐの入浴」「空腹での入浴」「入浴すぐの食事」「入浴後の居眠り」「湯治中の飲酒」「セックス」などなど、すべて害になるという。これらを守りながら、私たちはさて、いい湯だな♪とのどかに歌えるかどうか。文化の継承は、そうそう気楽にはいかないものらしい。

足元湧出の温泉

法師温泉(群馬県)

温泉街さんぽ

玉造温泉(島根県)

作並温泉(宮城県)

CONTENTS
―――――――癒しの湯の街 名湯秘湯

温泉街さんぽ　P8

海辺の温泉宿　P89

渓流沿いの温泉宿 P123

湯めぐりが楽しい 温泉街 P159

COLUMN

山間の温泉宿　P177

日本三古湯・三名泉　P221

美肌の湯が評判の温泉宿　P261

秘湯の一軒宿 P285

足元湧出の温泉 P303

本書のご利用にあたって

● 本書中のデータは2023年1〜2月現在のものです。料金、営業時間、休業日、メニューや商品の内容などが、諸事情により変更される場合がありますので、事前にご確認ください。

● 本書に紹介したホテル・旅館などとの個人的なトラブルに関しましては、当社では一切の責任を負いかねますので、あらかじめご了承ください。

● 宿泊料金に関しては、「1泊2食付」「1泊朝食付」「素泊まり」は特記のない場合は1室2名で宿泊したときの1名分の料金です。曜日や季節によって異なることがありますので、ご注意ください。

● 開館時間、営業時間は実際に利用できる時間を示しています。ラストオーダー(LO)や最終入館の時間が決められている場合は別途表示してあります。

● 開館時間等、変更する場合がありますので、ご利用の際は公式HPなどで事前にご確認ください。

● 休業日に関しては、基本的に定休日のみを記載しており、年末年始などの休業は原則として記載していません。特に記載のない場合でも年末年始、ゴールデンウィーク、夏季などに休業することがあります。

● 料金は消費税込みの料金を示していますが、変更する場合がありますのでご注意ください。また、入館料などについて特記のない場合は個人で訪れた場合の大人料金のみを示しています。

● 交通表記における所要時間、最寄り駅からの所要時間は目安としてご利用ください。

● 掲載している資料および史料は、許可なく複製することを禁じます。

■ データの見方

- ☎ 電話番号
- ㊙ 所在地
- ㊙ 開館/開園時間
- ㊙ 営業時間
- ㊙ 定休日
- ㊙ 料金
- ㊙ 駐車場

■ 地図のマーク

- ⛩ 神社
- 卍 寺院
- ⊗ 学校
- Ｈ 宿泊施設
- Ｓ ショップ
- ♨ 温泉
- 🚏 バス停

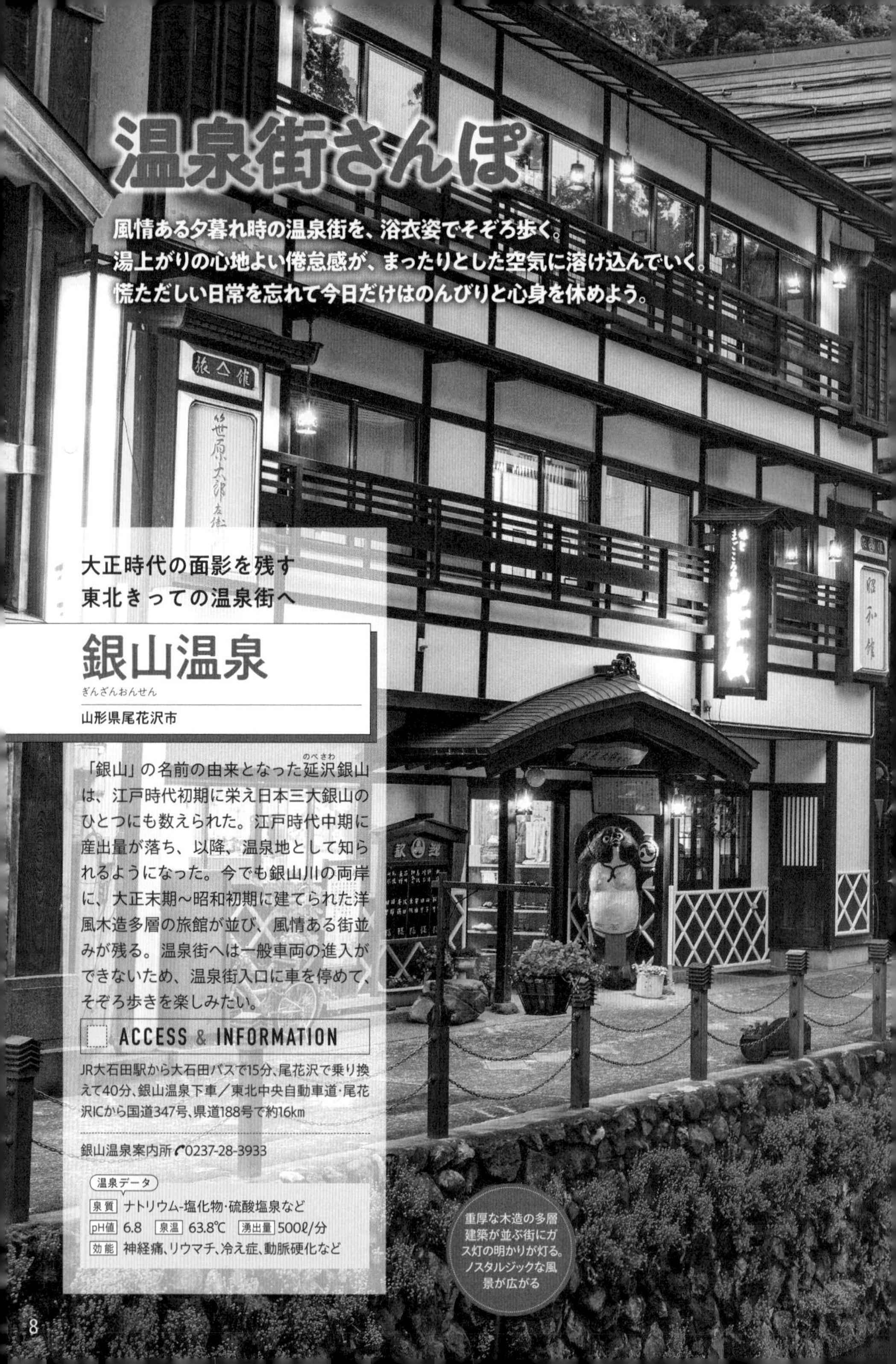

温泉街さんぽ

風情ある夕暮れ時の温泉街を、浴衣姿でそぞろ歩く。
湯上がりの心地よい倦怠感が、まったりとした空気に溶け込んでいく。
慌ただしい日常を忘れて今日だけはのんびりと心身を休めよう。

大正時代の面影を残す
東北きっての温泉街へ

銀山温泉
ぎんざんおんせん

山形県尾花沢市

「銀山」の名前の由来となった延沢銀山
は、江戸時代初期に栄え日本三大銀山の
ひとつにも数えられた。江戸時代中期に
産出量が落ち、以降、温泉地として知ら
れるようになった。今でも銀山川の両岸
に、大正末期〜昭和初期に建てられた洋
風木造多層の旅館が並び、風情ある街並
みが残る。温泉街へは一般車両の進入が
できないため、温泉街入口に車を停めて、
そぞろ歩きを楽しみたい。

◻ ACCESS & INFORMATION

JR大石田駅から大石田バスで15分、尾花沢で乗り換
えて40分、銀山温泉下車／東北中央自動車道・尾花
沢ICから国道347号、県道188号で約16km

銀山温泉案内所 ☎0237-28-3933

温泉データ

泉質	ナトリウム-塩化物・硫酸塩泉など
pH値 6.8	泉温 63.8℃	湧出量 500ℓ/分
効能	神経痛、リウマチ、冷え症、動脈硬化など

重厚な木造の多層
建築が並ぶ街にガ
ス灯の明かりが灯る。
ノスタルジックな風
景が広がる

豪雪地帯にある銀山温泉では、12～3月には雪化粧した美しい風景に出会うことができる

START

さんぽコース

START	銀山温泉 バス停	
	徒歩4分	
1	しろがね湯	所要45分
	徒歩1分	
2	あいらすげーな	所要30分
	徒歩1分	
3	和楽足湯	所要15分
	徒歩5分	
4	白銀の滝	所要15分
	徒歩8分	
GOAL	銀山温泉 バス停	

1 ふらっと名湯に立ち寄る
しろがね湯
しろがねゆ

温泉街の一角に立つ共同浴場。1階と2階にそれぞれ内湯を備え、男女入替制で入浴できる。湯船にはナトリウム・カルシウム・硫酸塩泉が注ぎ、気軽に銀山温泉の湯に浸かれる。
☎0237-28-3933(銀山温泉案内所) 所山形県尾花沢市銀山新畑北415-1 営8:30～15:30 休不定休 料500円 交銀山温泉バス停から徒歩4分 Pなし

徒歩1分

木材を使用してモダンにデザインした外観は建築家・隈研吾氏のデザイン

菓子処 明友庵

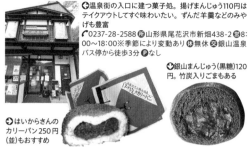

⊕温泉街の入口に建つ菓子処。揚げまんじゅう110円はテイクアウトしてすぐ味わいたい。ずんだ羊羹などのみやげも豊富
☎0237-28-2588 所山形県尾花沢市新畑438-2 営8:00～18:00※季節により変動あり 休無休 交銀山温泉バス停から徒歩3分 Pなし

⊕はいからさんのカリーパン250円(並)もおすすめ

⊕銀山まんじゅう(黒糖)120円。竹炭入りごまもある

② 大正ロマンを気軽に体験
あいらすげーな
あいらすげーな

ハイカラさんの衣装など、サイズも豊富

に揃う。大正ロマンの装いを体験

温泉街の入口に建つ貸衣装の店。バラエティに富んだ図柄や色の衣装が揃い、着付けも簡単。1時間コースは下駄や小物も付くので、温泉街を背景に記念撮影もできる。テイクアウト用のカフェも併設され、コーヒー400円などが味わえる。

☎0237-28-2811 ㊟山形県尾花沢市銀山新畑438 ㊠9:00～16:00 ㊡不定休 ㊤1時間コース2000円 ㊰銀山温泉バス停から徒歩3分 ㋟なし
※冬季休業あり

野川とうふや

↻レトロな雰囲気の元理髪店の横にある豆腐店。立ち食い豆腐200円などが好評。入口のベルを鳴らして注文しよう
☎0237-28-2494 ㊟山形県尾花沢市銀山新畑427 ㊠8:30～18:00(売り切れ次第終了) ㊡不定休 ㊰銀山温泉バス停から徒歩4分 ㋟なし
↻立ち食い生揚げ240円

■銀山温泉

H 仙峡の宿 銀山荘

START&GOAL
銀山温泉バス停

山形県
尾花沢市

① しろがね湯

あいらすげーな ②
菓子処 明友庵 S

i 銀山温泉案内所
S 野川とうふや
③ 和楽足湯

そば処 酒処 伊豆の華 R

H 伝統の宿 古山閣

H 古勢起屋別館

江戸屋 S
酒茶房クリエ C

能登屋旅館 H

伊豆こけし工房本店 S

N
0　　50m

白銀の滝
④

③ せせらぎが心地よい
和楽足湯
わらしゆ

銀山川沿いに設置された足湯。源泉を引いた湯は少し熱めで、体の芯までぽかぽか。ベンチの高さにも工夫が凝らされ、誰でも利用しやすい。

☎0237-28-3933(銀山温泉観光案内所) ㊟山形県尾花沢市銀山新畑地内 ㊠6:00～22:00(清掃時間は休み) ㊡無休 ㊤無料 ㊰銀山温泉バス停から徒歩4分 ㋟なし

徒歩1分 🚶

ノスタルジックな風景を眺めながら浸かれば、体も心もリラックス

🚶 徒歩5分

④ 自然のなかの絶景スポット
白銀の滝
はくぎんのたき

銀山温泉には自然を満喫できる散策コースがある。なかでも温泉街から白銀の滝などを巡る約0.8kmの滝見コースがおすすめ。途中のせことい橋もフォトジェニックなスポット。

☎0237-28-3933(銀山温泉観光案内所) ㊟山形県尾花沢市銀山温泉地内 ㊦ ㊡見学自由 ㊤見学自由 ㊰銀山温泉バス停から徒歩8分 ㋟なし

温泉街の突き当たりで見られる落差22mの迫力ある滝は清涼感いっぱい

GOAL

レトロな街並みを彩る意匠

粋なロケーションが広がる

歴史のある建物を見てまわるのも、温泉街での楽しみのひとつ。漆喰を用いて描かれた鏝絵(右)は、旅館の看板や壁などに見られる。幻想的な灯りのガス灯(下)、石畳にはめ込まれたカラフルなタイル(右下)など、屋外ミュージアムのよう。

1

大正、昭和の面影を宿す
贅を尽くした日本建築

ガス灯が灯る銀山川沿いにレトロな旅館
がずらりと並ぶ銀山温泉にあって、ひと
きわ目立つ3階建ての建物は、国の登録有
形文化財にも登録されている。館内に入
れば、磨かれた飴色の木材が美しく、飾
り障子、床の間の違い棚、欄間といった
日本建築ならではの造りと、アーチ型の
窓、天井照明などの西洋的な意匠が見事
に融合。

2

3

5

4

能登屋旅館
のとやりょかん

📞0237-28-2327 🏠山形県尾花沢市銀山新畑
446 🕑14:00 out10:30 室15室 予約1泊2食付 平日
2万3100円～ 休前日2万5300円～ 🚌銀山温泉
バス停から徒歩6分 Ｐなし

温泉データ

風呂数 露天風呂:2／内湯:2／貸切風呂:2
※客室風呂は除く

泉質 含食塩硫化水素泉

1 初代当主の名、木戸佐左エ門と記さ
れた鏝絵の看板は昭和7年(1932)造
2 風呂は大浴場、露天、展望露天の
ほか貸切の洞窟風呂を用意
3 欄間などのしつらえに重厚感が感じ
られる本館の客室
4 尾花沢牛や鴨など、地の食材を使っ
た料理も好評
5 艶のある飴色の木肌が時代を感じさ
せる、大正時代から変わらない階段

和に洋が溶け込む
モダンレトロなたたずまい

旅館としての始まりは天保年間（1830〜44）だが、それ以前から両替商や造り酒屋などを営んでいたという老舗。館内は和の造りをベースにステンドグラスなどを配した大正レトロな趣で、食事は黒毛和牛のしゃぶしゃぶや山形のフルーツが美味。

古勢起屋別館
こせきやべっかん

☎0237-28-2322 所山形県尾花沢市銀山新畑417 in15:00 out10:00 室15室 予料1泊2食付 平日2万1050円〜 休前日2万2700円〜 交銀山温泉バス停から徒歩5分 P50台

[温泉データ]
風呂数 露天風呂：0／内湯：2／貸切風呂：0 ※客室風呂は除く
泉質 含硫黄-ナトリウム-塩化物・硫酸塩泉

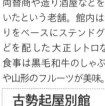

1 客室は温泉街に面した川側と自然が見事な山側がある
2 畳敷きの和室にベッドを配した「浪漫客室」はレトロ感たっぷり
3・4 2つの内湯は男女入替制。100％源泉かけ流しのため、日によって湯加減が変化する
5 温泉街の中心に建つ5階建ての木造日本建築

年中行事を描いた鮮やかな
鏝絵は銀山のシンボル

立地、しつらえ、温泉と申し分のない宿だが、ことに食事は随一。ブランド米のつや姫、尾花沢牛をはじめ、山菜やキノコなど地元で採れる季節の食材が贅沢に味わえる。

1

伝統の宿 古山閣
でんとうのやどこざんかく

📞0237-28-2039 🏠山形県尾花沢市銀山新畑423 in14:30 out10:00 室9室 予約1泊2食付 平日1万9950円〜 休前日2万1050円〜 🚌銀山温泉バス停から徒歩5分 🅿15台

温泉データ
風呂数 露天風呂:0／内湯:2／貸切風呂:2
※客室風呂は除く
泉質 含硫黄−ナトリウム−塩化物·硫酸塩泉

2

3

4

1弱酸性の温泉が肌を磨くと評判。いつでも湧きたてかけ流しの湯
2心身が喜ぶ日本料理が味わえる。季節によって食材がガラリと変わる
3歴史を感じる和室が落ち着く。細部の飾りまで美しい建物だ
4銀山温泉で最も古いといわれる築90年の日本建築

温泉街から徒歩5分
モダンな施設が好評を博す

温泉街の外にある宿だが、その分、施設、サービスが現代的。大浴場は露天、内湯のほか岩盤浴を備えている。畳の食事処に椅子を置くなどバリアフリー対応も万全だ。

1

2

3

仙峡の宿 銀山荘
せんきょうのやどぎんざんそう

📞0237-28-2322 🏠山形県尾花沢市銀山新畑85 in15:00 out10:00 室40室 予約1泊2食付 平日2万1600円〜 休前日2万4900円〜 🚌銀山温泉バス停から徒歩1分 🅿50台

温泉データ
風呂数 露天風呂:2／内湯:2／貸切風呂:0
※客室風呂は除く
泉質 含硫黄−ナトリウム−塩化物·硫酸塩泉

1新緑や紅葉、雪景色などを眺めながら入浴できる露天風呂には川のせせらぎが聞こえる
2モダンな明るさを備えたスタンダード和室
3夕食は地元食材を使った郷土料理を和食膳で提供

街並みを望む2階席でそばをたしなむ
そば処 酒処伊豆の華
そばどころ さけどころ いずのはな

温泉街の中心に店を構える食事処。尾花沢産のそば粉「最上早生」を使ったそばは、名物の板そば1700円などで味わえる。甘味も夜のメニューも豊富に揃う。

℡0237-28-2036 🅟山形県尾花沢市銀山新畑440 🕙11:00～22:00 🅗水曜、ほか臨時休業あり 🚌銀山温泉バス停から徒歩5分 🅟5台

↑銀山川沿いに建つ歴史のあるそば処(上)。レトロな雰囲気の店内は居心地のよい空間(下)

蕎麦ソフト黒みつきなこがけ 920円
きなこと黒みつは別盛りで、そばの風味が楽しめるソフトクリーム
揚げ茄子おろしそば 1430円
素揚げしたナスをたっぷりのせたメニュー。おしんめしセット1930円も好評

街歩きのあとに立ち寄りたいほっこりカフェ
酒茶房クリエ
しゅさぼうクリエ

店先に立つ赤いポストが目印のカフェ。ブレンドコーヒー550円や月替わりコーヒー750円などがおすすめ。シフォンケーキ500円などのスイーツと一緒に味わおう。

℡0237-28-2038 🅟山形県尾花沢市銀山新畑410 🕙10:00～18:00(金・土曜10:00～18:00 20:00～22:00) 🅗月・火曜、ほか不定休 🚌銀山温泉バス停から徒歩6分 🅟なし

↑銀山川を望むテラス席はわんちゃん連れもOK(左)。1階席のほか自然光たっぷりの2階席も備わる(右)

プリン 550円
ビターなキャラメルのほのかな苦みで、コーヒーにもよく合う。レトロな見た目もキュート

焼きココア 750円
自家調合のココアの上に、もこもこの焼きマシュマロがたっぷり

温泉街の奥にたたずむこけしの専門店
伊豆こけし工房本店
いずこけしこうぼうほんてん

NHK連続テレビ小説『おしん』に登場した「銀山こけし」を製造販売する店。ドラマ放送後、「おしんこけし」として注目され、多くのファンを魅了している。魔除けのエンジュの工芸品もおすすめ。

℡0237-28-2161 🅟山形県尾花沢市銀山新畑450 🕙8:30～17:30 🅗不定休 🚌銀山温泉バス停から徒歩7分 🅟なし

↑オリジナルのこけしがずらりと並ぶ。店内ではこけしの絵付け体験もできる

ひなこけし
1体4500円
丸みをおびた独特のフォルムがかわいらしい商品。一対で揃えれば、贈り物としても喜ばれそう

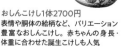
おしんこけし1体2700円
表情や胴体の絵柄など、バリエーション豊富なおしんこけし。赤ちゃんの身長・体重に合わせた誕生こけしも人気

バラエティに富んだご当地みやげを
江戸屋
えどや

地元の名産品をはじめ、かわいらしい雑貨が揃うみやげ物店。山形の漬物やせんべいは種類も豊富。尾花沢のスイカを使った加工品のほか、パインやラ・フランスなどのご当地サイダーもおすすめ。

℡0237-28-2038 🅟山形県尾花沢市銀山新畑410 🕙8:00～21:00(冬季は～18:30) 🅗無休 🚌銀山温泉バス停から徒歩6分 🅟なし

↑ノスタルジックな街並みに溶け込むようにたたずむ

はゆがのせんべい
1枚130円
尾花沢の米農家が作る無添加せんべい。かたく焼きで食べごたえあり
くじら餅880円
古くから伝わる餅菓子で、保存食品としても知られる銀山名物

↑吊るし雛は、ちりめん布素材で作った人形に紐を通して吊るす民芸品

→カエルの置物や猫グッズなどかわいらしい雑貨も並ぶ

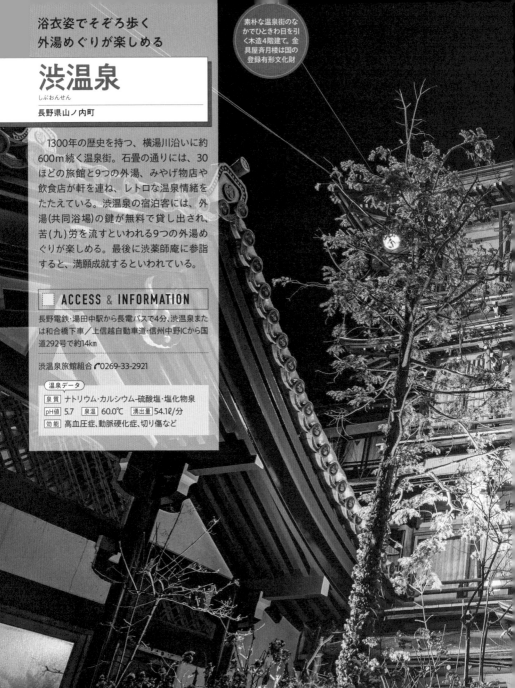

素朴な温泉街のなかでひときわ目を引く木造4階建て。金具屋斉月楼は国の登録有形文化財

浴衣姿でそぞろ歩く
外湯めぐりが楽しめる

渋温泉
しぶおんせん

長野県山ノ内町

　1300年の歴史を持つ、横湯川沿いに約600m続く温泉街。石畳の通りには、30ほどの旅館と9つの外湯、みやげ物店や飲食店が軒を連ね、レトロな温泉情緒をたたえている。渋温泉の宿泊客には、外湯（共同浴場）の鍵が無料で貸し出され、苦（九）労を流すといわれる9つの外湯めぐりが楽しめる。最後に渋薬師庵に参詣すると、満願成就するといわれている。

ACCESS & INFORMATION

長野電鉄・湯田中駅から長電バスで4分、渋温泉または和合橋下車／上信越自動車道・信州中野ICから国道292号で約14km

渋温泉旅館組合 ☎0269-33-2921

温泉データ
泉質 ナトリウム・カルシウム-硫酸塩・塩化物泉
pH値 5.7　泉温 60.0℃　湧出量 54.1ℓ/分
効能 高血圧症、動脈硬化症、切り傷など

↑温泉街に点在する共同浴場は風情たっぷり

S 羽田甘精堂

格子窓や土壁などが残るレトロな温泉街を散策しながら、外湯めぐりをするのも楽しい

START

さんぽコース

1 武田信玄ゆかりの寺
横湯山温泉寺
おうとうさんおんせんじ

徒歩5分 🚶

嘉元3年(1305)、京都・東福寺の虎関禅師が巡錫の際、ここに草庵を設けて開山。戦国時代には武田信玄が川中島の戦いのあとに疲れを癒やしたと伝わり、以来信玄が開基とされる。本尊は釈迦如来。

☎0269-33-2220 所長野県山ノ内町平穏2032 開 休 料参拝自由 交和合橋バス停から徒歩5分 Pなし

本堂の前には、三猿とユニークな逆三猿の石像が対に置かれている

広い境内には本堂のほか、山門、楼門、鐘楼などの建物が立ち並んでいる

❷ ランドマーク的な存在
渋大湯(九番湯)
しぶおおゆ(きゅうばんゆ)

温泉街の中心部にあり、9つの外湯のなかで最も大きい赤錆色の温泉。唯一、渋温泉に宿泊していない人も利用できる。その場合は入浴料(税込500円)を支払う。

☎0269-33-2921(渋温泉旅館組合) 所長野県山ノ内町平穏2209 営6:00〜22:00 休無休 料無料 交和合橋バス停から徒歩2分 Pなし

「あたたまる」という意味の方言で「のふとまる」という足湯もある

徒歩2分

❸ 外湯めぐりのあとに参拝
渋薬師庵
しぶやくしあん

神亀年間(724〜729)に僧行基が大湯付近から源泉を発見し、薬師如来像を刻んで祀ったのが始まり。9つの外湯を巡ったあとに参拝するとご利益があるといわれている。

☎0269-33-2209 所長野県山ノ内町渋2208 営— 休— 料参拝自由 交和合橋バス停から徒歩2分 Pなし

まっすぐ続く78段の石段。御堂は昭和6年(1931)に再建されたもの

徒歩1分

渋温泉

Ⓡ 小石屋旅館

春蘭の宿 さかえや Ⓗ

Ⓡ 手打ち蕎麦うどん 玉川本店

❸ 渋薬師庵
❹ 歴史の宿 金具屋

GOAL
渋温泉 バス停

Ⓗ 渋ホテル

Ⓢ 若葉屋

❷ 渋大湯(九番湯)

Ⓗ 渋温泉 古久屋

渋湯橋

長野県
山ノ内町

START
和合橋 バス停

Ⓢ 小古井菓子店

御宿 炭乃湯 Ⓗ

横湯山温泉寺 ❶

地獄谷野猿公苑

横湯川

金具橋

N

0　　　50m

若葉屋

⬆地元山ノ内の奥志賀高原牧場の牛乳と山ノ内産の旬のフルーツを使った手作りジェラートが味わえる。みやげや民芸品なども販売。和風のイートインスペースも
☎0269-33-3305 所長野県山ノ内町平穏2184 営9:00〜21:30 休不定休 交和合橋バス停から徒歩2分 Pなし

⬆ミックスベリー・ヨーグルトと抹茶。シングルは350円、ダブルは400円

❹ ノスタルジックな外観
歴史の宿 金具屋
れきしのやど かなぐや

レトロな温泉街でひときわ存在感を放つ老舗の温泉旅館。ジブリ映画『千と千尋の神隠し』に登場する油屋は歴史の宿金具屋がモデルと話題になった。
詳細データ→ P.20

昭和初期に建てられた木造4階建ての風格ある建築。独特の存在感を放つ

GOAL

1

4つの自家源泉と8つの風呂
国登録有形文化財の宿

宝暦8年(1758)創業で渋温泉を象徴する
老舗宿。もとは鍛冶屋であったため、当
時の松代藩主が金具屋と命名。館内は斉
月楼、神明の館、居人荘、潜龍閣の4つ
の客室棟と大広間からなり、泉質の異な
る4つの源泉、3つの大浴場と5つの貸切
風呂がある。昭和11年(1936)建築の斉月
楼と大広間は国の登録有形文化財に登録
され、レトロな温泉情緒を満喫できる。

2

5

3

4

歴史の宿 金具屋
れきしのやど かなぐや

☎0269-33-3131 ㊟長野県山ノ内町平穏2202 in
15:00 out10:00 ㊟29室 ㊟1泊2食付 平日1万
8700円～ 休前日2万2000円～ ㊟渋温泉または
和合橋バス停から徒歩2分 Ｐ30台

┌温泉データ┐
風呂数 露天風呂:2／内湯:2／貸切風呂:5
※客室風呂は除く
泉質 ナトリウム・カルシウム-塩化物・硫酸塩泉

1 浪漫風呂は昭和25年(1950)の建築
で、平成になってから優美なステンド
グラスが取り入れられた
2 金具屋ならではの厳選した9室の木
造建築に泊まれるプランもある
3 非日常的な斉月楼の廊下、床や天
井にも注目したい
4 地鶏の治部煮の信州仕立て「しぶの
じぶ煮」などを味わいたい
5 今では数少なくなった木造4階建て
の斉月楼は見どころが満載

内湯9湯14槽めぐりの宿
露天風呂客室も魅力

渋温泉の中心に位置する創業400年の宿。6つの源泉を有する多彩な温泉が自慢で、大浴場「最勝の湯」をはじめ、「古代檜風呂」や「柔肌の湯」など、9湯14槽の湯めぐりができる。またすべてを完全貸切かつ無料で楽しめる。食事は地元の旬の食材を使った創作会席料理が味わえる。

1

1 6つの源泉が各浴槽に注ぎ込む「福六の湯」
2 広縁が付いた和室のほか、趣の異なる9の露天風呂付き客室がある
3 リンゴで育った信州牛をはじめ、地元の旬の食材を使用した食事も魅力

2 **3**

渋温泉 古久屋
しぶおんせんこくや

☎0269-33-2511 所長野県山ノ内町平穏2200 in15:00 out10:00 室18室 予約1泊2食付 平日1万7750円～ 休前日2万1050円～ 交渋温泉または和合橋バス停から徒歩3分 P20台

温泉データ
風呂数 露天風呂:0／内湯:0／貸切風呂9(露天風呂4,内湯5)
※客室風呂は除く
泉質 単純泉,硫酸塩化物泉ほか

2種類の温泉をブレンドした
肌にやさしい弱酸性の湯

天然かけ流しの温泉と創作懐石が自慢の宿。地獄谷の鉄分の強い茶褐色の温泉と硫黄など多数の鉱物を含んだ自噴泉をブレンドした湯で、肌もすべすべに。

1

2

春蘭の宿 さかえや
しゅんらんのやどさかえや

☎0269-33-2531 所長野県山ノ内町平穏2171 in15:00 out10:00 室27室 予約1泊2食付 平日1万6500円～ 休前日2万3100円～ 交渋温泉バス停から徒歩2分 P15台

温泉データ
風呂数 露天風呂:2／内湯:2／貸切風呂:2
※客室風呂は除く
泉質 ナトリウム・カルシウム-塩化物・硫酸塩泉

3

1 地元の伝統食材と新しいブランド素材を合わせた創作和懐石に舌鼓
2 肌にやさしい温泉と美肌効果がある炭酸泉が楽しめる大浴場
3 10畳の都季の蔵は、洋間を和風化した新しいコンセプトのしつらえ

源泉かけ流しで楽しめる
最上階にある展望露天風呂

「厄除巡浴九湯巡り」に便利な渋温泉街に
ある宿。全12室のぬくもりのある和風旅館
で、最上階の6階にある展望露天風呂から四
季折々の風景が眺められる。

御宿 炭乃湯
おんやどすみのゆ

📞0269-33-3128 🏠長野県山ノ内町平穏2091 in13:00
out10:00 室12室 予約1泊2食付 平日1万2250円〜 休前
日1万4450円〜 交和合橋バス停から徒歩3分 🅿12台

温泉データ

風呂数 露天風呂:2／内湯:2／貸切風呂:0 ※客室
風呂は除く

泉質 ナトリウム・カルシウム-硫酸塩・塩化物泉

1

1 源泉かけ流しの展望露天風呂は最上階にあり、北信五岳、志賀の
山々を一望できる
2 客室は清潔感があり落ち着きのある和室がメイン
3 飯山市産みゆきポークや中野市産神農ポークといった地元産のブラ
ンドポークを鍋で味わえる

2

3

人に温められ湯に癒やされる
温かくて懐かしい空間

横湯川のほとりにたたずむ昭和10年
(1935)創業の純和風旅館。ロビーには
昭和の小学校の教室を再現したラウン
ジがあり、BGMに童謡が流れる温かく
ノスタルジックな空間。2021年12月に
オープンした庭園貸切露天風呂では四
季折々の庭園を眺めながら温泉情緒を
満喫できる。

1

2

渋ホテル
しぶホテル

📞0269-33-2551 🏠長野県山ノ
内町平穏2173 in15:00 out
11:00 室20室 予約1泊2食付 平
日2万7500円〜 休前日2万
9700円〜※入湯税別 交渋温
泉バス停から徒歩1分 🅿30台

温泉データ

風呂数 露天風呂:2／内湯:2
／貸切風呂:2
※客室風呂は除く

泉質 ナトリウム・カルシウム-塩
化物・硫酸塩泉

1 シモンズ社のセミダブルベッドを
2台しつらえたスーペリア和モダン
の客室
2 北信濃の旬の味覚を堪能できる
信州アルプス牛会席
3 天然温泉のかけ流しで、総檜湯
屋造りの男性用大浴場

コシがあり風味豊かな手打ちそば
手打蕎麦うどん 玉川本店
てうちそばうどんたまがわほんてん

信越県境の契約農家の玄そばを特注の石臼で自家製粉した手打ちそばが食べられる。そば粉を使ったソフトクリームやプリン、クリームタルトなどのオリジナルのデザートもある。

☎0269-33-2252 🏠長野県山ノ内町平穏2178 🕐11:30〜14:00 18:00〜20:00 🈲第3・5水曜 🚌渋温泉バス停から徒歩2分 🅿2台

⬆笹の湯（二番湯）の斜め向かいにあり、小上がりの座敷もある

⬇もっちりとした食感のそばプリン600円

くるみだれそば1090円
本鰹と宗田鰹をブレンドしたそばつゆに特製のくるみダレを合わせた風味豊かなつけ汁で味わう手打ちそば

地元食材を使った創作イタリアン
小石屋旅館
こいしやりょかん

昭和初期に建てられた旅館を再利用し、温泉街で唯一カフェ＆レストランを併設。香り高い本格コーヒーから長野県産ワインや志賀高原ビール、信州の食材をふんだんに取り入れたメニューが充実。

☎050-5527-5273 🏠長野県山ノ内町平穏2277 🕐カフェ＆レストラン7:30〜10:00(LO9:30) 18:00〜22:00(LO21:00) 土・日曜、祝日のみ12:00〜17:00(LO16:30)も営業 🈲火曜、ほか不定休 🚌渋温泉バス停から徒歩2分 🅿3台

⬆ゲストハウス並みの料金で老舗旅館の情緒が楽しめる。カフェ＆レストランは宿泊者以外でも気軽に利用できる

⬆ドラフトペールエール850円、自家製牛肉ハチミツ味噌漬け880円など

あれこれ食べ比べしたくなる
小古井菓子店
こごいかしてん

和菓子、洋菓子、パンなどを製造販売している老舗で、見た目にもユニークな名物のうずまきパンは、食べ歩き用にお店で温めてくれる。温泉まんじゅうの老の松や湯めぐりの際に気軽に味わえる。

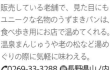

⬆和菓子、洋菓子、パンそれぞれ種類豊富でリーズナブル

☎0269-33-3288 🏠長野県山ノ内町平穏2114 🕐8:00〜19:30 🈲水曜（祝日の場合は営業）🚌和合橋バス停から徒歩1分 🅿なし

うずまきパン140円
カスタードクリームをうずまき状に描いて、中にはマーガリンをたっぷり入れている

⬆創業100年近くになり3代目が暖簾を守る風情ある店構え

渋温泉ならではの和菓子なら
羽田甘精堂
はたかんせいどう

昭和2年(1927)の創業以来、温泉まんじゅうやしそ巻などの変わらぬ味を守り続けている。3代目の店主が考案したはやそばもちなど3つの味が楽しめる湯めぐりもちは渋温泉みやげに最適。

☎0269-33-2324 🏠長野県山ノ内町平穏2316 🕐8:30〜18:00 🈲不定休 🚌渋温泉バス停から徒歩3分 🅿1台

⬆石畳にたたずむ昔ながらの店構え。くるみゆべしやとどら焼きもおすすめ

湯めぐりもち 6個入り400円
山ノ内町産のそば粉を使い、信州味噌とごまだれのはやそばもち、抹茶もち、なめ茸もちの3種が味わえる

一茶まんじゅう1個85円
沖縄産の黒砂糖を使った生地で自家製のこし餡を包んだ、小林一茶にちなんだまんじゅう

緑あふれる渓谷沿いと
情緒あるゆげ街道を歩く

山中温泉
やまなかおんせん

石川県加賀市

　四方を山に囲まれ、その間を貫く大聖
寺川に沿って宿が点在するいで湯の里。
およそ400年前からの歴史を誇る山中漆
器や民謡の山中節で有名。その民謡を披
露する山中座や菊の湯をはじめ、浴衣と
下駄で歩きたいゆげ街道なども温泉情緒
たっぷり。大聖寺川の渓谷沿いは鶴仙渓
と呼ばれ、豊かな緑と清流が織りなす美
しい景勝地。遊歩道が整備され森林浴と
マイナスイオンが楽しめる。

■ ACCESS & INFORMATION

JR加賀温泉駅から北鉄加賀バスで32分、山中温泉ター
ミナル下車／北陸自動車道・加賀ICから国道8・
364号で約12km

山中温泉観光協会 ☎0761-78-0330

温泉データ

泉質 カルシウム・ナトリウム–硫酸塩泉など
pH値 8.1など 泉温 48.3℃など
効能 神経痛、筋肉痛、冷え性、打ち身など

渓谷沿いに遊歩道
が整備された鶴仙
渓。散策後は川床で
ひと休み。芭蕉も絶
賛した自然の風景

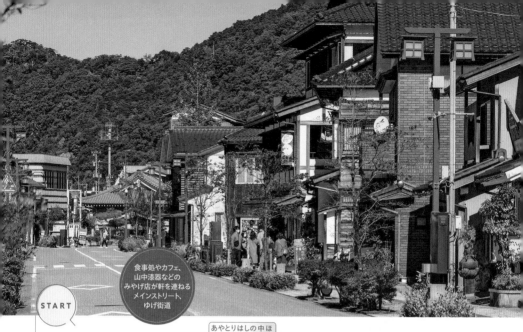

START

食事処やカフェ、山中漆器などのみやげ店が軒を連ねるメインストリート、ゆげ街道

1 珍しい形状のユニーク橋
あやとりはし
あやとりはし

鶴仙渓に架かる斬新な赤紫色の鉄骨の橋で、華道の草月流家元が「鶴仙渓を活ける」のコンセプトでデザインしたもの。まるで、あやとり糸のようにゆるやかにS字カーブを描き、映えスポットに。

📞0761-78-0330(山中温泉観光協会) 所石川県加賀市山中温泉河鹿町 開休料通行自由 交山中温泉バスターミナルから徒歩7分 Pあやとりはしたもと駐車場20台

あやとりはしの中ほどからは鶴仙渓の絶景が望め、見下ろすと川床が見える

徒歩5分

さんぽコース

START	山中温泉バスターミナル	
	徒歩7分	
1	あやとりはし	所要10分
	徒歩5分	
2	山中座	所要60分
	徒歩7分	
3	鶴仙渓眺望広場	所要10分
	徒歩3分	
4	こおろぎ橋	所要10分
	徒歩16分	
GOAL	山中温泉バスターミナル	

鶴仙渓遊歩道

松尾芭蕉が絶賛した山中温泉の自然美

俳人・松尾芭蕉が『おくのほそ道』道中に立ち寄った際、鶴仙渓の美しい景色と山中の湯が気に入り9日間も滞在。「やまなかや 菊はたおらじ ゆのにほひ」など、山中の湯を絶賛する句を残している。

↑芭蕉ファンの手によって明治43年(1910)に建てられた芭蕉堂

←芭蕉堂が建つ黒谷橋からこおろぎ橋までの約1.3kmが鶴仙渓。渓流に沿って遊歩道が整備されている

加賀野菜・地物野菜なかまさ

↑地元に愛される青果店で、評判の野菜ソムリエProが作る生搾りジュースを
☎0761-78-1112 ㊑石川県加賀市山中温泉南町ロ76-3 ◯9:00～18:00(日曜10:00～17:00) ㋭水曜 ㊦山中温泉バスターミナルから徒歩11分 Ⓟ3台

➡手前がアンチエイジングジュース600円、奥が女子力復活ジュース600円

④ 鶴仙渓のシンボル橋
こおろぎ橋
こおろぎばし

大聖寺川の鶴仙渓には、黒谷橋、あやとりはし、こおろぎ橋の3橋があり、こおろぎ橋は江戸時代からこの地に架かるシンボル。総檜造りの木造橋で、現在の橋は2021年に架け替えられた4代目。
☎0761-78-0330(山中温泉観光協会) ㊑石川県加賀市山中温泉こおろぎ町 ㋭無㊋通行自由 ㊦山中温泉バスターミナルから徒歩16分 Ⓟ市営駐車場20台

橋の上からの眺めもいいが、川岸に下りて下から見上げるのもおもしろい

② 船頭がルーツの民謡を堪能
山中座
やまなかざ

「忘れしゃんすな～山中道を」と哀愁をおびた節回しの山中節。そのルーツは、北前船の船頭が唄い伝えた北海道の追分節だそう。山中座では、山中芸妓が日本三大民謡にも数えられる山中節の唄と踊りを披露している。

☎0761-78-5523 ㊑石川県加賀市山中温泉薬師町ム1㊋8:30～22:00 ㋭無休 ㊚入館無料(山中節鑑賞700円～) ㊦山中温泉バスターミナルから徒歩7分 Ⓟ30台

土・日曜、祝日の15時30分～上演される。山中塗を施した館内も見もの

↓ 🚶 (徒歩7分)

③ 人文字が入ると完成する
鶴仙渓眺望広場
かくせんけいちょうぼうひろば

(徒歩3分) 🚶

ゆげ街道沿いに設置されている鶴仙渓を見下ろす展望台。目の前に広がる渓谷をバックに、2人で手をつないでアルファベットのMをつくれば、「YAMANAKA」の文字が完成する心憎い演出が人気。

☎0761-78-0330(山中温泉観光協会) ㊑石川県加賀市山中温泉こおろぎ町 ㋭無㊋見学自由 ㊦山中温泉バスターミナルから徒歩13分 Ⓟ市営駐車場20台

新緑や紅葉など、四季折々の彩りを眺められるフォトスポットとしても注目

山中温泉

GOAL

START & GOAL
山中温泉バスターミナル

黒谷橋
芭蕉堂
Ⓒ東山ボヌール

御菓子調進所 山海堂Ⓢ

遊鶴仙渓歩道

Ⓗ白鷺湯たわらや

小出仙Ⓢ

山中座②

Ⓗ胡蝶

① あやとりはし

Ⓒ鶴仙渓・川床

ゆげ街道

加賀野菜・地物野菜なかまさ⒮

鶴仙渓遊歩道

③ 鶴仙渓眺望広場

Ⓗかがり吉祥亭

石川県
加賀市

④ こおろぎ橋

N
0 100m

Ⓗお花見久兵衛
Ⓗ厨八十八

364

1

部屋タイプも食事スタイルも
露天風呂も選べるのがうれしい

鶴仙渓を背にして建ち、客室や風呂から
も四季折々に変化する渓谷が見渡せる。
客室タイプは多彩で、露天風呂付き温泉
スイートルーム「六庄庵」はワンランク上
の豪華な造り。広縁付きのプレミアム和
洋室「彩花庵」、家族やグループにおすす
めの「花庄庵」や「かえで庵」など。郷土
の味満載の料理にも定評があり、渓谷を
望む無料の貸切露天風呂も人気。

2

3

4

5

6

お花見久兵衛
おはなみきゅうべい

☎0761-78-1301 所石川県加賀市山中温泉下谷町
ニ138-1 in15:00 out11:00 室45室 予約1泊2食付
平日1万3200円〜 休前1万6500円〜 交山中温
泉バスターミナルから徒歩20分 P80台

温泉データ

風呂数 露天風呂:0／内湯:2／貸切風呂:3
※客室風呂は除く
泉質 カルシウム・ナトリウム-硫酸塩泉

1 木造りのゆったりとした無料の貸切
露天風呂が3つある。15:00〜22:30
に利用する場合は要予約、22:45〜
翌10:30は予約不要
2 大きなガラス張りの窓から渓谷を一
望できる大浴場は開放的
3 露天風呂付き温泉スイートルーム六
庄庵はこだわりの家具にも注目
4 能登牛や加賀野菜、ノドグロなど地
元食材にこだわった料理
5 温泉街の中心からやや離れた大聖
寺川の上流にあり静か
6 湯上がりには渓谷の川音が聞こえる
テラスでひと息つきたい

こおろぎ橋近くにある
加賀モダンな魅力を醸す宿

すべての客室や浴場から鶴仙渓を一望できる絶景の宿。客室は和室と和洋室があり、おすすめは鶴仙渓を見下ろす露天風呂付き客室。渓谷美が間近に迫り風情たっぷり。

かがり吉祥亭
かがりきっしょうてい

📞0761-78-2223 🏠石川県加賀市山中温泉こおろぎ町ニ1-1 **in**14:00 **out**10:00 客48室 予約1泊2食付 平日2万1150円～ 休前日2万6650円～ 🚃山中温泉バスターミナルから徒歩13分 🅿30台

温泉データ
風呂数 露天風呂:3／内湯:2／貸切風呂:2
※客室風呂は除く
泉質 カルシウム・ナトリウム-硫酸塩泉

1 鶴仙渓ぎりぎりに設置された岩造りの露天風呂
2 しっとりとした城下町にたたずむ和モダンの宿
3 加賀の山海の幸が味わえる。カニ料理が楽しみ
4 渓谷に面した客室「花」はスタンダード和室

美しい田園を眺める宿で
作りたてが味わえる

台所を意味する「厨」と米の字を表す「八十八」。その名のとおり、食事処にはオープンスタイルの厨房があり、作りたての料理と炊きたてのご飯が自慢だ。宿のスタッフが育てる田んぼを望むテラスや竹林に面した客室など、ホッと和める宿。

厨八十八
くりやようそはち

📞0761-78-8080 🏠石川県加賀市山中温泉菅谷町ロ-62 **in**14:00 **out**11:00 客24室 予約1泊2食付 平日2万9700円～ 休前日3万7400円～ 🚃山中温泉バスターミナルから車で5分 🅿25台

温泉データ
風呂数 露天風呂:2／内湯:2／貸切風呂:1
※客室風呂は除く
泉質 カルシウム・ナトリウム-硫酸塩泉

1 館内は木を基調としたシンプル&モダンな造り
2 全客室からさわやかな竹林を見渡せ、情緒豊かな自然に浸れる
3 温かいものは温かいうちに提供する会席料理が評判
4 田園風景を眺めてくつろげるテラス。木のぬくもりもやさしい

36代にわたる歴史と
野趣あふれる露天風呂

創業約800年の老舗宿で、鶴仙渓の中ほどに建つ。渓流沿いの野天風呂では眼前に広がる自然との一体感を満喫。夕食は日本海の幸や地元野菜など料理長が納得した素材のみを使う加賀会席を堪能。夜間は鶴仙渓のライトアップも楽しめる。

1 大聖寺川の川面をわたる風が心地よい渓流野天風呂
2 鶴仙渓にせり出すように建つ白鷺湯たわらや
3 地元漁港の鮮魚や加賀野菜など地元食材を使う料理
4 数寄屋造りの和風客室。バリアフリーの客室も用意

2

3

白鷺湯 たわらや
しらさぎゆ たわらや

☎0761-78-1321 ⓐ石川県加賀市山中温泉東町2-ヘ-1 ⓘ15:00 ⓞ11:00 48室 予約1泊2食付 平日1万9950円〜 休前日2万4350円〜 ⓧ山中温泉バスターミナルから徒歩5分 Ⓟ60台

温泉データ
風呂数 露天風呂:2／内湯:2／貸切風呂:1 ※客室風呂は除く
泉質 カルシウム・ナトリウム-硫酸塩温泉

4

四季の移ろいと和風建築
日本の美意識が香る宿

昭和15年(1940)に建てられた書院造りの2階建て特別室「聚楽第」と、数寄屋造りで控えの間付きの客室が9室の小さな宿。東京・赤坂の料亭で修業した主人の料理が評判だ。

1 鶴仙渓に架かるあやとりはしと眼前の緑を望む「川かぜの湯」
2 鶴仙渓に面した数寄屋造りの客室。水屋と控えの間を備えた純和風

1

胡蝶
こちょう

☎0761-78-4500 ⓐ石川県加賀市山中温泉河鹿町ホ-1 ⓘ14:00 ⓞ11:00 室10室 予約 1泊2食付 平日3万6300円〜 休前日4万1800円〜 ⓧ山中温泉バスターミナルから徒歩7分 Ⓟ20台

温泉データ
風呂数 露天風呂:1／内湯:2／貸切風呂:1(有料) ※客室風呂は除く
泉質 カルシウム・ナトリウム-硫酸塩温泉

2

☕ 川風を感じながらティータイム
鶴仙渓・川床
かくせんけい・かわどこ

鶴仙渓、大聖寺川にせり出すようにしつらえた川床は、予約なしでも利用が可能。木々の緑や清流を眺めながら、オープンな自然カフェが楽しめる。川床弁当を食べる場合は、川床提携店にあらかじめ予約をして持ち込みを。

📞0761-78-0330(山中温泉観光協会) 所石川県加賀市山中温泉河鹿町 営9:30～16:00 ※雨天や川の増水時、6月と9月に各2日間メンテナンス休業、冬期(12～3月) 交山中温泉バスターミナルから徒歩11分 Pあやとりはしたもと駐車場20台

席料300円(加賀棒茶付き)で、ホッとひと息つける川床席

川床ロール600円(奥)
山中温泉出身の和菓子料理人で、東京銀座に店を構える道場六三郎氏が考案したスイーツ。抹茶しること2種を用意

明月会席二段弁当3000円
川床と提携している店舗4店の弁当のみ持ち込み可。写真は、こおろぎ橋のたもとにある「料亭明月楼」の二段弁当

☕ 木々に隠れた癒しの空間で一服
東山ボヌール
ひがしやまボヌール

鶴仙渓の渓谷沿いの森の中、漆器の神を祀る東山神社の鳥居そばに隠れ家のようにたたずむカフェ。かつて旅館の別邸として使われた昭和レトロな建物は懐かしい雰囲気に。落ち着いてゆったりとくつろげる。

📞0761-78-3765 所石川県加賀市山中温泉東町1-ホ19-1 営9:00～17:00(ランチは11:00～3部制)※詳細はHPで要確認 休木曜 交山中温泉バスターミナルから徒歩3分 Pなし

↑うっそうとした森にひっそりと建ち、童話の世界を連想させる外観(上)。緑の森を望む店内は明かりを抑え、大人が静かな時間を楽しむ空間に(下)

ビーフシチューライスセット(ホットティー付き)1650円
バターライスと温野菜に、和牛と赤ワイン、香味野菜などを煮込んだビーフシチューをかけて
※2023年4月、料金変更の予定あり。HPを要確認

↑ドライフルーツとナッツの森のケーキ450円、本日のハーブティー600円

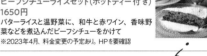

🛍 温泉成分が染み込んだゆせん卵
小出仙
こでせん

山中温泉の熱源を利用して作る温泉(ゆせん)卵と、新鮮なすり身から作るかまぼこの専門店。人気の温泉たまごは、ねっとりクリーム状でほんのり温泉成分を感じる。そのままおやつでもご飯にも。

📞0761-78-1310 所石川県加賀市山中温泉本町2ナ-4 営8:00～17:30 休無休 交山中温泉バスターミナルから徒歩4分 Pなし

↑店頭には常時30種ほどのかまぼこが並べられる。真空パックなので贈答用にも好評

温泉たまごソフト350円
温泉卵の黄身を練り込んだソフトクリーム。とろみ感と黄身の濃厚さがたまらない

温泉たまご6個入りパック486円
日持ちは常温で3週間、みやげにもぴったりでクセになる味わい
※2023年4月、料金変更の予定あり。HPを要確認

🛍 キュートさに心奪われる干菓子
御菓子調進所 山海堂
おかしちょうしんじょさんかいどう

季節ごとに登場する「そっとひらくとー」シリーズが人気。最中を開くと愛らしい干菓子が彩りよく並び、思わず笑みがこぼれる。小さな占い札入り。オリジナルもなか作り体験2200円も可能。

📞0761-78-1188 所石川県加賀市山中温泉湯の本町ク-8 営9:00～17:00(日・木曜は～13:00) 休火曜 交山中温泉バスターミナルから徒歩4分 P2台

↑明治38年(1905)創業の老舗和菓子店。季節の上生菓子も評判

↑「そっとひらくとー 春ほのか」5個入り2190円。3～4月限定。桜型の最中に桜花や蝶などが詰め込まれている

←「そっとひらくとー あきゆらら」5個入り2190円。9～11月の限定。モミジの葉やイチョウ、栗など秋の彩りが満載

神話の国、出雲の古湯
1300年続く美肌温泉

玉造温泉
たまつくりおんせん

島根県松江市

大国主命とともに国を造られた少彦名神が発見したとされ、『枕草子』に書かれたり、江戸期には松江藩藩主の静養地となるなど、日本でも屈指の古湯だ。泉質はナトリウム・カルシウム-硫酸塩・塩化物泉で、古くから美肌の湯として名高く、その効果は現代の科学でも証明されている。付近には、縁結びや願い事が叶うというパワースポットが点在。質の高い日本海の幸が味わえる。

ACCESS & INFORMATION

JR玉造温泉駅から一畑バスで7分、玉造温泉下車／
山陰自動車道・松江玉造ICから約5km

松江観光協会玉造温泉支部 ☎0852-62-3300

温泉データ
泉質	ナトリウム・カルシウム・硫酸塩・塩化物泉
pH値	8.5	泉温 65.8℃	湧出量 380ℓ/分
効能	神経痛、リウマチ、五十肩、冷え性など

温泉街の奥に位置する玉造湯神社。境内にある「願い石」はパワースポットとして人気

閑静な温泉街

めのうの産地であったことから玉造の名がついた。玉湯川沿いに和風高級旅館が並ぶ

START

① 鯉を引き寄せて恋が叶う!?
湯閼伽の井戸
ゆあかのいど

玉湯川のほとりにある井戸。「恋来井戸」とも呼ばれ、恋愛成就のスポットとして親しまれている。「恋叶の素」(鯉のエサ)をまいて、たくさん鯉が集まってくると恋が叶う暗示とか。夜のライトアップも素敵。

☎0852-62-3300(松江観光協会玉造温泉支部) 所島根県松江市玉湯町玉造1020 開休料見学自由 交玉造温泉バス停から徒歩1分 Pなし

「恋叶の素」は1袋100円。井戸に設置されたボックスで購入できる

徒歩1分

さんぽコース

START	**玉造温泉 バス停**	
	徒歩1分	
1	湯閼伽の井戸	所要15分
	徒歩1分	
2	湯薬師広場	所要15分
	徒歩3分	
3	勾玉橋	所要30分
	徒歩3分	
4	姫神広場	所要30分
	徒歩10分	
GOAL	**玉造温泉 バス停**	

玉作湯神社

玉作りと温泉の神様を祀るパワースポット

勾玉など玉作りの神と温泉の神を祀る、1300年を超える歴史を持つ神社。古来から不思議な力を宿すといわれている「願い石」や、子宝に恵まれるといわれる親子の狛犬など、さまざまなご利益があるパワースポットだ。

☎0852-62-0006 所島根県松江市玉湯町玉造508 開休料境内自由(社務所窓口は平日9:00～12:00 13:00～17:00、土・日曜、祝日8:30～17:00 ※季節により異なる)交玉造温泉バス停から徒歩3分 P30台

神聖な雰囲気に包まれた緑豊かな境内

触れて祈ると願いが叶うといわれる願い石

願い石と叶い石でお守り作り体験ができる。聖なる石のパワーを持ち帰ろう

玉造温泉

○かわいいオブジェやイラストが彩る
フォトスポット「キラキラ橋」

雲神々縁結びの宿
紺家 H

曲水の庭
ホテル玉泉 H

キラキラ橋

玉造アートボックス S

界 玉造 H

若竹寿し R

美肌の湯をお持ち帰り
湯薬師広場
ゆやくしひろば

たらい湯から湧き出る新鮮な温泉を自由に汲めるスポット。「天然の化粧水」といわれる玉造温泉の湯を持参の容器か販売しているボトルで持ち帰ることができる。顔や体に使えば、しっとり肌に。

☎0852-62-3300(松江観光協会玉造温泉支部)　島根県松江市玉湯町玉造　見学自由　玉造温泉バス停から徒歩1分　なし

○○ボトルに入れれ
ばおみやげにも最適

ボトルは1本200円。
たらい湯の横に設置
された小さなお社
で買える

出雲玉作
史跡公園

姫神広場

たこ焼き櫻 R

島根県
松江市

勾玉橋 3

湯之助の宿
長楽園 H

めのうやしんぐう S

N
0　50m

🚶 徒歩3分

玉造温泉街のシンボル
勾玉橋
まがたまばし

温泉街のちょうど真ん中あたりにある、玉湯川に架かる橋。大きな緑色の勾玉のオブジェが目印だ。橋の近くには川辺の足湯やしあわせの青めのうの小島など見どころがいっぱい。

☎0852-62-3300(松江観光協会玉造温泉支部)　島根県松江市玉湯町玉造　見学自由　玉造温泉バス停から徒歩3分　なし

インパクト大の勾玉
のオブジェと玉湯川
をバックに記念撮影
をしよう

玉造グランドホテル
長生閣 H

START & GOAL
玉造温泉 バス停

湯薬師広場 2

湯閻伽の井戸 1

玉作湯
神社

🚶 徒歩3分

姫神の湯で足を癒やそう
姫神広場
ひめがみひろば

姫神のブロンズ像が目印。無料で楽しめる足湯で足元から全身がぽかぽかに。フリーペーパーなどが設置してあり、情報収集にも◎。

☎0852-62-3300(松江観光協会玉造温泉支部)　島根県松江市玉湯町玉造　利用自由(深夜は利用不可)　玉造温泉バス停から徒歩5分　なし

屋根があるので雨
でも足湯が楽しめ
る。足湯用のタオル
を1枚100円で販売

○清巌寺の境内に鎮座する「おしろい地蔵さま」。美肌にご利益があるといわれている。お顔におしろいを塗って美肌を願おう

卍清巌寺

GOAL

35

1

温泉、日本酒、神楽に食事
出雲の文化と恵みを満喫

全室に露天風呂を備えるなど、ゆったりとくつろげるラグジュアリーな宿。天然の化粧水といわれる玉造温泉の湯はもちろん、八岐大蛇を題材にした神楽や、地酒を揃える日本酒バー、茶の湯体験など、出雲ならではのもてなしが楽しめる。もちろん、食も贅沢。山陰ならではのノドグロや松葉ガニ、穴道湖のシジミなどをたっぷり使用した会席が好評を博す。

2

3

4

5

6

界 玉造
かいたまつくり

☎050-3134-8092(界予約センター) 🏠島根県松江市玉湯町玉造1237 IN15:00 OUT12:00 🛏24室 予約1泊2食付 平日3万8000円〜 休前日4万5000円〜 ⊗玉造温泉バス停から徒歩7分 Ｐ24台

(温泉データ)

風呂数 露天風呂:2／内湯:2／貸切風呂:0
※客室風呂は除く

泉質 ナトリウム・カルシウム-硫酸塩・塩化物泉

1 美肌の湯を満々とたたえた露天の岩風呂。大浴場、内湯は社をかたどった湯口の意匠が、出雲らしい
2 信楽焼の露天風呂付き和室。愛犬と一緒に泊まれる部屋もある
3 1階の和室にあるヒノキの露天風呂。部屋の露天ももちろん温泉
4 広々とした造りだが、客室数は全部で24とゆったりとした宿
5 毎晩催される神楽。観覧は無料だが到着後に申し込む
6 シジミの出汁で牛肉が堪能できるしゃぶしゃぶは雑炊まで美味

「今だけ、ここだけ」の特別な旅を提供

パワーストーンのメノウを敷きつめた「めのう風呂」が人気の宿。クリーンで快適な空間のなか、随所で温かいもてなしを感じ、有意義な非日常の時間が過ごせる。

1

1 パワーストーンを敷きつめた大浴場で心身ともにくつろぎの時間を(神話の湯)
2 夕食には趣向を凝らした和会席料理が供される
3 露天風呂付き客室「出雲-IZUMO-」
4 毎晩ロビーにて特殊スクリーンによる映像上映会を開催

2

3

玉造グランドホテル長生閣
たまつくりグランドホテル ちょうせいかく

☎0852-62-0711 所島根県松江市玉湯町玉造331 in15:00 out10:00 客84室 予算1泊2食付 平日1万9800円〜 休前日2万3100円〜 交玉造温泉バス停から徒歩2分 P100台

温泉データ
風呂数 露天風呂:2/内湯:4/貸切風呂:1 ※客室風呂は除く
泉質 単純温泉

4

広さが自慢の大浴場どじょうすくいも人気

玉造温泉で最大級の広さを誇る大浴場や露天風呂が、旅の疲れを癒やす宿。四季の風景が美しい日本庭園は、夜になるとかがり火が灯り幻想的。郷土芸能の「安来節民謡ショー」も見どころのひとつ。

1

曲水の庭 ホテル玉泉
きょくすいのにわ ホテルぎょくせん

☎0852-62-0021 所島根県松江市玉湯町玉造53-2 in15:00 out10:00 室100室 予算1泊2食付 平日2万円〜 休前日2万5000円〜 玉造温泉バス停から徒歩3分 P120台

温泉データ
風呂数 露天風呂:2/内湯:2/貸切風呂:0 ※客室風呂は除く
泉質 ナトリウム・カルシウム-硫酸塩・塩化物温泉

2

1 大浴場は岩組みと檜造り。200人が入れる広さを誇る
2 落ち着いた和室がメインの客室「常盤苑」

4つの日本庭園が自慢
地産の一流食材も美味

江戸期、玉湯川で布を洗っていた藍染屋だったため紺家と命名。明治26年(1893)創業という玉湯川沿いに建つ老舗で和牛、カニ、魚から米まで料理長厳選の地産食材が絶品。

出雲神々縁結びの宿 紺家
いずもかみがみえんむすびのやどこんや

📞0852-62-0311 🏠島根県松江市玉湯町玉造1246
in15:00 out10:00 室70室 予1泊2食付 平日1万5000円〜 休前日2万円〜 交玉造温泉バス停から徒歩1分 P70台

温泉データ
風呂数 露天風呂:3／内湯:3／貸切風呂:0
※客室風呂は除く
泉質 塩化物泉

1

1 男性用露天風呂「月影」。こんこんと湧く湯が小さな滝となって流れ落ちる
2 昔ながらの純和風の客室

世界に誇れる日本庭園と
家族で入れる大露天風呂

1万坪もの広大な庭園は、アメリカの日本庭園専門誌のランキングで毎年上位入賞を果たすほど。四季折々の風景のなかにある120坪の広さを誇る混浴大露天風呂「龍宮の湯」は、家族揃って入れる宿の名物。

1

湯之助の宿 長楽園
ゆのすけのやどちょうらくえん

📞0120-62-0171 🏠島根県松江市玉湯町玉造323 in15:00 out10:00 室67室 予1泊2食付 平日1万7150円〜 休前日2万2000円〜 交玉造温泉バス停から徒歩5分 P50台

温泉データ
風呂数 露天風呂:3／内湯:2／貸切風呂:1
※客室風呂は除く
泉質 硫酸塩・塩化物泉

3

2

1 広大な庭園には数百種類の植物や滝があり、散策に最適
2 湯浴み着を着て入る広大な露天風呂「龍宮の湯」も源泉かけ流し
3 昭和天皇が宿泊された建物も見学できる

インパクト抜群の海鮮丼は必食！
若竹寿し
わかたけずし

毎朝、境漁港で買い付けた新鮮な魚介が味わえる寿司屋。おすすめは、名物の「プレミアム海鮮丼」。肉厚で大きなネタを器からあふれんばかりに豪快に盛り付けた丼は、見た目も味も抜群。酢飯が魚介の旨みを引き立てている。

☎0852-62-0831 🏠島根県松江市玉湯町玉造83 🕐11:30～14:00(LO13:30) 17:30～20:00(LO19:30) 休木曜 🚌玉造温泉バス停から徒歩8分 🅿6台

↑玉造温泉街から少し離れた静かな路地にある。1階はカウンターとテーブル席、2階にはお座敷があり、おひとりさまもファミリーも使いやすい

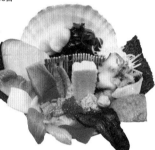
プレミアム海鮮丼
2200円
15の新鮮なネタがのったボリューム満点の海鮮丼。ひとつひとつの具が大きく食べごたえ抜群。酢飯でさっぱりと食べられる

テイクアウトグルメが充実！
たこ焼き櫻
たこやきさくら

たこ焼やタピオカドリンクなどテイクアウトグルメが充実した軽食屋。生地から手作りしたたこ焼は注文してから焼くのでアツアツトロトロが楽しめる。バスの時間に合わせて予約もOK。

☎0852-62-0232 🏠島根県松江市玉湯町玉造46-4 🕐10:30～18:00 休月・火曜 🚌玉造温泉バス停から徒歩5分 🅿1台

↑姫神広場のすぐ近くにある

抹茶ミルク・黒蜜きなこミルクティー各500円
オリジナルレシピのタピオカドリンク。メニューはミルク系からスパークリングまで多彩

たるタコ(6個)500円
玉子サラダ入りのたこ焼にタルタルソースをトッピング。玉子のまろやかさとソースの濃厚さがクセになる

おみやげからカフェまで揃う複合施設
玉造アートボックス
たまつくりアートボックス

玉造温泉水を使ったコスメ専門店、美肌がテーマのおみやげが揃うショップ、浴衣レンタル、カフェなど多彩な店が入る複合施設。旅館をリノベーションした建物はレトロな雰囲気でゆったり過ごせる。

☎0852-67-5050 🏠島根県松江市玉湯町玉造1241 🕐9:00～18:00(2階は10:00～17:00) 休木曜 🚌玉造温泉バス停から徒歩8分 🅿なし

↑玉造温泉水を使ったコスメを扱う「姫ラボ」は1階にある

姫ラボ石けん1870円
ホイップクリームのようなモコモコした泡できめ細かくしっとりした肌に。リピーターも多い人気No.1コスメ

↑ミスト、ボディローション、ハンドクリームなど玉造温泉水配合のコスメはおみやげに最適

メノウを使ったアクセサリー
めのうやしんぐう
めのうやしんぐう

出雲勾玉発祥の地にあり、メノウや天然石を使い、一品一品手作りされたアクセサリーが並ぶ店。ショッピングのほか、島根の伝統工芸である「まがたま作り」も体験できる。

☎0852-62-0734 🏠島根県松江市玉湯町玉造325 🕐9:00～17:00 休無休 🚌玉造温泉バス停から徒歩3分 🅿なし

↑店内には工房や勾玉の歴史がわかる展示も

ブレスレット4500円～
小さな勾玉がデザインのアクセント。天然石は願い事から選ぶのもおすすめ

ネックレス4500円～
健康長寿を願う青めのう、家庭円満・女性の美を司る赤めのうのアイテムが人気

ピアス2500円～
さりげなくメノウを身につけられるピアス・イヤリング。デザインも多彩

※写真はイメージです

39

1200年の歴史を誇る
名湯湧く温泉街を歩く

修善寺温泉
しゅぜんじおんせん

静岡県伊豆市

平安時代に開湯したという修善寺温泉。温泉街の中心には桂川が流れ、中ほどには弘法大師が岩を砕いて作ったという独鈷の湯がある。同じく大師が創建した修禅寺では毎年8月に秋季弘法大師大祭が催され、多くの観光客が訪れる。修善寺温泉は、夏目漱石や森鷗外など明治時代の著名な文豪たちにも愛され、小説の舞台としても登場する。文豪たちの足跡をたどる旅も一興だ。

◀修善寺温泉

ACCESS & INFORMATION

伊豆箱根鉄道・修善寺駅から東海バスで8分、修善寺温泉下車／東名高速道路・沼津ICから伊豆縦貫自動車道、国道136号で約30km

伊豆市観光協会修善寺支部 ☎0558-72-2501

（温泉データ）

泉質	単純温泉		
pH値	8.6	泉温	43.0〜59.0℃	湧出量	60ℓ/分
効能	自律神経不安定症、不眠症、うつ状態など		

さんぽコース

START 修善寺温泉 バス停

徒歩3分

① 修禅寺 　所要30分

徒歩1分

② 独鈷の湯 　所要5分

徒歩9分

③ 竹林の小径 　所要20分

徒歩4分

④ 指月殿 　所要20分

徒歩7分

GOAL 修善寺温泉 バス停

Ⓒ茶庵 芙蓉

Ⓗ柳生の庄

滝下橋

あさ

N

0　　　70m

START

① 源頼家にゆかりある名刹
修禅寺
しゅぜんじ

大同2年(807)、弘法大師により創建。平成26年(2014)に改修された山門には金剛力士像が安置される。宝物殿に納められている寺宝には、源頼家ゆかりの品もあり必見だ。

☎0558-72-0053 ⓐ静岡県伊豆市修善寺964 ⓣ境内自由、宝物殿8:30〜16:30(10〜3月は〜16:00) ⓗ宝物殿は不定休 ⓨ宝物殿300円 ⓧ修善寺温泉バス停から徒歩3分 Ⓟなし

鎌倉幕府の2代将軍・源頼家が幽閉・殺害された地としても知られる

徒歩1分

孟宗竹の竹林

④ 源頼家を弔うために建立
指月殿
しげつでん

伊豆最古の木造建築物。鎌倉時代に北条政子が建立し修禅寺に寄進した。隣には源頼家の墓もある。

☎0558-72-2501(伊豆市観光協会修善寺支部) 所静岡県伊豆市修善寺 開休料見学自由 交修善寺温泉バス停から徒歩7分 Pなし

桂橋から楓橋、さらに滝下橋まで約300m続く、静寂に包まれた風情ある石畳の散策路

ご本尊の釈迦如来坐像は禅宗式の珍しい形で、右手に蓮の花を持っている

START & GOAL
修善寺温泉バス停

修禅寺 ①

甘泉楼 S

⑱ 文化財の宿 新井旅館 H 独鈷の湯 ②

桂川

楓橋

桂橋

③ 竹林の小径

④ 指月殿

禅風亭な>番

R 御幸橋

R 安兵衛

H 湯回廊 菊屋
(共立リゾート)

渡口橋

静岡県
伊豆市

虎渓橋

H 宙SORA渡月荘金龍

徒歩4分

③ 風情ある石畳の散歩道
竹林の小径
ちくりんのこみち

桂川沿いにある約300mの散策路で、桂橋と滝下橋の間を結ぶ。道の左右には孟宗竹の竹林が広がり、竹の間から差し込む光が心地よい。中途には茶処やギャラリーもある。

☎0558-72-2501(伊豆市観光協会修善寺支部) 所静岡県伊豆市修善寺桂川沿い 開休料散策自由 交修善寺温泉バス停から徒歩6分 Pなし

竹製の円形のベンチは散策途中にちょっとひと息つくのにもピッタリ

② 伊豆最古の温泉
独鈷の湯
とっこのゆ

桂川河畔に湧く修善寺温泉発祥の湯。大同2年(807)、桂川で病気の父の体を洗う少年のために、弘法大師が霊泉を湧き出させた。その湯に浸かった父親の病気が治ったことから温泉療法が広まったといわれる。現在、入浴は不可。

☎0558-72-2501(伊豆市観光協会修善寺支部) 所静岡県伊豆市修善寺 開休料見学自由 交修善寺温泉バス停から徒歩4分 Pなし

かつては外湯のひとつとして賑わった温泉。修善寺温泉のシンボル的存在だ

徒歩9分

温泉、料理、細やかな心遣い
世界が認める日本の老舗旅館

豊かな自然のなか、のびやかに配置された客室から望む四季折々の風景が美しい。水辺に建つ能舞台は明治時代後期に移築されたもので、日本の伝統芸能の能楽や狂言などが毎年、一流の演者によって公演されている。洗練されたおもてなしや空間、料理など世界基準で認められた国内20カ所の「ルレ・エ・シャトー」の会員でもある格式の高い宿だ。

あさば
あさば

📞0558-72-7000 所静岡県伊豆市修善寺3450-1 in14:30 out11:30 室12室 料1泊2食付 平日7万7150円〜 休前日7万7150円〜 交修善寺温泉バス停から徒歩10分 P15台

温泉データ
風呂数 露天風呂:1／内湯:2／貸切風呂:2
※客室風呂は除く
泉質 アルカリ性単純温泉

1 幻想的な雰囲気を醸す能舞台「月桂殿」。『修善寺藝術紀行』と題した能楽や狂言、文楽など伝統芸能の公演が行われる
2 池と能舞台に面した客室「萌葱」。滝を眺めながら湯浴みが楽しめる
3 春には窓の外のしだれ桜が美しい客室「藤」
4 広々としたベッドルームと、竹林が望める和室を備えた客室「撫子」
5 歴史を感じながら源泉かけ流しの温泉を堪能したい

四季の風情とゆるりと流れる時を愛でる

東京・白金の料亭を原点に、宿を開いたのは昭和45年(1970)。本数寄屋造りと緑の竹林との調和が建築美を生み、その空間に個性ある15の客室を展開。伝統を重んじた懐石料理は、走りから名残まで旬の素材の味わいを十分に楽しませてくれる。

柳生の庄
やぎゅうのしょう

📞0558-72-4126 ㊟静岡県伊豆市修善寺1116-6 in14:00 out11:00 室15室 予約1泊2食付 平日4万4150円〜 休前日4万6350円〜 交修善寺温泉バス停から徒歩13分 P20台

(温泉データ)
風呂数 露天風呂:2／内湯:2／貸切風呂:なし ※客室風呂は除く
泉質 アルカリ性単純温泉

1
1 季節ごとに変わる風景に心身ともに癒やされる、石造りの大露天風呂
2 静謐なたたずまいが魅力
3 純和風建築の美しさを見せる本数寄屋造りの客室
4 落ち着いたたたずまいの離れ「松の生」は、一番広い部屋で露天風呂付き

2

3

4

文人墨客に愛された歴史ある名湯

15棟の建物が国の登録有形文化財に登録され、和の風情を感じる客室が自慢。昭和9年(1934)築の総檜造りの「天平大浴堂(てんぴょう)」は縁に伊豆石を使った名建築。

1

文化財の宿 新井旅館
ぶんかざいのやど あらいりょかん

📞0558-72-2007 ㊟静岡県伊豆市修善寺970 in15:00 out11:00 室31室 予約1泊2食付 平日2万4000円(税別)〜 休前日2万7000円(税別)〜 交修善寺温泉バス停から徒歩4分 P40台

(温泉データ)
風呂数 露天風呂:2／内湯:2／貸切風呂:2 ※客室風呂は除く
泉質 アルカリ性単純温泉

2
1 庭園では季節ごとに美しい眺望が楽しめる。なかでも秋の紅葉は特に見応えがあり素晴らしい
2 源泉かけ流しで温泉本来の効能が堪能できる

季節を感じる回廊を巡り
悠久の湯に身をゆだねる

夏目漱石も滞在したという、創業約400年の名湯。館内の湯処は長い廊下で結ばれ、美しい庭園も見どころ。地元の食材を使った郷土料理や会席料理が味わえる。

湯回廊 菊屋(共立リゾート)
ゆかいろう きくや(きょうりつリゾート)

☎0558-72-2000 所静岡県伊豆市修善寺874-1 in15:00 out11:00 室71室 予約1泊2食付 平日2万3000円〜 休前日2万9000円〜 交修善寺温泉バス停から徒歩14分 P65台

温泉データ
風呂数 露天風呂:2/内湯:2/貸切風呂:4
※客室風呂は除く
泉質 アルカリ性単純泉

1

2　　3

1 檜風呂と岩風呂がある露天風呂「朱雀の湯」(女性)
2 昔ながらの本館和室のほかに露天風呂付きの離れや新館もある
3 地元産の山海の幸をふんだんに盛り込んだ月替りの趣肴会席

澄み渡る山の空気を感じて
趣ある露天風呂を満喫

修善寺温泉街の中ほどに位置する高台の旅館。季節ごとに表情を変える山並みや庭園の景色を眺めて温泉に浸かれば、心も体も癒やされる。修善寺の温泉街を一望できる貸切風呂はこの宿だけ。

1

宙SORA
渡月荘金龍
そらとげつそうきんりゅう

☎0558-72-0601 所静岡県伊豆市修善寺3455 in15:00 out10:00 室29室 予約1泊2食付 平日2万7150円〜 休前日3万3000円〜 交修善寺温泉バス停から徒歩7分 P35台

温泉データ
風呂数 露天風呂:2/内湯:2/貸切風呂:2
※客室風呂は除く
泉質 弱アルカリ性単純温泉

3

1 1万5000坪の壮大な自然に囲まれた宿
2 暗闇の中、やさしく穏やかな光に包まれる入浴場にある「光の露天風呂」
3 すべての客室から庭園が眺められる

2

生わさび付きの禅寺そばが人気
禅風亭なゝ番
ぜんぷうていなゝばん

修禅寺で厳しい禅修行を積んだ僧侶たちが断食のあと、山野で山菜を摘み、山芋を掘り、そばを打って食したという伝承を再現した禅寺そばが看板メニュー。まるまる1本添えられた生わさびは、持ち帰りも可能。

📞0558-72-0007 🏠静岡県伊豆市修善寺761-1-3 🕐10:00〜15:30(LO) 休木曜 🚌修善寺温泉バス停から徒歩1分 P15台

🔺禅寺そば 1320円
とろろ、山菜、地元の新鮮な生わさびのほか、すりわさび、胡麻、薬味がふんだんに添えられている

磯料理と季節料理の店
安兵衛
やすべえ

伊豆の四季の味覚が楽しめる。初夏から秋にかけては鮎、秋から春にかけてはアマゴといった清流の魚のほか、狩野川で獲れたズガニを使ったうどんが名物。

📞0558-72-0917 🏠静岡県伊豆市修善寺868-1 🕐11:00〜13:30 17:00〜22:00 休水曜 🚌修善寺温泉バス停から徒歩3分 P5台

🔺桂川に架かる御幸橋のたもとに建つ創業約40年の郷土料理の店。昼は食事処、夜は居酒屋の雰囲気

ずがにうどん 1100円
ズガニとはモクズガニのこと。狩野川で獲れたズガニでだしをとった味噌風味のうどん

ホッとひと息つける古民家カフェ
茶庵 芙蓉
ちゃあんふよう

源範頼の墓のすぐそばにある築約100年の木造家屋の一軒家カフェ。四季折々の風情を見せる庭を眺めながら、ゆったりとした時間を過ごせる。

📞0558-72-0135 🏠静岡県伊豆市修善寺1082 🕐10:00〜16:00 休火〜木曜、不定休あり 🚌修善寺温泉バス停から徒歩10分 Pなし

🔺古民家の内装を生かした店内は懐かしさにあふれ、くつろげる

抹茶白玉あずき 860円
やさしい甘さにほっこり。庭の梅を使った梅ジュースも好評

歴史を感じる建物が素敵なみやげ処
甘泉楼
かんせんろう

お菓子の「伊豆十三夜」、わさび製品や漬物、ジェラートを扱う「亀屋」、干物や釜揚げシラスなどの海産物の「いちばんかん」の3軒が並ぶ。

📞なし 🏠静岡県伊豆市修善寺968-3 🕐10:00〜17:00 休不定休 🚌修善寺温泉バス停から徒歩4分 Pなし

🔺大正13年(1924)に建てられ、登録有形文化財でもある

🔺人気商品の金山寺みそ 648円

🔻いちばんかんにはアジやカマスの干物、金目鯛の煮付けなどが並ぶ

🔺名物の十三夜焼き各150円〜

昔ながらの湯治場で
山のいで湯に浸かろう

肘折温泉
ひじおりおんせん

山形県大蔵村

　出羽三山の主峰・月山の麓に位置し、湯治場の風情を残すひなびた温泉郷。大同2年(807)に開湯した歴史ある温泉で、今なお温泉街に20軒ほどの湯宿が立ち並ぶ。温泉街を流れる銅山川の上流には、自噴する源泉が湧く源泉公園があり、足湯でひと休みも可能。共同浴場は3軒あり、温泉街のそぞろ歩きを楽しんだあとにゆったりくつろげそう。宿泊したら早朝からの朝市も楽しみのひとつだ。

🟦 ACCESS & INFORMATION

JR新庄駅から大蔵村村営バスで59〜60分、肘折温泉口または肘折温泉待合所下車／東北中央自動車道・舟形ICから県道330号、国道458号で約23km

肘折温泉観光案内所 ☎023-376-2211

温泉データ
泉質 ナトリウム-塩化物・炭酸水素塩泉
pH値 6.9　泉温 64.6℃　湧出量 1000ℓ/分
効能 切り傷、やけど、リウマチ、神経痛など

さんぽコース

START 肘折温泉口 バス停

徒歩7分

① 小松淵　　　　所要15分

徒歩1分

② 肘折いでゆ館　所要45分

徒歩8分

③ 旧肘折郵便局舎　所要15分

徒歩3分

④ 源泉公園　　　所要15分

徒歩2分

GOAL 肘折温泉待合所 バス停

歴史ある街並み

昔から変わらぬロケーションの温泉街に、歴史ある湯宿やみやげ物店がひしめく

◀温泉郷への入口に整備された 全長240mの肘折希望大橋

徒歩1分 🚶

四季折々の彩り豊かな景色が広がる渓谷。新緑や紅葉の時季は特に美しい

START

① 大蛇伝説が残る景勝地
小松淵
こまつぶち

　その昔、新庄藩の小山八郎がこの地で大蛇を退治した伝説が残る名勝。淵には肘折カルデラの噴火口が残り、言い伝えでは大蛇が潜んでいた洞穴とされているが、現在はふさがれている。☎023-376-2211(肘折温泉観光案内所) 🏠山形県大蔵村南山451 🕐休料見学自由 🚌肘折温泉口バス停から徒歩7分 🅿なし

肘折温泉

そば処 寿屋 R
H 湯宿 元河原湯
ほていや商店 S
旧肘折郵便局舎 3
優心の宿 観月 H
GOAL
肘折温泉
待合所
バス停
S 佐々木商店
START
肘折温泉口 バス停
小松淵 1
i 肘折温泉観光案内所
2 肘折いでゆ館
H 肘折温泉三春屋
S カネヤマ商店
H レトロモダンな宿 肘折温泉 丸屋
4 源泉公園
源泉ドーム
初恋足湯
肘折ダム
銅山川

山形県
大蔵村

N
0 100m

---

3 温泉街のランドマーク
旧肘折郵便局舎
きゅうひじおりゆうびんきょくしゃ

レトロな映えスポットとして建物を背景に記念撮影する人も多い

温泉街の中心に建つノスタルジックな建物。昭和12年(1937)に建てられ、窓の格子が郵便(〒)マークになっているなど、ユニークな造り。内部の見学はできないが、現在はイベント会場として利用されている。

☎023-376-2211(肘折温泉観光案内所) 所山形県大蔵村南山671-2 時休 料見学自由 交肘折温泉待合所バス停から徒歩5分 Pなし

🚶 徒歩3分

開放感たっぷりの初恋足湯。肘折ダムを眺めながらゆっくり足を休めよう

---

4 湯量豊富な源泉に触れる
源泉公園
げんせんこうえん

肘折温泉の最奥、銅山川の上流に整備された公園。昭和27年(1952)に造られた肘折ダムのほか、源泉ドーム、初恋足湯などがある。

☎023-376-2211(肘折温泉観光案内所) 所山形県大蔵村南山547-1 時休 料見学自由 交肘折温泉待合所バス停から徒歩2分 Pなし

↑国の登録有形文化財にも登録されている砂防の肘折ダム

↑源泉ドームの周囲がベンチ状になっていて、座って温まることができる

GOAL

🚶 徒歩8分

2 入浴法のアドバイスも
肘折いでゆ館
ひじおりいでゆかん

肘折温泉の入口に建つ日帰り入浴施設。見晴らしの良い階には、木造りと石造りの2種類の展望風呂がある。ほかに、多目的ホール、温泉療養相談所、食堂、コワーキングスペースなどが備わる。

☎0233-34-6106 所山形県大蔵村南451-2 時9:30～17:30(11～4月10:00～17:00) 休火曜(11～4月 月・火曜) 料500円 交肘折温泉口バス停から徒歩8分 P40台

自然光たっぷりで明るい雰囲気の展望風呂には寝湯も完備している

朝市

古き良き温泉街の風景を残す名物朝市

温泉街の通り沿いで朝市組合の人たちが開く名物朝市。採れたての野菜や山菜、果物などのほか、手作りの惣菜も並ぶ。売り手たちとの会話を楽しみながら、地元の味覚を手に入れよう。

☎023-376-2211(肘折温泉観光案内所) 所山形県大蔵村南山 時5:30(4月下旬、9～11月6:00)～7:30 休12月～4月中旬 料無料 交肘折温泉待合所バス停から徒歩5分 Pなし

↑早朝から賑やかに活気づく朝市は早起きして出かけよう

1

2種類の源泉から引く温泉と名水、囲炉裏の暖かさが自慢

気持ちをやさしく包み込むようなやわらかなにごり湯、名水、厳選した寝具、囲炉裏で味わう地元食材の郷土料理、さらには朝食に供される米のうまさとそれを引き立てるお菜の数々。シンプルななかにもすがすがしく、湯宿に必要な要素が極上のクオリティで揃ったとびきりの一軒で、滞在すると、山々が生み出す澄んだ空気や川のせせらぎと相まって尖った気持ちが溶けるようだ。

2

5

3

湯宿 元河原湯
ゆやどもとかわらゆ

☎0233-76-2259 所山形県大蔵村南山454-1 in
14:30 out10:30 室12室 予1泊2食付 平日1万
7750円〜 休前日1万8850円〜 交肘折温泉待合
所バス停から徒歩5分 P20台

(温泉データ)

風呂数 露天風呂:0／内湯:3／貸切風呂:1
※客室風呂は除く

泉質 ナトリウム-炭酸水素塩・塩化物泉

4

1 信楽焼の湯船の貸切湯。元河原湯
源泉100％の湯が浴槽を満たす
2 客室には職人手作りの和ベッドを置
く。布団、リネンも気持ちいい
3 炭の囲炉裏を囲む夕食プランが人
気。なにより炊きたての米が美味
4 大浴場は元河原湯源泉と肘折5号
泉をブレンド。大きな窓から眺める山
の景色も心をほぐす
5 木のぬくもりあふれる館内にはゆっ
たりとした空気が流れ、心を癒やす

懐かしい雰囲気の素朴な宿で
どっぷり温泉浴を満喫する

主人は当代で15代目という老舗。昔ながらの浴場や急な階段など、決して便利とはいえないが、歴史ある温泉宿らしいレトロな風情には今もファンが多い。温泉は三春屋源泉、組合5号源泉、組合2号源泉と3本引かれ、本館1階、3階、別館とそれぞれの湯船に源泉のままかけ流されている。食事は山の恵みをふんだんに使った山里料理が味わえる。

3

肘折温泉三春屋
ひじおりおんせんみはるや

☎0233-76-2036 ㊀山形県大蔵村南山497 in
15:00 out10:00 ㊧25室 ㊰1泊2食付 平日8000
円〜 休前日9000円〜 ㊋肘折温泉待合所バス停
から徒歩2分 ㋚なし
※詳しくはHPをご覧ください。

(温泉データ)
風呂数 露天風呂:0／内湯:0／貸切風呂:3
泉質 ナトリウム-塩化物・炭酸水素塩泉

4

1

5

2

6

1 懐かしいたたずまいの日本家屋。温泉街の真ん中にあり、散策の拠点にもいい
2 温泉の質の良さに加え、宿泊料金の手ごろさもあって湯治のための逗留客も多い
3 客室はすべて和室。それぞれタイプは異なるが、どの部屋も温泉宿ならではの雰囲気
4 山菜やキノコなど山の幸が並ぶ夕食。品数を抑えた湯治プラン用の食事も用意
5 山形は日本酒もおいしい。夏は鮎の塩焼をアテに一杯というのも風呂上がりの楽しみ
6 食事は部屋食が基本。山形牛を使ったすき焼やステーキが味わえるプランもある

静けさと居住性が共存
部屋数7という小さな宿

畳の和室にベッドやソファ、こたつなどを配した客室と、各室それぞれに設けた専用の食事用個室で、まるで貸切滞在のようなプライベート感のなかでくつろげる。

1

レトロモダンな宿
肘折温泉 丸屋
レトロモダンなやど ひじおりおんせん まるや

☎0233-76-2021 🏠山形県大蔵村南山519 in15:00
out10:00 🛏7室 予約1泊2食付 平日1万9800円～ 休
前日2万2000円～ 🚃肘折温泉待合所バス停から徒
歩1分 🅿7台

（温泉データ）
風呂数 露天風呂:1／内湯:2／貸切風呂:1
※客室風呂は除く
泉質 ナトリウム-塩化物・炭酸水素塩泉

2

1 広縁にソファを置いた弐号室。どの客室も落ち着
いた雰囲気と居心地のよい居住性が備わる
2 国産ヒノキの浴室。お湯はもちろん源泉かけ流し

客室の窓からの景色が素敵
肘折では珍しい展望露天あり

銅山川のほとりに建つ旅館。窓が大きく、明るくて眺望の良い客室が好評を博す。温泉は源泉からのかけ流し。広々とした大浴場のほか、肘折温泉では珍しい屋上の露天風呂を備えている。

優心の宿 観月
ゆうしんのやど かんげつ

☎0233-76-2777 🏠山形県大蔵村南山516 in
15:00 out10:00 🛏22室 予約1泊2食付 平日1万
4300円～ 休前日1万4300円～ 🚃肘折温泉待
合所バス停から徒歩5分 🅿20台

（温泉データ）
風呂数 露天風呂:2／内湯:2／貸切風呂:0
※客室風呂は除く
泉質 ナトリウム-塩化物炭酸水素塩泉

2

3

1

1 大浴場から続く展望露天風呂。晴れた夜には満天の星が、日中は銅山川が見える
2 客室はすべて和室だが、ベッドを備えた部屋も用意している
3 山形牛や三元豚、地の山菜を使った芋煮汁などが美味。品数少なめの湯治プランも人気

香り高いコシのあるそばを味わう
そば処寿屋
そばどころことぶきや

銅山川のほとりに建つそば処。良質の山形県産玄そばを自家製粉し、挽きたて、打ちたて、茹でたてのそばが味わえる。もりそば630円が定番メニュー。

☎0233-76-2140 ⓐ山形県大蔵村南山571 ⓣ10:00～15:00 ⓗ第2木曜（冬季は第2・4木曜）ⓔ肘折温泉待合所バス停から徒歩5分 Ⓟ6台

↑山里にたたずむ人気のそば処（上）。木のぬくもりに満ちた店内は座敷とテーブル席がある（下）

↑そばと一緒に味わいたい焼き油揚げのざぶとん250円

板そば 1500円
もりそばの2.5人前ある山形の名物そば。そば本来の風味としっかりしたコシが特徴で、だしで割ったそばつゆで味わう

揚げたての名物をその場でいただこう
佐々木商店
ささきしょうてん

店内に工房を併設し、肘折名物の菓子を製造販売している。朝市の時間に立ち寄れば、かりんとうまんじゅうの揚げたてが味わえる。漬物や秋の原木なめこなどもおすすめ。

☎0233-76-2088 ⓐ山形県大蔵村南山480 ⓣ5:30（冬季7:00）～18:00 ⓗ無休 ⓔ肘折温泉待合所バス停から徒歩5分 Ⓟ5台

↑温泉街の中央にあるレトロな趣のみやげ物店（左）。店内の一角に工房を備え菓子を製造している（右）

ちょこがれっと
1個120円
サクッとした口当たりのクッキーでチョコレートを包んだ人気商品

かりんとうまんじゅう
1個120円
沖縄の黒糖と北海道の小豆を使い、県産の米油で揚げた自慢の一品

肘折温泉みやげの定番が揃う店
ほていや商店
ほていやしょうてん

肘折温泉で500年商売を続ける同店の一番人気は、ほていまんじゅう。開湯伝説に由来し地区内で製造される唯一の名物菓子だ。1体数十～数百万円のこけしも鑑賞できる。

☎0233-76-2132 ⓐ山形県大蔵村南山499 ⓣ5:30（冬季7:00）～18:00 ⓗ無休 ⓔ肘折温泉待合所バス停から徒歩5分 Ⓟ1台

↑昭和レトロな面影を残す店構え（上）。店内には店主こだわりのみやげ物がずらりと並ぶ（下）

肘折伝統こけし
伝統こけし11系統のひとつ。美しいフォルムと胴体に描かれた花が印象的

ほていまんじゅう
6個入り600円
甘さ控えめの黒こし餡を黒糖入りの皮で包んだ名物。まとめ買いする人もいる

ユニークなこけしアイテムが好評
カネヤマ商店
カネヤマしょうてん

バラエティに富んだ地酒と店主考案のオリジナルアイテムが揃う店。酒のつまみやご飯にもぴったりのわさび漬け800円、わさびみそ800円などがおすすめ。

☎0233-76-2123 ⓐ山形県大蔵村南山506-3 ⓣ6:00（冬季6:30）～18:30 ⓗ無休 ⓔ肘折温泉待合所バス停から徒歩5分 Ⓟなし

↑宿泊客にも人気の店（上）。オリジナルグッズが並ぶ（下）

スタンダードトートバッグ（小）
1500円
カラーバリエーション豊富な肘折温泉オリジナルトート

肘折こけしタオル
450円
華やかな色使いのこけしがプリントされた使い勝手のいいタオル

温泉情緒に浸りながら
観光＆食べ歩きを満喫

伊香保温泉
いかほおんせん

群馬県渋川市

風情ある石段街

草津温泉とともに群馬県を代表する名湯で、古くは『万葉集』にも詠まれ、戦国時代の長篠の戦い後は将兵の療養所として整備された。多くの文人墨客が訪れ、徳冨蘆花の『不如帰』の舞台にもなっている。温泉街のシンボルでもある石段は400年以上の歴史を有し、その両側には、温泉旅館やみやげ物店、飲食店、射的などの遊技場が軒を連ね、独特の温泉情緒を醸し出している。

365段の石段街には、足湯やポケットパークと呼ばれる休憩所なども設けられている

■ ACCESS & INFORMATION

JR渋川駅から群馬バスで34〜35分、石段街口または伊香保案内所下車／関越自動車道・渋川伊香保ICから県道35・33号で約11km

渋川伊香保温泉観光協会 ☎0279-72-3151

【温泉データ】
泉質 カルシウム・ナトリウム-硫酸塩・炭酸水素塩・塩化物塩など pH値 6.4 泉温 42.0℃
湧出量 3500〜5000ℓ/分
効能 五十肩、慢性消化器病など

→源泉から地下の湯樋を使って、石段街に流している小間口

→与謝野晶子が大正9年(1920)に発表した『伊香保の街』という詩が刻まれている

→無料で利用できる足湯、岸権辰の湯は石段街の212段目にある

さんぽコース

START 石段街口 バス停

徒歩すぐ

1 石段街口　所要5分

徒歩2分

2 伊香保関所　所要15分

徒歩1分

3 伊香保温泉 石段の湯　所要30分

徒歩7分

4 伊香保神社　所要30分

徒歩10分

GOAL 伊香保温泉バスターミナル

START

IKAHOの文字が並ぶ石段下は観光の拠点。石段を見上げてまずは記念撮影

徒歩2分 🚶

1 365段のスタート地点
石段街口
いしだんがいぐち

伊香保温泉〜渋川駅線や伊香保タウンバス、伊香保温泉街循環線などのバスが発着する伊香保観光の拠点。トイレや観光案内所があり、近くには市営の駐車場もある。
所群馬県渋川市伊香保町伊香保 休—
料見学自由 交石段街口バス停からすぐ
Pなし

伊香保温泉

START
石段街口バス停

石段街口 ❶

徳冨蘆花
記念文学館

・ハワイ王国公使別邸

伊香保関所 ❷　**R** お食事処 四季彩

伊香保温泉 石段の湯 ❸

・石段玉こんにゃく

カフェ＆バー
楽水楽山 **C**

千明仁泉亭 **H**

**群馬県
渋川市**

H

なつかし屋本舗・

一文字通り

石段玉こんにゃく

⬆石段街の名物となっているB級グルメ。地元の食材を使ったぷりぷりの玉こんにゃくは1串100円で、手軽に食べ歩きできる
☎0279-25-4541 ㊟群馬県渋川市伊香保町伊香保78 ⏰9:00〜18:00※売り切れ次第終了 ㊡不定休 ⓧ石段街口バス停から徒歩3分 Ｐなし

GOAL 伊香保温泉バスターミナル

雨情の湯 森秋旅館

ぐんまみらい
信用組合

不如帰駅

湯元権辰の湯♨
岸権旅館 H

・ポケットパーク

R SARA"S terrace Arraiya

福一・

勝月堂 **S**
王寺薬師堂 卍

❹ 伊香保神社

❹ 河鹿橋

N
0　50m

徒歩7分 🚶

徒歩1分 🚶

伊香保ロープウェイ

GOAL

❹ 温泉街を守る神様
伊香保神社
いかほじんじゃ

創建は天長2年(825)。温泉街の石段を上り詰めた場所に鎮座する延喜式内社。温泉、医療の神様とされる大己貴命と少彦名命を祀る。毎年9月19日に例大祭が行われる。
☎0279-72-2351 ㊟群馬県渋川市伊香保町伊香保1 ㊡無 ㊗参拝自由 ⓧ石段街口バス停から徒歩10分 Ｐなし

子宝や縁結びにもご利益があるといわれている。秋は石段が紅葉に彩られる

---

❸ 市営の日帰り入浴施設
伊香保温泉 石段の湯
いかほおんせん いしだんのゆ

石段街にある蔵造りの建物で1階が浴場、2階が休憩室になっている。内湯のみだが、石造りの浴場で、伊香保温泉の源泉である黄金の湯が楽しめる。無料駐車場は、ハワイ公使別邸の向かい側にある。
☎0279-72-4526 ㊟群馬県渋川市伊香保町伊香保36 ⏰9:00〜21:00(11〜3月は〜20:30)※最終入館は各30分前 ㊡第2・4火曜(祝日の場合は翌日) ㊗410円 ⓧ石段街口バス停から徒歩3分 Ｐ10台

市営のため、比較的リーズナブルに源泉かけ流しの温泉が楽しめる

足を延ばして〜河鹿橋

伊香保温泉最奥部、湯沢川に架かる太鼓橋

湯元付近にある朱塗りの橋で、春には新緑、秋には紅葉が楽しめる。10月下旬〜11月上旬の紅葉シーズンにはライトアップもされ観光客で賑わう。
☎0279-72-3151(渋川伊香保温泉観光協会) ㊟群馬県渋川市伊香保町伊香保586-2付近 ㊡無 ㊗見学自由 ⓧ石段街口バス停から徒歩15分 Ｐ18台
➡伊香保神社から歩くのもおすすめだが、紅葉シーズンには石段街口から無料シャトルバスも運行

---

❷ 当時の様子を再現
伊香保関所
いかほせきしょ

寛永8年(1631)、三国街道裏往還の要所として、この地に設けられた口留番所と呼ばれる関所を復元。人形で取り調べの様子などを再現し、当時の通行手形や古文書、武具などの資料を展示している。
☎0279-22-2873 ㊟群馬県渋川市伊香保町伊香保甲34 ⏰9:00〜17:00 ㊡第2・4火曜 ㊗無料 ⓧ石段街口バス停から徒歩3分 Ｐ市営駐車場利用

約15坪の茅葺き屋根の建物で、門柱の礎石が当時のまま残されている

1

伊香保随一の湯量を誇る
徳冨蘆花ゆかりの老舗宿
とくとみろか

室町時代の連歌師、宗祇がここを湯治場
そうぎ
とした文亀2年(1502)を創業年とする。明
治の文豪、徳冨蘆花が常宿として、ここ
で『不如帰』を書いた。本館は大正〜昭和
初期の木造の純和風建築で、かけ流しの
天然温泉は大浴場、滝湯、露天、貸切家
族風呂など風呂の種類も豊富。

2

3

4

5

千明仁泉亭
ちぎらじんせんてい

☎0279-72-3355 ㊙群馬県渋川市伊香保町伊香
保45 ㏌15:00 ㏇10:00 ㊷34室 ㊷1泊2食付 平
日1万9950円〜 休前日2万4350円〜 ㊨石段街
口バス停から徒歩5分 ㋓100台

(温泉データ)
風呂数 露天風呂:2/内湯:2/貸切風呂:4
※客室風呂は除く
泉質 カルシウム・ナトリウム-硫酸塩・炭酸水素塩・
塩化物泉

1 開放感あふれる露天風呂で、茶褐色
の黄金の湯がかけ流しで楽しめる
2 貸切風呂は4つあり、予約なしでも
空いていれば利用できる
3 心地よいナチュラルな和室のほかベッ
ドルームが備わっている半露天風呂付
きの客室
4 旬の素材を生かした夕食の一例
5 ゆったりとしたソファが並ぶロビーで
くつろぎのひとときを

眺望と源泉かけ流しの多彩な風呂が自慢

安土・桃山時代創業の伊香保を代表する老舗旅館。「お湯よし、味よし、眺めよし」をモットーに、大浴場をはじめ、離れの露天風呂「権左衛門の湯」や展望露天風呂の「六左衛門の湯」などで、「黄金の湯」を満喫できる。

岸権旅館
きしごんりょかん

☎0279-72-3105 所群馬県渋川市伊香保町伊香保甲48 in15:00 out10:00 室70室 予約1泊2食付 平日1万6500円〜 休前日2万3100円〜 交石段街口バス停から徒歩7分 P150台

温泉データ

風呂数 露天風呂：2／内湯：2／貸切風呂：4 ※客室風呂は除く

泉質 カルシウム・ナトリウム-硫酸塩・炭酸水素塩・塩化物泉

1 三国連山や谷川連峰を見渡せる六左衛門の湯
2 半露天風檜浴室付きのきしごんスイート杜若
3 赤城牛のステーキが味わえるやまざと膳
4 石段街に面する天正4年(1576)創業の老舗宿
5 総檜造りの離れ露天風呂、権左衛門の湯

55

名湯と和のくつろぎに和む
童謡詩人・野口雨情ゆかりの宿

数々の童謡を残した詩人・野口雨情の定宿として知られる明治元年(1868)創業の和風旅館。大浴場や貸切風呂、客室露天で天然温泉100%の「黄金の湯」を堪能できる。

雨情の湯 森秋旅館
うじょうのゆ もりあきりょかん

📞0279-72-2601 🏠群馬県渋川市伊香保町伊香保60 in15:00 out10:00 🛏76室 🍽1泊2食付 平日1万4850円〜 休前日1万9250円〜 🚌石段街口バス停から徒歩6分 🅿150台

［温泉データ］
［風呂数］露天風呂:1／内湯:3／貸切風呂:1
※客室風呂は除く
［泉質］カルシウム・ナトリウム-硫酸塩・炭酸水素塩・塩化物泉

1 周辺の山々の景色を堪能しながら、「黄金の湯」を源泉かけ流しで楽しめる雨情の湯
2 地元の特産品をふんだんに使用した夕食の一例
3 2間構成のスイートは総檜造りの露天風呂付き

黄金の湯と白銀の湯の
2つの温泉が楽しめる

創業440年、石段街の最上段に立地しているため伊香保随一の眺望を誇る。2種類の名湯を守る伊香保でも数少ない温泉宿。最上階の貴賓室をはじめ、客室タイプも多彩。

福一
ふくいち

📞0279-20-3000 🏠群馬県渋川市伊香保町伊香保湯5-4 in15:00 out11:00 🛏83室 🍽1泊2食付 平日2万円〜 休前日2万5000円〜 🚌伊香保案内所バス停から徒歩10分 🅿80台

［温泉データ］
［風呂数］露天風呂:2／内湯:4／貸切風呂:3
※客室風呂は除く
［泉質］カルシウム・ナトリウム-硫酸塩・炭酸水素塩・塩化物泉

1 厳選された滋味豊かな食材を提供。写真は特製きのこ鍋
2 和室とベッドルームを備えた和洋室はワンランク上のくつろぎの空間
3 黄金の湯が楽しめる露天風呂「福の湯」。大浴場では2種類の湯が堪能できる

地元野菜とブランド豚のとんかつ
お食事処 四季彩
おしょくじどころ しきさい

厳選した食材と手作りにこだわり、米はコシヒカリを使い、和豚もち豚を使ったカツライスとソースカツ重が看板メニュー。寒天も手作りで、伊香保グリーン牧場のアイスクリームを使った黒糖あんみつもおすすめ。

📞0279-72-3917 所群馬県渋川市伊香保町伊香保78 営11:00～18:00（土・日曜は～21:00）休水曜 交石段街口バス停から徒歩2分 Pなし

カツライス1800円
当日入荷したばかりの豚肉を使ったカツライス。キャベツも山盛り

↑伊香保関所の近くにある（上）。店内は座敷席がメインのアットホームな雰囲気（下）

地元の食材や旬の味覚が楽しめる
SARA''S terrace Arraiya
サラズテラス アライヤ

契約農場から安心安全な食材を仕入れ、群馬名産の上州牛や上州麦豚を使ったメニューが人気。いちごフロートや上州リンゴのアップルパイなどドリンクやスイーツメニューも充実。

📞0279-72-2183 所群馬県渋川市伊香保町伊香保20 営10:00～18:30(LO) 休不定休 交石段街口バス停から徒歩7分 Pなし

↑かつては旅館だったという石段沿いのオシャレでモダンなカフェ

上州牛ロース丼1760円
さっぱりとした牛ロースを温泉卵と自家製ガーリックオニオンソースで味わう

昼はカフェ、夜はカクテルバー
カフェ＆バー楽水楽山
カフェ＆バー らくすいらくさん

店名は孔子の言葉に由来。店内の約半分のスペースは靴を脱いでゆっくりくつろげる落ち着いた空間。夜は女性バーテンダーが作る伊香保の四季をイメージしたオリジナルカクテルを楽しみたい。

📞0279-72-3355 所群馬県渋川市伊香保町伊香保45 千明仁泉亭 営カフェ9:00～18:00 バー18:00～翌1:00 休不定休 交石段街口バス停から徒歩5分 P100台

↑老舗旅館、千明仁泉亭にあり宿泊客以外でも気軽に利用できる

抹茶のシフォンケーキ495円
米粉を使った手作りのシフォンケーキには、ホイップと大黒屋のあんこが添えられている。オリジナルブレンド550円とセットで990円

温泉まんじゅう発祥の店といわれている
勝月堂
しょうげつどう

明治43年(1910)創業。伊香保温泉の茶褐色のお湯の色をヒントに皮に黒糖を使った茶色いまんじゅうは、創業当時の味と製法を守る。1個売りもしているので、できたてをその場で味わえる。

📞0279-72-2121 所群馬県渋川市伊香保町伊香保591-7 営9:00～18:00 休不定休 交石段街口バス停から徒歩8分 Pなし

湯乃花まんじゅう1個130円
絶妙な甘さのこし餡をふっくらした皮で包んだ逸品

↑石段街の最上段にある伊香保神社のすぐそばにある

いにしえの修験者たちの
足跡をたどる温泉旅

洞川温泉
どろがわおんせん

奈良県天川村

　洞川温泉はもともと、大峯山を目指す修験者たちの拠点として、1300年以上前から栄えてきた宿場町である。言い伝えによると、修験道の開祖である役行者により改心した、鬼の末裔によって開かれたことになっている。洞川温泉が湧出したのは、1970年代のこと。温泉街としての歴史は浅いが、今なお多くの修験者が訪れる洞川温泉は、行を終えた者たちを癒やしてくれる。

■ ACCESS & INFORMATION

近畿日本鉄道・下市口駅から奈良交通バスで70分、洞川温泉下車／南阪奈道路・葛城ICから国道309号で約48km

大峯山洞川温泉観光協会 ☎0747-64-0333

[温泉データ]

泉質	弱アルカリ性単純泉
pH値	8.7　泉温 41.7℃
効能	神経痛、冷え性など

さんぽコース

START	洞川温泉 バス停
	徒歩7分
1 シェアオフィス西友	所要30分
	徒歩7分
2 大峯山龍泉寺	所要30分
	徒歩10分
3 面不動鍾乳洞	所要60分
	徒歩6分
4 洞川温泉センター	所要45分
	徒歩5分
GOAL	洞川温泉 バス停

昭和ロマンな街並み

幻想的な夜の洞川温泉は、日本の古き良き時代にタイムスリップしたかのよう

START

1 テレワークにも使える！
シェアオフィス西友
シェアオフィスせいゆう

旅館をリノベした施設で、1階はカフェ、2階はテレワークに使用できる。移住者によるチャレンジカフェでは、標高の高さを利用し生産された夏イチゴのスイーツも人気。ワーケーション利用も増えている。

☎0747-68-9051 ⓐ奈良県天川村洞川243-2 ⓗ10:00〜17:00 ⓗ水・木曜 ⓐ洞川温泉バス停から徒歩7分 Ⓟなし

徒歩7分

樹齢約200年の杉の木を使ったテーブルで、ティータイムを楽しみたい

2 役行者が開いた名刹
大峯山龍泉寺
おおみねさんりゅうせんじ

約1300年前に大峯山の開祖である役行者が、泉のほとりに八大龍王尊を祀り、行をしたのが龍泉寺の始まりとされる。桜、新緑、紅葉、雪景色と、四季折々の景色が美しく、10月の八大龍王祭、2月の節分祭も有名。

☎0747-64-0001 ⓐ奈良県天川村洞川494 ⓗ境内自由 ⓐ洞川温泉バス停から徒歩6分 Ⓟ約20台

修験者は、身を清めてから八大龍王尊に祈願し、山上ヶ岳に向かう

徒歩10分

洞内の14カ所ある見どころのうち、特に外せないのが「銀糸の窟」

③ 幻想的で静かな空間
面不動鍾乳洞
めんふどうしょうにゅうどう

海抜878mにある面不動鍾乳洞は、昭和8年(1933)に発見され、5年かけて発掘された。洞内は、年間を通して約8℃に保たれており、夏は涼しく冬は暖かく感じられる。希少なストロー鍾乳管が間近で見られるのは、日本でここだけ。

📞0747-64-0352 🏠奈良県天川村洞川673-89 🕐9:00(7月末～8月8:00)～18:00(冬季～17:00)※最終入場は各30分前 🚫荒天時・点検日など休業あり 💴鍾乳洞450円、どろっこ300円 🚉洞川温泉バス停から面不動モノレール乗り場まで徒歩2分 🅿7台

↑鍾乳洞までは、通称「どろっこ」で。道中の景色も堪能したい

🚶 徒歩6分

④ 散策の疲れを癒やそう
洞川温泉センター
どろがわおんせんセンター

名産の吉野杉を使用した風情あふれる建物が目印。内湯にはヒノキが使われており、木の香りが心を癒やす。美しい庭を眺めながら入る露天風呂も心地よい。弱アルカリ性の単純泉は、水質がやわらかく身も心もほぐされる。

📞0747-64-0800 🏠奈良県天川村洞川13-1 🕐11:00～20:00(最終受付19:30) 🚫水曜(祝日の場合は翌日) 💴700円 🚉洞川温泉バス停から徒歩5分 🅿50台(有料。温泉センター利用で90分無料)

洞川温泉街入口にある日帰り湯。観光スポットに近い立地がうれしい

GOAL

洞川温泉

天川村立資料館●

大峯山龍泉寺 ②

●山上ケ岳歴史博物館

シェアオフィス西友 ①

奈良県
天川村

カフェ空 C

■面不動鍾乳洞

面不動モノレール

柳豊 S

花屋徳兵衛 H 　 H 角甚

旅館 紀の国屋甚八 H

ごろごろ水採水場
ごろごろ茶屋

そば処 清九郎 R

味処 R きらく九兵衛

大峯山洞川温泉
観光案内所 i

ごろごろ S ショップ

START & GOAL
洞川温泉 バス停

④ 洞川温泉センター

N

0　　100m

ごろごろショップ

↑天川村の名産品を取り揃える風情ある店。ベンチに腰かけてサイダーを飲んだら、魚のエサを買って、山上川の魚にエサやりをしよう

📞0747-64-0556 🏠奈良県天川村洞川46 🕐8:00～19:30 🚫無休 🚉洞川温泉バス停から徒歩1分 🅿なし

↑ごろごろ水を使ったサイダーは、すっきりとした後味

ごろごろ水採水場

遠方からも汲みにくるほどの人気

五代松鍾乳洞付近の石灰岩層から湧出している、炭酸カルシウム型のナチュラルな水質の天然水。洞窟の奥から、ごろごろと湧き出ることから、この名がついた。

📞0747-64-0188 🏠奈良県天川村洞川678-220 🕐8:00～18:00 冬季9:00～17:30(最終入場は各30分前) 🚫無休 💴500円(施設協力金) 🚉洞川温泉バス停から車で5分 🅿約20台

↑駐車スペース後方に蛇口があるため、スムーズに採水できる

↑ごろごろ水は、そのまま飲んでもおいしいが、コーヒーやお茶に使用すると、マイルドな口当たり

1

吉野の木を使った建物が紡ぐ
やすらぎと癒やしのもてなし宿

洞川温泉の宿としては最古の創業500年を誇る老舗宿。多くの修験者や観光客に愛されており、昔懐かしい風情豊かな建物に清潔感のある和室の客室が特徴。客室のデッキからは、庭や温泉街が眺められ、のんびりとした時を過ごせる。猟師が仕留めた猪のぼたん鍋など、地元でとれた旬の素材を使った食事も。3つの湯や、客室温泉などを堪能したい。

2

3

4

5

花屋徳兵衛
はなやとくべい

☎0747-64-0878 ㊞奈良県天川村洞川217
㏌14:30 ㏕11:00 ㊯8室 ㊢1泊2食付 平日1万5700円～ 休前日1万7700円～ ㊛洞川温泉バス停から徒歩6分 ㋲20台

[温泉データ]

[風呂数] 露天風呂:1／内湯:1／貸切風呂:1
※客室風呂は除く [泉質] アルカリ性単純温泉

1 標高の高い洞川温泉は、冬場は雪景色に包まれる。幻想的な雪見風呂は、旅のいい思い出に
2 提灯でライトアップされた風情ある夜の街並み
3 照明を抑えた空間にジャズが流れる、宿泊客憩いの談話室
4 全8室の客室はそれぞれに特徴のあるしつらえ
5 おもてなしの心が詰まった季節ごとの食事

紀州徳川家にゆかりある
歴史の息吹を感じる宿

江戸時代、紀州の隠居した殿様が洞川を訪れた際に宿泊し、山上の行の道案内も行ったという言い伝えが残る、紀州徳川家ゆかりの宿。温泉の露天風呂付き客室、貸切露天風呂も完備。古風な趣はそのままに、一部リニューアルされた客室が心地よい。

角甚
かどじん

📞0747-64-0336 🏠奈良県天川村洞川240
🕐15:00 🕙10:00 🏠8室 📅1泊2食付 平日1万4800円〜 休前日1万6900円〜 🚌洞川温泉バス停から徒歩7分 🅿15台

[温泉データ]

[風呂数] 露天風呂:0／内湯:2／貸切風呂:1
※客室風呂は除く

[泉質] アルカリ性単純温泉

1 ゆっくり入浴するなら、貸切露天風呂もおすすめ
2 レトロな雰囲気を醸し出す提灯が下がる外観
3 イワナのお造りなど、川の幸・山の幸が自慢の甚四郎御膳
4 味噌出汁を使い、肉の旨みを生かしたぼたん鍋
5 純和風の客室が中心で、ゆったりとくつろげる
6 ファミリーやグループで宿泊可能な広い和室も

何度も温泉に入りたいならココ
貸切利用無料がうれしい

本館と離れのある旅館。名水を利用した各種懐石料理と、貸切もできる庭園に面した露天風呂が魅力。チェックアウトが12時なので、24時間ゆっくりと滞在ができる。

旅館紀の国屋甚八
りょかん きのくにやじんぱち

📞0747-64-0309 🏠奈良県天川村洞川222-1 in 12:00 out 12:00 室6室 予算1泊2食付 平日1万8000円 休前日2万3000円～ 🚌洞川温泉バス停から徒歩6分 🅿30台

（温泉データ）

風呂数 露天風呂:1／内湯:1／貸切風呂:0
※客室風呂は除く
泉質 弱アルカリ性単純温泉

1 雰囲気のある縁側はフォトスポットとしておすすめ
2 客室は8～50畳間。大人数での宿泊も可能
3 料理や飲み物には、ごろごろ水が使われている
4 映画に出てくるような情緒あふれる外観
5 庭園側から見た露天風呂。木のぬくもりが素肌にやさしい
6 庭園を眺めながら入浴ができる露天風呂は、単純泉でやわらかな湯が特徴
7 空いていれば「貸切中」の札をかけて貸切利用が可能というスタイル

山上川の美景を眺めながらランチタイム

味処 きらく九兵衛
あじどころ きらくきゅうべえ

名水豆腐、鹿肉、アマゴなどの珍しい地元食材を使用し、小鉢まですべてていねいに手作り。ボリューム満点の食事を求め多くの客が訪れる。料理はもちろん、窓外に広がる山並みと川の風景も美しく、食事をしながら美景に癒やされる。

📞0747-64-0600 🏠奈良県天川村洞川47 🕐11:00〜15:00（LO）休不定休 🚌洞川温泉バス停から徒歩1分 🅿4台

湯豆腐定食1300円
大豆の旨みと名水豆腐を使用した湯豆腐定食は、ニジマス甘露煮なども付く人気メニュー

↑田舎の祖父母の家にやって来たような、どこか懐かしく落ち着く店内はつい長居したくなる

喉ごし抜群のそばを味わう

そば処 清九郎
そばどころ せいくろう

面不動鍾乳洞からすぐの場所にある蕎麦屋。2種類のそば粉を使用したそばは、店主が毎日ていねいに作っている。喉ごしにこだわった、シンプルな味わいはファンも多いという。

📞0747-64-0970 🏠奈良県天川村洞川525-1 🕐11:30〜15:00（売り切れ次第終了）休水曜、雪の平日 🚌洞川温泉バス停から徒歩2分 🅿あり

清九郎セット1630円
そば・名水豆腐・川魚甘露煮・柿の葉すしなどの天川村グルメを一度に満喫できる

↑休日などは行列になることも。確実に食べたいなら、売り切れる前に早めに来訪するのが◎

おだやかな時の流れる陽だまり空間

カフェ空
カフェくう

古民家を改修した店内に一歩入ると、パワーストーンなどの雑貨が販売されており、その奥がカフェになっている。体にやさしい手作りのスイーツが好評だが、予約制のランチもおすすめ。

📞0747-64-0280 🏠奈良県天川村洞川340-3 🕐9:00〜19:00 休不定休 🚌洞川温泉バス停から徒歩9分 🅿あり

↑和の庭園と大峯山が重なり、豊かな自然に満たされる

葛プリンセット1000円
吉野葛と有機豆乳を使用した葛プリンは、ヴィーガン&グルテンフリー。ドリンクもすべて自家製

↑シンギングボウルを使ったヒーリングセッションで、疲れた心を整えよう

素材を生かした柿の葉すしを食す

柳豊
やなとよ

塩のみで漬けたサバと鮭に、ほんのりと甘さのある酢飯が合わさった手作りの柿の葉すしは、先代から受け継がれた味。6月中は期間限定で朴の葉で包んだ朴の葉寿司が郷土の味。

📞0747-64-0622 🏠奈良県天川村洞川522 🕐9:30〜17:00 休12〜4月 🚌洞川温泉バス停から徒歩2分 🅿あり

柿の葉すし（6個）810円
店内で飲食も可能。散歩の小休止にもぴったり

↑店内には、餅を作るところから自家製の米菓きりこなど、天川村周辺の名産が並ぶ

三度朝を迎えると元気になる
世界屈指の高濃度のラドン温泉

三朝温泉
みささおんせん

鳥取県三朝町

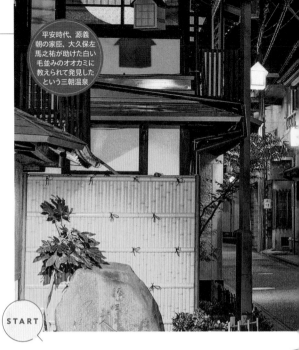

平安時代、源義朝の家臣、大久保左馬之祐が助けた白い毛並みのオオカミに教えられて発見したという三朝温泉

　ラドンとは、ラジウムが分解されて生じる弱い放射線のことで、体に浴びると新陳代謝、免疫力を高めて抗酸化力をつけるという。これを高濃度に含んだ三朝の湯は病後回復や鎮痛効果、老化防止など幅広い体への好影響が得られると昔から湯治客の人気が高い。山間の三徳川沿いに広がる温泉街は空気も良く眺望も良い。病だけでなく、日々の疲れやストレスにもよく効く。

🛁 ACCESS & INFORMATION

JR倉吉駅から日ノ丸バスで20～26分、三朝温泉観光商工センター前下車／中国縦貫自動車道・院庄ICから国道179号で約57km

三朝温泉観光協会☎0858-43-0431

温泉データ
泉質	ナトリウム-塩化物泉、単純泉
pH値	6.0～7.5 泉温 60.0～70.0℃
効能	気管支炎、肺気腫など

さんぽコース

START	三朝温泉観光商工センター前バス停

徒歩すぐ

| ① | 三朝温泉ほっとプラ座 | 所要15分 |

徒歩2分

| ② | 薬師の湯 | 所要30分 |

徒歩3分

| ③ | 三朝神社 | 所要15分 |

徒歩3分

| ④ | 恋谷橋 | 所要15分 |

徒歩5分

| GOAL | 三朝温泉観光商工センター前バス停 |

START

① 街歩きの前に立ち寄り
三朝温泉ほっとプラ座
みささおんせんほっとプラざ

徒歩2分 🚶

三朝温泉観光商工センター内にある観光案内所。館内には自由に持ち帰れるマップやパンフレットが多数並び、街歩きの拠点として便利。スタッフが常駐しているので気軽に訪ねてみよう。
☎0858-43-0431(三朝温泉観光協会)
🏠鳥取県三朝町三朝973-1 🕐8:30～17:30 🈳無休 🚌三朝温泉観光商工センター前バス停からすぐ Ⓟ8台

レンタサイクルの貸出もあり!(1日300円、電動自転車は4時間1000円～)

湯の街ギャラリー

メインストリートに点在するミニギャラリー

温泉街の旅館やお店の一角に展開するミニギャラリー。約18カ所あり、営業時間中は入場無料で自由に見学できる。希少なものから手作り作品まで内容は個性豊か。街歩きの途中でぜひ立ち寄りたい。

⬆高野豆腐を素材に、調理師の剥き物の技法を用いた彫刻作品が並ぶ「調刻の館」

◀「カムパネルラの館」では宮沢賢治と交友を深めた詩人・河本緑石の資料を展示

レトロな街並み

表参道の敷石には「ハート」が1カ所隠れている。散策しながら探してみよう!

徒歩3分

③ お清めの水は温泉!
三朝神社
みささじんじゃ

ムクの大木がそびえる、三朝温泉を見守り続ける古社。手水舎「神の湯」のお清めの水は、三朝特有のラジウム温泉が湧出し、温かい。飲泉することもでき、健康を祈りながら飲む参拝客も多い。

☎0858-43-0431(三朝温泉観光協会) 所鳥取県三朝町三朝796 開休料境内自由 交三朝温泉観光商工センター前バス停から徒歩5分 Pなし

徒歩3分

② ラジウム温泉を気軽に
薬師の湯
やくしのゆ

温泉街を見守る「お薬師さん」(薬師如来)が祀られている薬師堂広場にある足湯・飲泉場。薬師如来には健康祈願に訪れる人も多い。薬効豊かなラジウム温泉を気軽に楽しむことができる。

☎0858-43-0431(三朝温泉観光協会) 所鳥取県三朝町三朝933 営9:00〜21:30 休無休 料無料 交三朝温泉観光商工センター前バス停から徒歩4分 P多目的駐車場利用(徒歩2分)

↑「三朝橋」のたもとにある、昭和4年(1929)に制作された映画『三朝小唄』の像 H三朝館

足元からじんわり温まり体もぽかぽか。温泉街を眺めつつリラックス

④ 縁結びスポットがある橋
恋谷橋
こいたにばし

夜はライトアップする、三徳川上流に架かる橋。橋の中央にある像「縁結びのかじか蛙」は、なでるとご縁を授かるといわれている。

☎0858-43-0431(三朝温泉観光協会) 所鳥取県三朝町三朝 開休通行自由 交三朝温泉観光商工センター前バス停から徒歩5分 Pなし

かじか蛙像の横にかける絵馬は、「ほっとプラ座」で購入できる

公衆浴場・足湯・飲泉場「株湯」

↑三朝温泉の起源であり「元湯」とも呼ばれている。飲泉場ではミネラル豊富な湯が飲泉可能

☎0858-43-3022 所鳥取県三朝町三朝634-1 料公衆浴場8:00(月曜10:00)〜21:45(最終受付21:15)、足湯8:00(月曜10:00)〜21:00、飲泉場24時間 休無休 料公衆浴場350円、足湯・飲泉場は無料 交三朝温泉観光商工センター前バス停から徒歩10分 P15台

↑リフレッシュ効果の高い三朝の湯。足湯で手軽に満喫しよう ※冬季休業あり

N
0　　80m

鳥取県
三朝町

かじか橋
かじかの湯
H旅館 大橋

三朝橋
映画『三朝小唄』の像
河原風呂 Sとく本
H依山楼岩崎
Rブランナールみささ

GOAL

三朝温泉ほっとプラ座 ①

START & GOAL
三朝温泉観光商工センター前 バス停

茶房木木 C

② 薬師の湯
H木造りの宿 橋津屋
④ 恋谷橋

三徳川

〒三朝温泉局

③ 三朝神社

三朝

株湯

三朝

三朝車庫前

白狼堂 S

三朝温泉

1

回遊式大庭園露天風呂ほか
多彩な大浴場が自慢

平安時代から病気快癒の湯として知られていた三朝温泉では、近年科学的にその効果が証明されているが、この宿では趣向を凝らした露天風呂や内湯だけでなく、寝湯、歩行湯、ぬる湯、蒸気湯、飲泉など多彩に楽しめる。また、松葉ガニや岩ガキ、鳥取和牛など、山陰の海や鳥取の豊かな自然が育んだ厳選食材をたっぷり使った季節の料理が好評を博す。

依山楼岩崎
いざんろういわさき

☎0858-43-0111 所鳥取県三朝町三朝365-1 in15:00 out11:00 室79室 宿泊1泊2食付 平日2万2000円〜 休前日2万6400円〜 交三朝温泉観光商工センター前バス停から徒歩3分 P80台

温泉データ

風呂数 露天風呂:3／内湯:4／貸切風呂:1
※客室風呂は除く

泉質 ナトリウム-塩化物炭酸水素塩泉、ラジウム泉

2

5

3

6

4

1 野趣あふれる岩の露天風呂をはじめ、寝湯、足湯、蒸気風呂、歩行湯などを配した「左の湯」
2 昭和の頃の湯治場をイメージした「右の湯」は癒やしがテーマ
3 客室は、和洋室や特別室も含めて落ち着いた和のしつらえ
4 日本海の海の幸、三朝産の米、湧水の豆腐など地元の食材を使用
5 三朝川や日本庭園など、客室からの眺望の美しさに心が癒やされる
6 花、新緑、紅葉、雪景色と季節によって表情を変える広大な庭園

1000坪の庭園風呂で満喫
自家源泉かけ流しの湯

多くの文人も訪れた湯治場にある宿は、三朝温泉随一の湯量を誇り、世界有数のラドン泉が12種の湯処から潤沢にあふれる。館内には日本庭園があり、四季の景色が楽しめる。鳥取の旬の味覚が味わえる会席料理など、心づくしのもてなしがうれしい。

1

1 毎日15〜22時には露天風呂「こもれびの湯」に約200輪のバラを浮かべたバラ風呂が楽しめる
2 本館和室の一例。三徳川に面した部屋や日本庭園を眺めることのできる部屋もある
3 鳥取和牛、のどぐろ、サザエなどが味わえる季節の会席

2

3

三朝館
みささかん

📞0858-43-0311 🏠鳥取県三朝町山田174 🕒IN15:00 OUT10:00 🏨81室 📋1泊2食付 平日1万9800円〜 休前日2万6950円〜 🚌三朝温泉観光商工センター前バス停から徒歩6分 🅿100台

（温泉データ）
風呂数 露天風呂:6／内湯:2／貸切風呂:2 ※客室風呂は除く
泉質 ナトリウム-塩化物泉

古き良き昭和の雰囲気と
匠の技が光る創作料理

昭和7年(1932)築の純和風旅館は国の登録有形文化財に登録され、館内は昭和初期にタイムスリップしたかのよう。自家源泉が5つあり、うち3つは自噴泉という贅沢さ。素材の良さを生かした創作料理も自慢。

1

2

旅館 大橋
りょかん おおはし

📞0858-43-0211 🏠鳥取県三朝町三朝302-1 🕒IN15:00 OUT10:00 🏨20室 📋1泊2食付 平日2万6600円〜 休前日2万9900円〜（別途入浴料150円）🚌三朝温泉観光商工センター前バス停から徒歩5分 🅿20台

（温泉データ）
風呂数 露天風呂:2／内湯:4／貸切風呂:0 ※客室風呂は除く
泉質 含弱放射能性-ナトリウム-塩化物泉

3

1 源泉露天風呂付きの「ひさごの間」
2 全国の銘木を集めて建てられた伝統と格式あるたたずまい
3 「ひさごの間」はくつろげる2間続きの広々とした空間

手掘りの源泉が湧出する
三朝川沿いの老舗旅館

創業は江戸後期、天保初めという老舗旅館で、自家源泉を有する。木材を多用したぬくもりある館内はロビーや廊下にいたるまで畳が敷かれ、落ち着いた和の雰囲気。

木造りの宿 橋津屋
きづくりのやど はしづや

☎0858-43-0719 所鳥取県三朝町三朝886 in15:00
out10:00 室12室 予1泊2食付 平日1万4300円～ 休前日1万9800円～ 交三朝温泉観光商工センター前バス停から徒歩3分 P20台

[温泉データ]
[風呂数] 露天風呂:1／内湯:3／貸切風呂:2
※客室風呂は除く
[泉質] 塩化ナトリウム泉、ラジウム泉

1

3

4

1 木材を組んだ格子戸の向こうに
灯る明かりが温かな雰囲気
2 三朝町源泉から湯を引く貸切の
露天風呂「槙の湯」
3 本館和室のほかベッドの寝室や
テラス、露天を備えた離れも素敵
4 鳥取の季節のご馳走がずらりと
並ぶ豪華な夜の会席料理
5 貸し切りの露天風呂「檜の湯」

5

ジビエ料理に舌鼓！
ブランナールみささ
ブランナールみささ

温泉のほか、ラドン熱気浴の設備もある湯治宿。2階にあるレストランでは、地元食材やジビエを取り入れ、栄養バランスを考えたランチメニューが味わえる。日帰り温泉にも対応しているので、併せて満喫しよう。

☎0858-43-2211 ㊟鳥取県三朝町三朝388-1 ㊞レストラン11:30〜14:00(LO13:30) ㊡無休 ㊣三朝温泉観光商工センター前バス停から徒歩6分 Ⓟ50台

↑レストランは三朝温泉街が一望できる好ロケーション。宿泊者以外もランチが楽しめる

ジビエ猪肉やみつき味噌炒め定食 990円
味噌で味付けした猪肉は、臭みがまったくなくやわらかくて食べやすい。野菜たっぷりでボリュームも満点！

レトロな空間で味わうコーヒー
茶房 木木
さぼう きぎ

蔵を改装した、昭和レトロな空間が素敵な茶房。店主がサイフォンでていねいに淹れるコーヒーが味わえる。気さくな店主との会話も楽しみのひとつ。ゆったりとした時間を満喫しよう。

☎0858-43-0521 ㊟鳥取県三朝町三朝895 ㊞不定期 ㊡不定休 ㊣三朝温泉観光商工センター前バス停から徒歩2分 Ⓟなし

↑古家具や民芸品などが醸すどこか懐かしい雰囲気が魅力。奥には湯の街ギャラリー「カムパネルラの館」も

コーヒー500円
創業当時から受け継がれているハウスブレンド。ほど良い苦みとすっきりとした後味が楽しめる

地元工芸品・因州和紙の雑貨
とく本
とくもと

鳥取の伝統工芸品・因州和紙をはじめ、和風小物がずらりと並ぶ。書画家が愛用する画仙紙や書道半紙のほか、現代にマッチするようにデザインされたレターセットや染紙などはおみやげにもピッタリ。

☎0858-43-1869 ㊟鳥取県三朝町三朝901 ㊞8:00〜21:00 ㊡無休 ㊣三朝温泉観光商工センター前バス停から徒歩2分 Ⓟなし

↑店内には湯の街ギャラリーとして、「ちぎり絵」の展示も

↑書き心地が良いと評判の画仙紙も豊富

因州和紙 染紙950円
グラデーションの模様が美しい、鮮やかに染められた和紙
因州和紙 レターセット
独特の風合いが魅力。大切な人に手紙を書きたくなりそう

日本遺産のストーリーにちなんだスイーツ
白狼堂
はくろうどう

三徳山三佛寺の参道入口近くにあるスイーツ店。「神住寺」「なげいれドーナツ」など三徳山や三朝温泉にちなんだ名前のスイーツが並ぶ。熟練のパティシエが作るやさしい味わいにファンも多い。

☎0858-43-0743 ㊟鳥取県三朝町三徳989-3 ㊞10:30〜15:00(売り切れ次第終了) ㊡火・水曜(臨時休業あり) ㊣JR倉吉駅から日ノ丸バスで31分、三徳山参道入口下車、徒歩3分 Ⓟ5台

↑オリジナルスイーツの自販機は定休日も購入可

なげいれドーナツ
1個320円
県内産米粉と大豆パウダーを使用したグルテンフリーの焼きドーナツ

ぶらり歩きに人気
金鱗湖や湯の坪街道

由布院温泉
ゆふいんおんせん

大分県由布市

　奈良時代の『豊後国風土記』に記され、古い歴史を誇る由布院温泉。温泉湧出量・源泉数ともに全国2位だが、大型ホテルや歓楽街がなく、美術館などが田園にある静かなたたずまいの温泉リゾート地だ。旅館やホテルも一定エリアに集中することなく盆地内に点在。立地や部屋、温泉のしつらえ、料理などにこだわった高級旅館やホテルも多い。散策には金鱗湖や周辺、そこへ通じる「湯の坪街道」がいい。

■ ACCESS & INFORMATION

JR由布院駅下車／大分自動車道・湯布院ICから県道216号で約5km

由布市ツーリスト・インフォメーションセンター
℡0977-84-2446

温泉データ
泉質	単純温泉など pH値 6.7〜7.9
泉温	41.0〜98.0℃ 湧出量 4万3777ℓ/分
効能	神経痛、筋肉痛、関節痛など

さんぽコース

START 由布院駅
徒歩すぐ
1 由布院駅足湯　所要15分
徒歩7分
2 湯の坪街道　所要30分
徒歩10分
3 YUFUIN FLORAL VILLAGE　所要45分
徒歩5分
4 金鱗湖　所要30分
徒歩15分
GOAL 由布院駅

START

1 駅のホームでほっこり
由布院駅足湯
ゆふいんえきあしゆ

JR由布院駅の一番ホーム北端にあり、列車を眺めながらのんびり温泉気分が味わえる。利用する際は、切符取扱窓口でポストカード型の足湯券を買う必要がある。
℡0570-04-1717(JR九州案内センター) 所大分県由布市湯布院町川北8-2 営9:00〜19:00 休無休 料200円 交JR由布院駅からすぐ

足湯はテーブルもあり、ゆったりとくつろげる。足湯券はミニタオル付き

徒歩7分

2 食べ歩きが楽しい
湯の坪街道
ゆのつぼかいどう

徒歩10分

JR由布院駅から7分ほど歩くと金鱗湖方面に向かう湯の坪街道がある。湯布院観光で高い人気を誇るエリアで、スイーツショップや飲食店、みやげ店などが並ぶほか、情緒豊かな古民家や長屋風の建物もある。

正面に由布岳を望みながら食べ歩きやショッピングが楽しめる

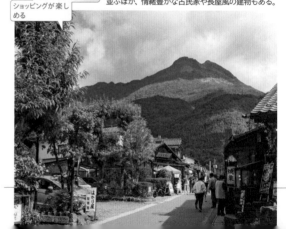

由布岳を望む

早朝から観光客が訪れる『湯の坪街道』。通りの正面には由布岳がそびえる

3 メルヘンの世界が広がる
YUFUIN FLORAL VILLAGE
ユフイン フローラル ヴィレッジ

イギリス・コッツウォルズ地方の美しい街並みを再現したテーマパーク。フクロウに出会えるフクロウの森のほか、猫カフェや雑貨店などが並ぶグルメやショッピングが楽しめる。

☎0977-85-5132 所大分県由布市湯布院町川上1503-3 営休施設により異なる 料無料 交JR由布院駅から徒歩15分

施設内には、季節ごとに色とりどりの花が咲き乱れ、散策が楽しめる

徒歩5分

由布院温泉

界 由布院 H
YUFUIN FLORAL VILLAGE 3
C CAFÉ LA RUCHE

日本茶 5toku S

湯の坪街道

S 湯布院醤油屋本店
S 湯布院金賞コロッケ
S 鞠智　　H 由布院 玉の湯
H 亀の井別荘

4 金鱗湖

N
0 ━━━ 150m

2 湯の坪街道

大分県
由布市

R 由布まぶし「心」
由布院駅前支店

START & GOAL
由布院駅
1 由布院駅足湯
H 由布院いよとみ

久大本線

日本茶 5toku

八女産抹茶の濃厚な味と香りが特徴の抹茶ラテ500円

地元の老舗茶舗による日本茶のテイクアウト専門店。厳選した茶葉を使うストレートティー、ラテなどを提供

☎0977-85-2539 所大分県由布市湯布院町川上1080-1 営10:30〜17:00 休不定休 交JR由布院駅から徒歩11分 Pなし

湯布院金賞コロッケ

湯布院散策の鉄板!行列のできる湯布院名物。冷めてもおいしく、食べ歩きに最適。1個200円から。☎0977-28-8691 所大分県由布市湯布院町川上1079-8 営9:00〜17:30(土・日曜、祝日は〜18:00)※季節により異なる 休無休 交JR由布院駅から徒歩15分 Pなし

サクサク、トロトロの食感。定番のほかチーズ入りなど味は多彩

4 秋冬の早朝は幻想的
金鱗湖
きんりんこ

湯布院観光を代表するスポットのひとつ。湖底から湧く水と、周囲から流れ込む温泉が混ざり合う水量が豊かな湖で、秋冬の早朝など気温が低い時間帯は湖面から湯気が立ち昇り、幻想的な光景が見られる。

☎0977-84-2446(由布市ツーリストインフォメーションセンター) 所大分県由布市湯布院町川上1561-1 営休料見学自由 交JR由布院駅から徒歩15分 Pなし

周囲は遊歩道が整備され散策可能。初夏の新緑や秋の紅葉が美しい

GOAL

1

豊かな自然に癒やされる
湯布院を代表する名旅館

きめ細かなもてなしで湯布院を全国的
な温泉地に導いた名旅館。雑木林に囲
まれた約1万㎡の敷地内に離れがメイン
の16室が点在。四季折々の野の花や木
洩れ日を眺めながらのんびりとした時
間が過ごせる。全室源泉かけ流しの温
泉付き、食事は大分県産をメインにし
た肉や鍋料理を提供。

2

3

4

5

由布院 玉の湯
ゆふいん たまのゆ

☎0977-84-2158 **所**大分県由布市湯布院町川
上2731-1 **in**14:00 **out**12:00 **客**16室 **予算**1泊2食
付 平日4万1950円～ 休前日4万6350円～ **交**
JR由布院駅から徒歩12分 **P**30台

(温泉データ)

風呂数 露天風呂:1／内湯:1／貸切風呂:なし
※客室風呂は除く
泉質 単純温泉

1 雑木林越しに由布岳が望める露天
風呂付きの大浴場
2 ティールームやバーなどの施設も整
い、極上の滞在を演出
3 和室のほか、さまざまなタイプの和
洋室が用意されている。全室に温泉
の内風呂付き
4 夕食にはおいしい野菜をたっぷりと
盛り込んだメニューを提供
5 書棚に並ぶ古書と重厚感のある家
具が落ち着いた雰囲気を醸し出す談
話室

金鱗湖畔の緑濃い森にある趣深い居室と贅なる湯

大正10年(1921)に別荘地として築かれた歴史があり、約1万坪の敷地に森を思わせる庭園が広がる。その中に本館と離れ14棟、4つの源泉から湧く天然かけ流しの温泉が点在。露天風呂付きの格調高い趣の居室、食材にこだわった料理、古民家を移築した茶房＆バーなど上質な癒やしの空間を提供する。

亀の井別荘
かめのいべっそう

📞0977-84-3166 所大分県由布院市湯布院町川上2633-1 in15:00 out11:00 室20室 予約1泊2食付 平日4万6200円〜 休前日4万6200円〜 交JR由布院駅から徒歩25分 P15台

温泉データ

風呂数 露天風呂：3／内湯：2／貸切風呂：0
※客室風呂は除く

泉質 単純温泉

1 敷地内に点在する離れの客室には専用の露天風呂も付く
2 重厚感のある家具が配され落ち着いた雰囲気の館内
3 広々とした敷地内には茶房や食事処の建物があり、緑の中を散策するのも楽しい
4 夕食は旬の食材を生かした料理が1皿ずつ供される
5 庭内で湧く自家源泉の湯を、贅沢にかけ流しで堪能できる大浴場

棚田の真ん中に点在する
土地そのものを楽しむ宿

山並みを背に広がる棚田は、日本人なら誰もが郷愁を誘われる原風景。その只中に建つ「界」では由布院の湯、地産の食事、伝統の工芸品と土地そのものの魅力が満喫できる。

界 由布院
かい ゆふいん

☎050-3134-8092(界予約センター) 所大分県由布市湯布院町川上398 in15:00 out12:00 室45室 予約
1泊2食付 平日3万5000円～ 休前日4万1000円～
交JR由布院駅から車で10分 P45台

温泉データ
風呂数 露天風呂:2／内湯:2／貸切風呂:0
※客室風呂は除く
泉質 弱アルカリ性単純温泉

2

3

4

1 穏やかな棚田の風景になじむ建物は隈研吾氏のデザイン
2 由布岳と棚田を望む露天風呂。湯船はあつ湯とぬる湯の2種類
3 大分県の伝統工芸品として有名なマダケの家具を配した客室
4 メインの料理は穴熊ジビエを4種類のタレで味わう山のももんじ鍋

1

自慢の湯を何度でも貸切で
創業90年以上の老舗旅館

由布岳脇の湯山から湧く90℃以上の源泉を山の湧水で割った、肌にやさしい温泉が自慢。大露天風呂や大小5つある内湯は何度でも貸切で利用が可能で、のんびり温泉を楽しめるのが魅力だ。

1

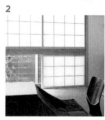

2

由布院いよとみ
ゆふいんいよとみ

☎0977-84-2007 所大分県由布市湯布院町川南848 in15:00 out11:00 室22室 予約1泊2食付 平日1万1000円～ 休前日1万3000円～ 交JR由布院駅から徒歩7分 P25台

温泉データ
風呂数 露天風呂:0／内湯:0／貸切風呂:5
※客室風呂は除く
泉質 単純温泉、弱アルカリ単純泉

3

1 魚や肉はもちろん、米や野菜にもこだわった地産の食材を使用した食事を提供
2 和室、洋室、半露天風呂付きなどバリエーション豊かな客室構成
3 大露天風呂は開放感にあふれ、質の良い湯に癒やされる

3つの味わいが楽しめる名物料理
由布まぶし「心」由布院駅前支店
ゆふまぶし「しん」ゆふいんえきまえしてん

香ばしく焼いた豊後牛や地鶏、ウナギを、注文後に土鍋で炊き上げるご飯とともに食べる「由布まぶし」。最初はそのまま、次に薬味と混ぜて、最後にあつあつのだしをかけてお茶漬け風に。

☎0977-84-5825 所大分県由布市湯布院町北5-3 2F 営11:00～15:30(LO) 17:30～20:00(LO) 休不定休 交JR由布院駅から徒歩1分 Pなし

↑店はJR由布院駅からすぐ、「由布見通り」に面した建物の2階にある。店内は広々としており明るい雰囲気

豊後牛まぶし
2850円
炭火で焼いた大分県産豊後牛サーロインがぎっしり。地元産の野菜をふんだんに使った前菜もボリューム満点だ

金鱗湖を眺めながら癒やしのひととき
CAFÉ LA RUCHE
カフェラリューシュ

金鱗湖のすぐ横に立つベーカリーカフェ。自家製焼きたてパンや自家焙煎コーヒー、ドリンク類が味わえる。目の前に湖が広がるテラス席では季節や時間帯によって変わる湖畔の景色が魅力。のんびりした時を過ごせる。

☎0977-28-8500 所大分県由布市湯布院町川上1592-1 営9:00～17:00(LO16:30) 休水曜 交JR由布院駅から徒歩19分 P5台

↑湖畔にマッチした外観。木洩れ日が心地よいテラス席がおすすめ。大きな窓がある店内もゆっくり落ち着ける

自家製ベーコンと木の子のタルティーヌ
1045円
(ドリンク付き1210円)
地元の農家から仕入れる原木シイタケやきのこを使った一品。ベーコンなどの食材も手作りにこだわっている

見た目麗しい季節限定どら焼きも
鞠智
くくち

良質の素材と手作りにこだわった和洋菓子店。店頭でていねいに作るふわふわのどら焼きが名物だ。季節限定どら焼きは見た目も味もゴージャス。テイクアウトも可能。

☎0977-85-4555 所大分県由布市湯布院町川上3001-1 営10:00～17:00(土・日曜、祝日は～17:30) 休不定休(年に数日) 交JR由布院駅から徒歩10分 Pなし

熊本県産和栗のモンブランどら焼き1290円
自家製餡と上品な甘さの和栗のモンブランがたっぷり。隠し味にわらび餅も。10～11月に登場

↑古民家を利用した落ち着いた雰囲気の店内。どら焼きを焼くところも見られる

ひと工夫したさまざまな醤油で評判
湯布院醤油屋本店
ゆふいんしょうゆやほんてん

かぼす、ゆず、だいだいなどの果汁を使った醤油で長く愛されている店。ほかにだし醤油の「匠醤油」、味噌、柚子胡椒、佃煮、かりんとうが並ぶ。どれも味見が可能。素朴なパッケージも人気。

☎0977-84-4800 所大分県由布市湯布院町川上1098-1 営10:00～17:00 休無休 交JR由布院駅から徒歩12分 Pなし

↑湯の坪街道のほぼ真ん中にある民芸調の店

↓「ゆずこしょう青」
600円。ゆずの風味が生き、唐辛子と塩の加減も絶妙

↑「焼にんにく」880円。佃煮タイプの人気商品
↓「匠醤油」780円。一番人気を誇るだし醤油

箱根湯本商店街

はこねゆもとしょうてんがい

箱根の玄関口にして 箱根最古の温泉エリア

　小田急のロマンスカーが到着する箱根の玄関口、湯本。20にも及ぶ箱根の温泉のなかでもその開湯は最も古く、老舗旅館も多い。また、箱根を訪れる人々が必ず立ち寄るエリアでもあり、駅前から連なる商店街には有名店や名物店がずらりと並び、箱根をギュッと凝縮したかのようなラインナップ。食材にこだわった飲食店や立ち寄り温泉施設も多く、効率的かつ盛りだくさんの一日が過ごせる。

ACCESS & INFORMATION

🚃 箱根登山鉄道・箱根湯本駅からすぐ。

🚗 東名高速道路・厚木ICから小田原厚木道路、国道1号で約35km。

箱根湯本観光協会 ☎0460-85-7751

箱根湯本温泉

はこねゆもとおんせん

箱根温泉郷の玄関口に位置し、開湯の歴史は箱根20湯のなかで最も古い。老舗の宿、料理自慢の宿などが軒を連ねる。

温泉データ	
泉質	アルカリ性単純温泉　ほか
pH値	8.0～9.3　泉温 23.0～77.0℃
湯出量	4679ℓ/分　効能 疲労回復、神経痛など

♨ 箱根湯本の駅チカにある露天風呂
かっぱ天国
かっぱてんごく

箱根湯本駅から徒歩3分の高台にある温泉施設で、日帰り利用のほか、宿泊も可能。2つの自家源泉から湧く良質の湯を堪能できる。

☎0460-85-6121 所神奈川県箱根町湯本777 営10:00～20:00(土・日曜、祝日は～21:00) 休無休 料露天風呂900円、足湯200円 交箱根登山鉄道・箱根湯本駅から徒歩3分 P20台

↑歩き疲れたら足湯でひと休み

←アルカリ性単純温泉の2つの源泉が注ぎ込む露天風呂

旭橋

ちもと／茶のちもと S

H 萬翠楼福住

湯本橋

静観荘 H
月の宿 紗ら H
箱根 藍瑠 H

🛍 箱根の定番みやげが勢揃い
箱根の市
はこねのいち

箱根湯本駅改札を出ると目の前にある。温泉まんじゅうや寄木細工などの名産品から、30種類以上のお弁当、お菓子などまで品数豊富に揃う。箱根観光の帰りにまとめてみやげを調達できる。

☎0460-85-7428 所神奈川県箱根町湯本707 営9:00～20:00 休無休 交箱根登山鉄道・箱根湯本駅構内 Pなし

古くから賑わう湯本には多彩な施設やお店が揃う。老舗旅館に滞在するもよし、日帰りで温泉浴や食べ歩きを楽しむもよし。気軽に充実の休日が楽しめる。

箱根湯本商店街

↑箱根湯本を流れる早川

箱根湯本駅

湯本大橋

箱根の市 S

S 菊川商店

あじさい橋

ペデストリアンデッキ

まんじゅう屋・菜の花 S

箱根登山鉄道

S 籠清 箱根湯本みつき店

桜通り

東海道

C 箱根焙煎珈琲

R 箱根BOOTEA

R 湯葉丼 直吉

C 画廊喫茶ユトリロ

H 湯本富士屋ホテル

♨湯処 早雲

早川通り

H 河鹿荘　♨弥次喜多の湯

早川

♨ **ランチと組み合わせたプランが人気**

湯処 早雲
ゆどころ そううん

ゆったりとした内湯の大浴場のほか、ヒノキと岩の露天風呂、貸切可能な家族風呂などがある。昼食を組み合わせた湯三昧プラン5500円～(要予約)が好評で、食事は洋食、寿司、中華から選べる。土・日曜はバイキングで提供。
☎0460-85-6111(湯本富士屋ホテル) ⌂神奈川県箱根町湯本256-1 ⏰12:00～20:00 ㊡無休、臨時休あり ¥2000円 🚃箱根登山鉄道・箱根湯本駅から徒歩3分 🅿150台

↑贅・箱根よくばり弁当1180円。箱根山麓豚や小田原鯵ずしなど地元の食材が詰まっている

↑わさびオイルふりかけ680円。さまざまな料理に使えるスグレもの

↓駅弁もここで

↑貸切で利用できる家族風呂(上)。露天は岩風呂と檜風呂の2種類(下)

↓さらりとした湯は美肌効果が高い

滋味豊かな湯葉料理を味わう

湯葉丼 直吉
ゆばどん なおきち

看板メニューの湯葉丼をはじめ、湯葉刺し、湯葉や豆腐を使った甘味も楽しめる。湯葉丼は特製のカツオだしのスープで味付けし、ふんわりとした卵とじで仕上げたマイルドでやさしい味わい。

☎0460-85-5148 ㊑神奈川県箱根町湯本696 ㊈11:00〜19:00(LO18:00) ㊡火曜 ㊝箱根登山鉄道・箱根湯本駅から徒歩3分 Ｐなし

↑夏の夜にはホタルが舞う早川沿いにあり、窓側の席からは清流や緑が眺められる

湯葉丼1100円
ぐつぐつ煮える土鍋の中で卵とじになっている湯葉をご飯にたっぷりかけて食す

おいしくてボリュームもたっぷり

箱根BOOTEA
はこねブーティー

ポークと紅茶の専門店で、生姜焼き定食やBOOカレーライスなどいずれのメニューにも、箱根山麓豚や群馬のもち豚、相模原産の鳳凰豚など、近隣で採れるブランド肉や卵のほか、こだわりの米や味噌を使用。

☎0460-83-9559 ㊑神奈川県箱根町湯本729 ㊈11:00〜16:00(肉がなくなり次第終了) ㊡水曜(祝日の場合は翌日) ㊝箱根登山鉄道・箱根湯本駅から徒歩2分 Ｐなし

↑気持ちのよい接客も評判。ソフトクリームやケーキなど紅茶スイーツも美味

タコライス(温玉のせ・みそ汁付き)1540円
箱根山麓豚を使ったたっぷりのミートソースとともにトマトや葉野菜がふんだんに盛り付けられている

温玉BOO丼(サラダ・みそ汁付き)1650円
ご飯がすすむ甘辛味のリブロースが幾重にものった人気の看板メニュー

煎りたてコーヒーの味は格別

箱根焙煎珈琲
はこねばいせんこーひー

店頭で販売する自家製の珈琲牛乳ソフトや、煎りたて、挽きたてのホットコーヒーが好評だ。また、店に並ぶ生豆をその場で焙煎してくれる自家焙煎のコーヒー豆が絶品で、人気の箱根みやげとなっている。

☎0460-85-5139 ㊑神奈川県箱根町湯本702 ㊈10:30(土・日曜、祝日10:00)〜17:00 ㊡不定休 ㊝箱根登山鉄道・箱根湯本駅から徒歩2分 Ｐなし

↑夏でも冬でも店頭で供するのはホットのみ。オリジナルの手ぬぐいも素敵

珈琲牛乳ソフト400円
季節ごとにレシピを変えるというこだわり。後味すっきり

おみやげ用コーヒー豆900円〜
10分ほどで煎りたての豆をパックしてくれる

ユトリロ特製カレーライス1200円
スパイスから作るこだわりの自家製カレー。仕上げまでには1週間を要する

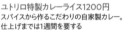

芸術作品に囲まれてくつろぐ贅沢

画廊喫茶ユトリロ
がろうきっさユトリロ

店内はモーリス・ユトリロのリトグラフをはじめ、ミュシャや藤田嗣治、平賀敬などのアートでいっぱい。箱根湯本の湧水で淹れた自家焙煎の水出しコーヒーのほか、食事やスイーツも充実。

☎0460-85-7881 ㊑神奈川県箱根町湯本692 ㊈11:00〜19:00(LO) ㊡金曜 ㊝箱根登山鉄道・箱根湯本駅から徒歩4分 Ｐなし

↑オーナー自ら焙煎する深煎り豆を湯本の湧水で落とす水出しコーヒーは澄んだ味わい

名物は元祖、湯本の食べ歩きフード

菊川商店
きくがわしょうてん

一番人気は店頭で焼く自家製のカステラ焼箱根まんじゅう。65年以上のロングセラーで、焼きたてを散策中のおやつに、箱入りにしておみやげにと好評を博す。

☎0460-85-5036　働箱根町湯本706　営9:00〜18:00　休木曜（祝日の場合は変動あり）交箱根登山鉄道・箱根湯本駅から徒歩1分　Pなし

↑駅のすぐ前に建つ老舗おみやげ店で、店内には箱根、小田原エリア選りすぐりの逸品が並ぶ

カステラ焼箱根まんじゅう80円
卵たっぷりのカステラ生地に白餡の入ったカステラ焼箱根まんじゅう。あつあつの食べ歩きも

保存料不使用。できたてのみやげ用和菓子 ♥

まんじゅう屋・菜の花
まんじゅうや・なのはな

店内には蒸したまんじゅうや栗まんじゅうなど、定番のみやげ用菓子がずらりと並ぶ。どれも素材と鮮度にこだわったモダンな味わい。店頭で蒸したてを味わうこともできる。

☎0460-85-7737　働神奈川県箱根町湯本705　営9:00〜17:00　休不定休　交箱根登山鉄道・箱根湯本駅から徒歩1分　Pなし

↑可能な限り国産食材を使うなど、素材を厳選している

焼きモンブラン
1個380円
栗がまるごと1粒入っている。皮のパリパリ感とアーモンドプードルが好相性

箱根のお月さま。
1個120円
波照間島産の黒糖や減農薬特別栽培の北海道十勝産小豆を使用

ていねいに作られた和菓子が美味

ちもと／茶のちもと
ちもと／ちゃのちもと

箱根を代表する銘菓、湯もちをはじめお菓子はどれもやさしい味わい。隣接するカフェではお菓子とともに1杯ずついねいに淹れたお茶が味わえる。

☎0460-85-5632　働神奈川県箱根町湯本690　営9:00〜17:00　休年5日程度不定休　交箱根登山鉄道・箱根湯本駅から徒歩5分　P2台

↑箱根で70年以上の歴史を持つ老舗。箱根にちなんだ名を持つお菓子がずらり

↑キュートなこし餡入り最中「八里」とやさしい風味の抹茶、京都小山園の「雲鶴」のセット850円

湯もち 270円
ほんのりゆずが香る、細かく刻んだようかん入りのやわらかい餅

↑茶のちもとでは、ちもとの和菓子と煎茶、抹茶のセットのほか、夏はかき氷、冬はおしるこも人気

名店の揚げかまぼこが味わえる

籠清 箱根湯本みつき店
かごせい はこねゆもとみつきてん

2階の売り場にはみやげに適したかまぼこや地酒、塩辛、わさび漬けなどが並ぶ。また1階、2階ともにその場で食せる揚げかまぼこを販売、人気を博す。

☎0460-83-8411　働神奈川県箱根町湯本702　営9:00〜18:00（土・日曜は〜18:30）　休水曜　箱根登山鉄道・箱根湯本駅から徒歩1分　Pなし

↑2階にはイートインスペースがあり、ビールやお茶も味わえる

↑左から、やわらかな食感で店舗スタッフにも人気のたまねぎ棒、2階のみで販売するチーズボール、大人から子どもまで大好き明太マヨ棒、各350円

箱根湯本温泉の名旅館

国指定の重要有形文化財
旅館第一号の超老舗

幕末から明治にかけて著名な文化人や政治家が逗留した箱根湯本の名旅館。彼らが残した掛軸や書といった揮毫がある館内は和のテーマパークの様相。温泉は真綿の湯と評される自家源泉100%。

萬翠楼福住
ばんすいろうふくずみ

☎0460-85-5531 🏠神奈川県箱根町湯本643 in15:00 out11:00 室13室 予約1泊2食付 2万4000円～ 交箱根登山鉄道・箱根湯本駅から徒歩5分 P14台

温泉データ
風呂数 露天風呂:2／内湯:2／貸切風呂:0
※客室風呂は除く

1

1 銘木を贅沢に使用、広々とした和モダンな客室明治棟15号室
2 露天風呂とレトロな大浴場が楽しめる「一円の湯」

湯本から近い立地ながら
緑豊かで静かな宿

1

湯坂山を望む5つの部屋にはテラスに露天風呂が付き、絶景を楽しみながら湯浴みが可能。旧東海道側の4部屋は、中庭に専用露天風呂がある。琉球畳を敷いた和モダンのしつらえの客室はシックで落ち着く。創作会席料理の食事も楽しみ。

静観荘
せいかんそう

☎0460-85-5795 🏠神奈川県箱根町湯本茶屋19 in15:00 out11:00 室9室 予約1泊2食付 平日2万4750円～休前日4万3450円(別途入湯税150円) 交箱根登山鉄道・箱根湯本駅から徒歩20分 P10台

温泉データ
風呂数 露天風呂:0／内湯:2／貸切風呂:0
※全客室に露天風呂完備

3

1 一品一品丹精込めて作られた創作懐石料理に舌鼓
2 湯坂山側の客室テラスにある露天風呂からは緑が美しい絶景が見渡せる
3 6畳和室にダブルベッドを配したシックな「萌黄」

2

異国情緒が漂う
リゾート温泉旅館

全館畳敷きの館内は随所にバリ風の装飾が施され、非日常的なリゾート空間が広がる。すべての客室に設けた温泉露天風呂からは、箱根連山の絶景を一望のもとに。熱帯魚の泳ぐ水槽に囲まれた幻想的なバーなど、癒やしと安らぎの場を提供。

1 バリの石や南国風の植物が異国を感じさせるバリ風大浴場
2 広々としたテラスに設けられた客室露天風呂。眼前に箱根連山の雄大な眺めが広がる
3 相模湾で獲れた鮮魚など、地産地消にこだわった料理を提供する
4 カラフルな熱帯魚の泳ぐ水槽に囲まれたアクアリウムバー。抑えた照明が幻想的な雰囲気

箱根 藍瑠
はこね あいる

☎0460-85-3300 ㊟神奈川県箱根町湯本499-1 in15:00 out10:00 客15室 予約1泊2食付 平日2万8380円〜 休前日3万9380円〜 交箱根登山鉄道・箱根湯本駅から徒歩15分 P15台以上

温泉データ
風呂数 露天風呂:2／内湯:0／貸切風呂:0　※全客室に露天風呂完備

4

月と寄木細工がモチーフ
和洋の魅力が備わる湯宿

伝統ある温泉地・箱根湯本の夜空に浮かぶ月の美しさをイメージしたデザイナーズ湯宿。全56室に趣ある客室露天風呂が付く。夕食は宿のイメージぴったりのおしゃれな和食会席を提供する。

1

2

月の宿 紗ら
つきのやど さら

☎0460-85-5489(箱根予約センター) ㊟神奈川県箱根町湯本588-1 in15:00 out11:00 客56室 予約1泊2食付 平日2万7000円〜 休前日3万1000円〜 交箱根登山鉄道・箱根湯本駅から徒歩9分 P立体14台(高さ制限あり、要予約)

温泉データ
風呂数 露天風呂:2／内湯:2／貸切風呂:2
※全客室に露天風呂完備

2

1 夕食は日本料理をベースにした新感覚の会席料理
2 全室に露天風呂を完備
3 客室は洋室タイプで和モダンな空間

熱海駅前平和通り商店街＆仲見世商店街

あたみえきまえへいわどおりしょうてんがい＆なかみせしょうてんがい

静岡県熱海市

古き良き温泉街に
新たな話題店が続々参入

新幹線を降りてすぐ、駅前広場から枝葉を伸ばしたような2つの商店街は、温泉まんじゅうを蒸すセイロの湯気や店頭の網に並ぶ干物、貫一お宮の顔出しパネルといった昔ながらの温泉地の商店街らしい風情でいっぱい。近年は若い旅行者の増加に伴っておしゃれなカフェやスイーツ店も続々オープン。週末を中心に行列をなす賑わいとなっている。通りの中央にベンチを置くなど歩きやすさも魅力。

ACCESS & INFORMATION

 JR熱海駅からすぐ。

 東名高速道路・厚木ICから小田原厚木道路、西湘バイパス、国道135号、熱海ビーチライン経由で約53km。

熱海市観光協会 ☎0557-85-2222

平和通り商店街の生け簀が目印
和食処 こばやし
わしょくどころこばやし

海鮮の新鮮さと彩りの美しさが評判の店。生け簀から揚げられたばかりのアジの活造りをはじめ、伊豆近海の魚介がふんだんに盛り付けられた駿河和定食は、小鉢・炊き合わせなどが付いてボリューム満点。
☎0557-81-1686 ㊟静岡県熱海市田原本町3-8 ㊚11:00～20:00(LO 19:30) ㊡火曜(祝日の場合は翌日) ㊞JR熱海駅からすぐ ㋟なし

⬆テーブル席のほか個室席も用意している

駿河路鮮魚盛合わせ定食 3200円
伊豆近海・駿河湾の地物を使っているため、季節によって若干ネタの変更あり

品と情緒を身にまとう和菓子たち
御菓子処 一楽
おかしどころいちらく

創業60年余の老舗職人魂が生み続けるのは、芸術を思わせるお菓子。餡は北海道十勝から仕入れた厳選小豆を使用。お菓子の種類によって煮方を変えるほどこだわっている。
☎0557-85-7222 ㊟静岡県熱海市田原本町5-5 ㊚9:00～17:00 ㊡不定休 ㊞JR熱海駅から徒歩2分 ㋟なし

ほろにがカラメル
一楽プリン
1個360円
本物を追求した"濃さ"が、昔懐かしい素朴な味わい

あたみ桜
2個入り420円
5個入り1100円
餡に添えられた桜の塩漬けがアクセントになっている最中

⬆手練りの餡作りにこだわる
和菓子店

昭和、平成、令和と進化を続け、それぞれの時代が層をなす熱海駅前の商店街。
レトロな風情と最新流行が互いの存在感を際立たせつつ同居する。

熱海駅前平和通り商店街 & 仲見世商店街

お店で焼いているキューブ型スイーツ
熱海スクエアシュークリーム
あたみスクエアシュークリーム

塩や抹茶、牛乳、フルーツなど、静岡の名産品を使った四角いシュークリームがおいしいと評判。店内ではオーブンがフル回転。いつも作ったばかりの商品がショーケースに並ぶ。

☎0557-85-2221 ㊟静岡県熱海市田原本町3-6 ㊟10:00〜17:00 ㊡不定休 ㊛JR熱海駅から徒歩4分 ㊟なし

↑その場で食べるのはもちろん、おみやげにも喜ばれる

カスタード380円(左)
ブリュレシュー400円(右)
四角いシュー生地に静岡県丹那牛乳使用のカスタードクリームがたっぷり。麦こがしクリームと焼き目が香ばしいブリュレシューもおすすめ

↑カラフルな見た目と本格派な味わいが魅力

時代に左右されないまんじゅう
阿部商店
あべしょうてん

全国菓子大博覧会で大賞受賞の経歴を持つ「いいらまんじゅう」は、基本に忠実な正統派。餡は北海道十勝産小豆、皮には奄美産黒糖、静岡産抹茶、小田原産しそを使用している。

☎0557-81-3731 ㊟静岡県熱海市田原本町5-7 ㊟10:00〜18:00 ㊡不定休 ㊛JR熱海駅からすぐ ㊟なし

↑「いいら」とは、地元の方言で「よい」という意味。創業は昭和35年(1960)

いいらまんじゅう 各200円
奥から右回りに黒糖、抹茶、紫蘇の3種類。両手のひらで包めるボリューム感が、食べ歩きにちょうどいい

熱海銀座商店街
あたみぎんざしょうてんがい

熱海駅から徒歩約15分 海へと向かう商店街

　駅から歩いて熱海銀座に向かうと、まず出会うのが交差点に建つ老舗和菓子店。宮大工が建てたという立派な日本建築で、ここから商店街を見通すとその先に海が見える。駅前エリアの商店街に比べると広々としたショップや飲食店が多く、ゆっくりと食事やお茶、買い物が楽しめるのもいい。また、メインストリートのみならず路地にもおもしろい店が点在。自噴の温泉、熱海七湯も要チェック。

ACCESS & INFORMATION

 JR熱海駅から徒歩15分。

 東名高速道路・厚木ICから小田原厚木道路、西湘バイパス、国道135号、熱海ビーチライン経由で約53km。

熱海市観光協会 ☎0557-85-2222

熱海温泉
あたみおんせん

魚類が焼け死ぬほどの熱湯が海中に湧いたのが起源。江戸時代には家康公をはじめ歴代の徳川将軍が利用し発展させた。

温泉データ

泉質	塩化物泉、硫酸塩泉、単純泉など
pH値	7.98	泉温	63.5℃	湧出量	1万9000ℓ/分
効能	神経痛、血行障害、冷え性など

熱海駅
熱海銀座商店街
ホテルミワラス
熱海パールスターホテル
S 本家ときわぎ
H ホテルグランバッハ熱海クレッシェンド
B スルガ
H 熱海ニューフジヤ
B 静岡中央
ボンネット C
S ラ・ドッピエッタ
H ふふ 熱海
寿し忠 R
食楽市場 R
カレーレストラン宝亭 R
糸川
あたみ石亭

熱海駅
熱海駅前平和通り商店街

N
0 200m
熱海銀座商店街

初代から引き継がれた穴子寿司が絶品
寿し忠
すしちゅう

海鮮丼のネタは地元相模灘と駿河湾で獲れたもののみ使用。わさびも伊豆天城高原の特定農家から仕入れた本わさびを使うというこだわりようだ。トロトロ穴子寿司はお店のいち押し。

☎0557-82-3222 所静岡県熱海市銀座7-11 営11:00～20:00 休水曜 交JR熱海駅から徒歩15分 P2台

地魚海鮮丼 1100円
「伊豆」が集められた丼はまさにお店の郷土愛が表現された逸品。手ごろな値段の大人気丼は、数量限定で提供

県産食材たっぷり使用
ラ・ドッピエッタ
ラ・ドッピエッタ

スタッフ自ら果樹園に出向き農作業の手伝いをするなど、足で探した県産食材と、ジェラートの本場、イタリアから仕入れた素材を使い、店内で手作りするジェラート専門店。

☎0557-81-3330 所静岡県熱海市銀座町10-19 営10:00～18:00 休木曜(祝日の場合は営業) 交JR熱海駅から徒歩15分 Pなし

緑茶とキャラメルナッツのシングル(左)、だいだいチョコレートとラズベリーのダブル(右)

常時18種を用意。基本の価格はシングル、ダブルが各600円～、トリプル700円～

熱海七湯やサンビーチなど周囲に観光スポットが点在。観光途中の食事や休憩にもおすすめの商店街だ。昭和の政治家や芸術家が通ったという老舗も多い。

いまなお昭和の香り漂うお店で絶品カレー
カレーレストラン宝亭
カレーレストラン たからてい

創業は昭和22年(1947)。人気のカレーは当時からの看板料理だ。ほかにもハヤシライスやクリームソーダなど昭和から変わらぬメニューが好評を博す。特にカツサンドは熱海みやげに求める人も多い。

📞0557-82-3111　🏠静岡県熱海市銀座町5-10　🕚11:00～16:30(LO)　❌木曜(祝日の場合は営業)　🚃JR熱海駅から徒歩15分　🅿6台

⬆黒毛和牛の旨みのきいたハヤシライスと国産豚を使ったポークカレーが店の2枚看板

カツカレー1150円
薄めにスライスされたトンカツが、牛、豚、鶏の骨からとった旨みたっぷりのカレーとマッチ

店主自らせり落とした新鮮魚介を食す
食楽市場
しょくらくいちば

熱海は相模、駿河と2つの湾が近く、良質かつ種類豊富な魚が入荷。この店では刺身や竜田揚げ、煮魚などの定食や、海鮮丼のほか、好みの魚介が選べる2色丼など多彩に調理した定食や丼で鮮度抜群の魚が味わえる。

📞0557-85-5750　🏠静岡県熱海市銀座町5-8　🕚11:30～14:30(LO14:00)　18:00～20:30(LO20:00)　※夜は要予約、おまかせコースのみ　❌不定休　🚃JR熱海駅から徒歩15分　🅿なし

⬆夜は要予約。旅館の板長を務めていた店主が供するおまかせコースが人気

海鮮丼1800円
マグロ、鯛、シラスなどが盛られた豪華な丼。日によって魚介は変わるが常時10種類ほどがのる

昭和の息づかいが聞こえる喫茶店
ボンネット
ボンネット

開店当初に施された質の高いインテリアが、時を経て優雅さを感じさせ、客を楽しませる。半世紀を超えてお店に立ってきたマスターのやさしい心遣いもうれしい。

📞0557-81-4960　🏠静岡県熱海市銀座町8-14　🕚10:00～15:00　❌日曜　🚃JR熱海駅から徒歩15分　🅿なし

⬆➡華やかなりし昭和の空気が今なお漂う店内と外観

ハンバーガーセット900円
当時は誰も見たことがなかったハンバーガーを人々に知らしめたのがこのお店

伝統の技を守り続けてはや100年
本家ときわぎ
ほんけときわぎ

京都の宮大工が手がけた風格ある建物は、格天井が美しい歴史建築。伝統製法で作る混じり気なしの和菓子は、4代続く和菓子職人の技術が織り込まれた逸品だ。

📞0557-81-2228　🏠静岡県熱海市銀座町14-1　🕚9:30～17:30　❌水・木曜(祝日の場合は営業)、ほか不定休　🚃JR熱海駅から徒歩15分　🅿なし

⬆宮大工の技術を結集した歴史建築は一見の価値あり

きび餅8個入り550円／16個入り950円
少しでも傾けると片寄ってしまうなめらかさ。舌ざわり抜群の絶品餅

常盤木6本入り650円／16本入り1650円
百年羊羹を自然乾燥。2つの食感を同時に楽しめる

百年羊羹1000円
本煉・栗・小倉・抹茶・梅・あたみかんは定番。冬季限定の「柚子羊羹」も人気

洗練された施設で過ごす
温泉と海のリゾートホテル

大浴場や海側客室から相模湾を一望し、熱海名物の花火も目の前で。客室はシックかつモダンなインテリアで、山側客室には温泉を備え、宿泊者専用のラウンジを設けるなどラグジュアリーな気分でゆったりとくつろげる。ダイニングのフランス料理も美味。

ホテルミクラス
ホテルミクラス

📞0557-86-1111 ㊟静岡県熱海市東海岸町3-19 in15:00 out11:00 客62室 予約1泊2食付 平日2万4000円～ 休前日3万円～ 交JR熱海駅から徒歩12分 P25台

(温泉データ)

風呂数 露天風呂:2／内湯:2／貸切風呂:0
(男女別各)※客室風呂は除く

泉質 ナトリウム・カルシウム-塩化物・硫酸塩温泉

1 ビーチのすぐ前に建つモダンな温泉リゾート
2 男性用大浴場に付帯するデッキからも眺望が抜群
3 客室はすべて洋室。ベッドの眠り心地も好評だ
4 夕食は伊豆の恵みを取り入れたフランス料理
5 年に10回ほどの海上花火大会には特等席となる
6 地上25mにある女性用大浴場は設備も充実

2022年9月にグランドオープン
熱海の海が眼前に広がるホテル

海を望む立地で、大海原とひと続きに連なるような半露天の温泉大浴場や、客室のテラスからの眺めが壮大。日本最高峰レベルのフレンチや極上スパなど充実の施設を誇る。

熱海パールスターホテル
あたみパールスターホテル

☎0557-48-6555　所静岡県熱海市東海岸町6-45　in 15:00　out 12:00　室87室　予約1泊2食付 平日4万7676円～ 休前日5万9407円～　交JR熱海駅から徒歩10分　P180台

温泉データ
風呂数 露天風呂:2／内湯:4／貸切風呂:0
※全客室に温泉完備
泉質 カルシウム・ナトリウム-塩化物温泉

2

1 美しい海まで遮るもののない眺望が楽しめるテラスに温泉露天風呂が備わった「デラックスオーシャンビューROTEN」
2 湯が海へと直接流れ出すかのようなインフィニティバス
3 真正面に海を望むロケーション

1

日本のおもてなしを
洗練されたスタイルで

老舗の伝統を受け継ぎつつ、現代的なセンスが光るおもてなし。上質で快適な客室に趣向を凝らした温泉、新鮮な山海の幸を使った季節の懐石料理と、どれをとっても一流だ。

2

1 野趣あふれる露天風呂「古狸の湯」
2 気品ある露天風呂付き客室。広い和室で日本庭園を眺めてくつろげる
3 極上の料理を味わう空間

あたみ石亭
あたみせきてい

☎0557-83-2841　所静岡県熱海市和田町6-17　in 14:00　out 11:00　室24室　予約1泊2食付 平日2万8000円～ 休前日3万3000円～　交JR熱海駅から車で10分　P25台

温泉データ
風呂数 露天風呂:2／内湯:0／貸切風呂:2
※客室風呂は除く
泉質 カルシウム・ナトリウム-塩化物温泉

1

3

閑静な森にたたずむ
ラグジュアリーリゾート

全国展開する高級旅館「ふふ」が手がける宿。32室の客室はすべてしつらえの違うスイートルーム仕様。全室に自家源泉かけ流しの露天風呂を完備。うちうち6室の別邸「木の間の月」は、露天風呂のほかプライベートガーデンテラスが備わっている。

1 木々に包まれた客室露天風呂でくつろぎの時間を
2 風を感じながら自由な時間を過ごせる「木の間の月」のテラス
3 新鮮な魚介や山の幸を使った、色鮮やかな本格日本料理
4 モダンな調度品が揃うラグジュアリースイート

ふふ 熱海
ふふ あたみ

📞0570-0117-22 🏠静岡県熱海市水口町11-48 in15:00 out11:00 室32室 予算1泊2食付 平日4万2350円〜 休前日5万6250円〜 🚃JR来宮駅から徒歩5分 🅿22台

温泉データ
風呂数 露天風呂:2／内湯:2／貸切風呂:0 ※客室風呂は除く
泉質 カルシウム・ナトリウム-硫酸塩・塩化物泉

4

バッハの音楽と静謐な環境が織りなす
極上のくつろぎ空間

伊豆山の標高361mに位置し、相模湾と熱海の街並みが見下ろせる佳景の宿。邸宅のような空間で、ピアノの音色に酔いしれながら、旬を吟味した「熱海キュイジーヌ」と温泉とともに心身を癒やしたい。

1

ホテルグランバッハ
熱海クレッシェンド
ホテルグランバッハ あたみクレッシェンド

📞0557-82-1717 🏠静岡県熱海市伊豆山1048-4 in15:00 out11:00 室16室 予算1泊2食付 平日5万5000円〜 休前日8万980円〜 🚃JR熱海駅から車で15分 🅿35台

温泉データ
風呂数 露天風呂:0／内湯:2／貸切風呂:0 ※客室風呂は除く
泉質 カルシウム-硫酸塩温泉

2

1 熱海市街が見下ろせる客室の露天風呂
2 高級感漂う「露天風呂付き 洋室ツイン」

大海原を眺めて解放感に浸る

海辺の温泉宿

日本海に沈む夕日が圧巻
感動の温泉体験が叶う！

1 新館大浴場「不老ふ死の湯」の露天風呂からは、荒
波がはじけ飛ぶ日本海の大パノラマを眼下に収める
2「不老ふ死の湯」には全面ガラス張りの内湯も。源泉
かけ流しと真水の沸かし湯の2種の浴槽を用意

青森県●黄金崎不老ふ死温泉

黄金崎不老ふ死温泉

こがねざきふろうふしおんせん

世界自然遺産・白神山地の麓、深浦町の黄金崎に建つ一軒宿。保温・殺菌・美肌効果に優れる泉質から、「不老ふ死の湯」と呼ばれ、遠来の客にも愛されてきた。大海原を望む「海辺の露天風呂」、2つの大浴場に源泉かけ流しの豊富な湯が注ぎ、野趣あふれる湯浴みに浸れる。

☐ DATA & INFORMATION

📞0173-74-3500 🏠青森県深浦町舮作下清滝15 ㏌14:00 out10:00 室65室 予約1泊2食付 平日1万6100円～ 休前日1万8300円～ 🚃JRウェスパ椿山駅から車で5分／秋田自動車道・能代南ICから国道7・101号で約62km Ｐ100台 送迎あり

日帰り湯 ⏰本館8:00～20:00、露天風呂8:00～15:30(受付終了) 料600円 休無休 予約不要

温泉データ
泉質	ナトリウム-塩化物泉	
pH値	6.34～6.80	泉温 53℃
湧出量	700ℓ/分	
効能	神経痛、リウマチ、腰痛など	

海岸と一体化した、ひょうたん形の「海辺の露天風呂」は宿のシンボル。特に夕景が圧巻！

GOURMET

漁師町の飾らない鮮魚料理がおいしい

地元の網元から直接仕入れる旬魚介で、日本海の鮮魚の持ち味を生かした多彩な料理を提供。夕食は「特選和膳」またはバイキングから選べる

ROOM

ほっと和めるしつらえで、全室が海側

モダン和室・和室・洋室の3タイプがあり、2名用のモダン和室が一番人気。岬の一軒宿には珍しくシングルルームも用意。全室が日本海ビュー

91

"聖域の岬"の秘湯で
至福の時と空間を体感

1 大浴場は男女とも野趣あふれるつくり。男湯は小さな
入り江の露天風呂、女湯は洞窟風呂
2 一棟貸切の露天風呂「波の湯」は空中楼閣のような
つくり。夕方から夜は幻想的な雰囲気に

石川県●よしが浦温泉

よしが浦温泉 ランプの宿

よしがうらおんせん ランプのやど

昔、法道仙人が修行したと伝わる能登半島の最先端、珠洲岬で約450年続く一軒宿。入り江に沿って、舟屋造りの客室棟や天然温泉が湧く露天風呂、洞窟風呂などが並ぶ。風呂から見えるのは日本海と空のみ。夜は約50個のランプが灯り、幻想的な雰囲気に包まれる。

🏠 DATA & INFORMATION

📞0768-86-8000 🏠石川県珠洲市三崎町寺家10-11 in15:00 out10:00 🛏14室 予約1泊2食付 平日2万5560円〜 休前日2万5560円〜 🚌JR金沢駅から北鉄バス珠洲特急で3時間3分、すずなり館前下車、車で20分／能越自動車道・のと里山空港ICから県道303・57・287号で約52km 🅿114台 送迎なし

日帰り湯 なし

温泉データ
泉質	ナトリウム-塩化物泉		
pH値	7.6	泉温	22.8℃	湧出量 0.40ℓ/分
効能	五十肩、打撲、疲労回復、神経症など		

珠洲岬の突端に建ち、正面は荒磯、背後は断崖と深い森。大自然と一体となる温泉ステイが叶う

GOURMET

能登の逸品食材で織りなす季節の会席

世界農業遺産に認定された、奥能登の食材を贅沢に使った会席料理。黄金ノドグロ、能登産フグ、能登牛などの高級食材がプランにより登場。

ROOM

伝統的な舟屋を温泉リゾートに改築

能登の建築様式と現代の温泉文化を融合させたラグジュアリーな客室を3タイプ用意。2022年に誕生したスイートルーム「花の音」も人気

相模湾と伊豆大島を一望
感動体験が待つ和リゾート

1露天風呂に浸かりながら、太平洋に昇る朝日や幻想
的なムーンロードなどの絶景を楽しめる
2大浴場「碧海」には、檜・石・岩の3つの露天と内風
呂が1つ。木々に囲まれた大浴場「和月」も

静岡県●北川温泉

吉祥CAREN

きっしょうカレン

波打ち際の公共風呂「黒根岩風呂」で名高い北川温泉の高台にそびえる。2本の自家源泉を持ち、相模湾を望む露天風呂など、源泉かけ流しの6つの湯処を巡れる。「吉祥スパ」では極上のリラクゼーションを提供。「お祝いの宿」をテーマとし、記念日の演出にも秀でる。

☐ DATA & INFORMATION

📞0557-23-1213 所静岡県東伊豆町奈良本1130-1 in14:00 out11:00 室30室 予約1泊2食付 平日3万2600円～ 休前日4万300円～ 交伊豆急行・伊豆熱川駅から車で10分／東名高速道路・厚木ICから小田原厚木道路、西湘バイパス、国道135号で約95km P20台 送迎あり

日帰り湯 なし　※食事付きプランあり

温泉データ
泉質 ナトリウム・カルシウム-塩化物泉
pH値 8.1　泉温 70.5℃
湧出量 300ℓ/分
効能 筋肉痛、関節痛、皮膚病など

GOURMET
夕食は3種、朝食は2種からセレクト

食事の選択肢が多いのも魅力。夕食はフレンチ懐石、鉄板焼、和懐石、朝食は鉄板ブレックファーストか和食膳。いずれも伊豆の山海の幸が豊富だ

海・緑・空に包まれるヒノキの露天風呂からは相模湾と伊豆大島を一望。ヒノキの香りも心を癒やす

ROOM
相模湾を見晴らす展望風呂付き客室も

和室をベースとする8タイプの客室があり、全室が相模湾ビュー。贅沢な展望風呂付き客室もあり、旅のスタイルに応じて選べる

1 化石海水を含んだ塩分濃度の高い温泉で、湯上がり
後もいつまでもポカポカが持続する
2 ロビーには英国製のアンティークが並ぶ
3 高い天井に温かな色合いのシャンデリアが映える

雄大な日本海を望む
大正ロマン漂う和洋折衷の宿

青森県●鰺ヶ沢温泉

ホテルグランメール山海荘

ホテルグランメールさんかいそう

白神山地と日本海に面し食と自然に恵まれた鰺ヶ沢。北前船の寄港地として栄えた歴史もあり文化的背景も豊かだ。当地の文化を展示したギャラリーや津軽三味線のショー、お酒を含む飲み物などが味わえるラウンジの利用なども追加料金なしで楽しめる。

☐ DATA & INFORMATION

☎0173-72-8111 所青森県鰺ヶ沢町舞戸町鳴戸1 in15:00 out10:00 室79室 予料1泊2食付 平日1万8850円〜 休前日2万9850円〜 交JR鰺ヶ沢駅から車で約5分／東北自動車道・大鰐弘前ICから国道7号、やまなみロード、県道30号で約45km P送迎あり(要予約) 200台

日帰り湯 営15:00〜21:00(最終受付20:00) 8:00〜10:00(最終受付9:00) 料1000円(朝は450円) 休不定休 予約不要

温泉データ
泉質	ナトリウム-塩化物強塩泉
pH値	7.4 源温 39.0℃ 湧出量 165ℓ/分
効能	切り傷、やけど、慢性皮膚病など

岩木山を背に、日本海を眼前に建つ温泉ホテル

ROOM
客室タイプも和、洋あり

海側の部屋が中心で、和室、洋室、和洋室と好みに合わせて選択できる。バリアフリーの部屋も用意している

30万年の時を経て湧出する化石海水温泉に浸かって日本海を眺める。写真は和風露天風呂

GOURMET
津軽の郷土料理も味わえる

夕食はシェフが目の前で仕上げる料理が楽しめるビュッフェと和会席の2プラン。どちらも地元の食材がふんだんに使われている

伊豆の潮風と森に包まれ
海と一体になれるスパリゾート

1

2

1 赤沢石でしつらえた「岩風呂」の露天風呂からは、相
模湾と天城連山を一望。内湯にはジャクジーも
2 屋上には展望露天風呂「天空の湯」があり、日
中は輝く海、夜は満天の星に包まれての入浴が叶う

静岡県●赤沢温泉

赤沢温泉ホテル

あかざわおんせんホテル

伊豆高原の海沿いに位置する赤沢は歴史ある別荘地。太平洋と森に囲まれた魅惑のロケーションを温泉リゾートとしても楽しめるよう、平成9年(1997)、赤沢温泉郷初の宿として誕生。大海原と湯船がつながるような広い露天風呂で、さらさらと肌にやさしい湯にゆられて憩える。

🗒 DATA & INFORMATION

📞0557-53-4890 🏠静岡県伊東市赤沢浮山163-1 in15:00 out11:00 室77室 予約1泊2食付 平日1万8950円〜 休前日2万5050円〜 交伊豆急行・伊豆高原駅から車で15分／東名高速道路・厚木ICから国道1・135号で約96km Ｐ70台 送迎あり

日帰り湯【赤沢日帰り温泉館】営10:00〜22:00(最終受付21:00) 料1600円 休1・6月休館日あり 予約不要

温泉データ
泉質	カルシウム・ナトリウム-塩化物・硫酸塩温泉
pH値	8.3
泉温	54.3℃
湧出量	90ℓ/分
効能	神経痛、筋肉痛、関節痛、五十肩など

夏季にはガーデンプールがオープン。宿泊者はホテル隣の日帰り温泉を無料で利用可

「檜風呂」にはヒノキと十和田石を使った露天風呂と内湯があり、湯に浸かると海とひとつになるよう

GOURMET
伊豆近海の旬魚介を満喫できる

地元食材満載の食事も評判。夕食は「厳選和食膳」「海の幸膳」「季節のグルメコース」の3つから選べる。朝食は品数豊富な和洋食バイキング

ROOM
旅のスタイルに合う6種の客室

スタンダード、デラックス和洋室、コーナーツインルーム、露天風呂付きなど6種の客室を用意。写真は畳に寝転んでくつろげるスタンダード和洋室

鳴門海峡と淡路島を望む
究極の温泉リゾート

1

2

1 1階の露天風呂「縹」は、奇岩造りと石造りの2つの趣
向(男女入れ替え)。潮騒と潮風を楽しんで
2 8階の展望風呂「瑠璃」には、薬草香る「草木の湯」、
徳島の季節の柑橘が浮かぶ「柑橘の湯」(男女入れ替え)

徳島県●鳴門温泉

アオアヲ ナルト リゾート

アオアヲ ナルト リゾート

瀬戸内海国立公園内のホテル。地底1200mから湧く「鳴門温泉」の源泉を持ち、露天風呂「縹(はなだ)」と展望風呂「瑠璃(り)」には、美肌効果が謳われる"美人の湯"が豊富に湧き出す。風呂や客室からは海に昇る朝日や、満月の前後には月が海に描くムーンロードが見える。

🔲 DATA & INFORMATION

☎088-687-2580 ⌂徳島県鳴門市鳴門町土佐泊浦大毛16-45 in15:00 out11:00 ㉘208室 子料1泊2食付 平日1万9650円〜・休前日2万5150円〜 ⊗JR鳴門駅から徳島バスで13分、アオアヲナルトリゾート前下車すぐ／神戸淡路鳴門自動車道・鳴門北ICから県道11号で約0.5km ⓟ200台 送迎あり(要予約)

日帰り湯 なし ※食事付きプランあり(要予約)

温泉データ
泉質	ナトリウム-塩化物泉
pH値 8.0	泉温 29.2℃
湧出量 253ℓ/分	
効能 神経痛、腰痛、冷え性など	

露天風呂「縹」はまるで別世界。鳴門海峡からの潮風に吹かれ、海と空の"青"に包まれる

ROOM
和・洋・ご当地アートルームなど豊富

8階建て本館と9階建て南館の東窓がオーシャンビュー(一部客室を除く)。徳島の伝統美に満ちる「阿波藍ルーム」や「ゴッホのヒマワリルーム」など15タイプ。

GOURMET
「食材王国」徳島の旬の幸を多彩な皿に

館内に郷土料理バイキング阿波三昧、和会席、フレンチ、炭火焼のレストランとカフェがある。選べる夕食と朝食付きのお得なプランも

客室や風呂からは太平洋の絶景を望め、海鳥が近くを飛び交う南三陸らしい旅情に浸れる

キラキラ輝く太平洋と
深層天然温泉に憩える

宮城県●南三陸温泉

南三陸ホテル観洋

みなみさんりくホテルかんよう

太平洋沿岸の地下2000mから湧き出す、珍しい深層天然温泉である「南三陸温泉」唯一の宿。志津川湾沿いの高台にあり、男女別の露天風呂と大浴場のすべてから、海と空の大パノラマが楽しめる。なめらかな泉質はリラックス効果が高く、潮のほのかな香りも心地いい。

海に突き出た露天風呂では、太平洋から昇る朝日、青い海と緑の島々、穏やかな夕景が間近に

DATA & INFORMATION

☎0226-46-2442 ㊟宮城県南三陸町志津川黒崎99-17 ㏌15:00 ㏕10:00 ㊰244室 ㊙1泊2食付平日1万4300円〜 休前日1万6500円〜 ㊱JR前谷地駅からBRTで51分、陸前戸倉駅下車、車で3分／三陸自動車道・桃生津山ICから国道45号で約18km ㋿200台 送迎あり(要予約)

日帰り湯 ㊞11:00〜15:00(最終受付14:00) ㋙1000円 休無休 予約不要

温泉データ
泉質 ナトリウム・カルシウム-塩化物泉
pH値 7.2 泉温 26.2℃
湧出量 101.4ℓ/分
効能 神経痛、筋肉痛、関節痛など

ROOM

雄大な太平洋ビュー

東館と南館に分かれ、10〜14畳の和室が基本で、オーシャンビュー。東館の準特別室は和室・洋室・客室風呂がある広々空間

GOURMET

三陸黄金街道の旬魚介を満喫

漁港が続く黄金街道の中央部にあり、三陸の新鮮魚介が集結。レストランで海鮮三昧の食事が楽しめ、別注料理「鮑の踊り焼き」が名物

南部屋 海扇閣

なんぶや かいせんかく

青森市街からアクセスが良い浅虫温泉は、平安初期に円仁が発見し、平安末期に法然が開湯したとされる名湯。その源泉を引いた最上階9階の展望大浴場で、陸奥湾の心やすらぐ眺めを愛でつつ、肌にやさしい湯に浸かれる。オリジナルのアロマエステも好評だ。

DATA & INFORMATION

☎017-752-4411 所青森県青森市浅虫蛍谷31 in 15:00 out10:00 室87室 予料1泊2食付 平日1万7750円〜 休前日2万2150円〜 交青い森鉄道・浅虫温泉駅から徒歩3分／青森自動車道・青森東ICから国道4号で約8km ❷80台 送迎あり

日帰り湯 時12:00〜14:00(最終受付13:00) 料1000円 休不定休 ※HPを要確認 予約不要

ROOM
和室は全室海側、掘りごたつ付き

海側は和室、街側は洋室。和室客室はすべて陸奥湾に面し、掘りごたつがある

GOURMET
青森の四季折々の味覚に舌鼓

夕食は食事処「海つ路」で地元食材を使ったハーフビュッフェを提供。「あわび焼き」「大間マグロ御造り」などの追加料理が人気

館内は「民芸調現代和風」の設計で、郷土色豊かな絵画や工芸品を展示

1階ロビーの舞台では毎晩、津軽三味線ショーを開催。迫力の音色に感動

温泉データ
泉質 カルシウム・ナトリウム-硫酸塩・塩化物泉など
pH値 8.4 泉温 73℃
効能 リウマチ、運動機能障害など

湯の島が浮かぶ陸奥湾を
展望大浴場から一望

最上階フロア全体が男女別の展望大浴場になり、露天・内風呂とも広くてゆったり

展望露天風呂からは気仙沼湾を一望でき、その向こうには大島が。港町の風情にも和める

ぷかぷか浮かぶ浮遊浴と海の幸三昧でリフレッシュ

宮城県●気仙沼温泉

気仙沼プラザホテル

けせんぬまプラザホテル

平成17年（2005）開湯の気仙沼温泉の高台に建つ。日本有数の漁港・気仙沼湾を望む展望露天風呂と眺望海游風呂があり、珍しい「浮遊浴」体験が人気。地下1800mから湧く深層天然温泉は塩分濃度が高く、湯に体を浮かせての入浴が楽しい。漁港の朝夕の営みも旅情たっぷり。

DATA & INFORMATION

📞0226-23-1313 所宮城県気仙沼市柏崎1-1 in15:00 out10:00 室65室 予約1泊2食付 平日1万5000円～休前日1万7000円～ 交JR気仙沼駅から車で10分／東北自動車道・一関ICから国道284号で約50km P100台 送迎あり（要予約）

日帰り湯 営12:00～15:00（最終受付） 料800円 休不定休 予約不要
※2023年2月現在、外壁工事中

[温泉データ]
泉質 ナトリウム-塩化物強塩泉
pH値 7.0 泉温 20.4℃
湧出量 27.0ℓ/分
効能 切り傷、やけど、慢性皮膚病など

ROOM

気仙沼湾を見渡す客室が人気

和室、洋室、和洋の特別室があり、港側と山側に分かれる。港ビューの部屋がおすすめで、なかでも角部屋からの眺めは格別の贅沢

ロビーや朝食ルームからも海を一望。観光スポット「お魚いちば」への直結エレベーターも完備

GOURMET

漁港直送の新鮮な旬魚介が集う

三陸グルメ御膳、海鮮ステーキ御膳、美味少量御膳など多彩なプランを用意。本場のフカヒレステーキや活きアワビはぜひ味わいたい逸品

福島県●照島温泉

小名浜オーシャンホテル ＆ゴルフクラブ

おなはまオーシャンホテル＆ゴルフクラブ

風光明媚な小名浜の高台にそびえるリゾートホテル。自家源泉の照島温泉が湧く大スケールの風呂と、太平洋に沿うシーサイドコースでのゴルフを楽しめる。微黄褐色の塩化物泉は疲労回復の効能もあり、ラウンド後にぴったりだ。

DATA & INFORMATION

☎0246-56-3311 所福島県いわき市泉町下川大畑17 in15:00 out11:00 室208室 予約1泊2食付 平日1万5100円〜 休前日1万8900円〜 交JR泉駅から定時バスあり／常磐自動車道・いわき勿来ICまたはいわき湯本ICから約15km P200台 送迎あり

日帰り湯 営12:00〜22:00(最終受付21:00) 料1580円 休無休 予約不要

GOURMET

本格グリルコース、季節の会席

夕食処は2つあり、6階では本格グリルコース、地下1階では会席料理を堪能できる。

ROOM

全室海側でバルコニー付き

5タイプの洋室が中心となり、10畳の和室もある。洋室は南欧調の優雅な内装。全室にバルコニーが付き、部屋からの海の眺めも抜群。

スペイン調の本格リゾートホテル。ゴルフプランなしでの利用もOK

露天風呂には屋根があり、雨の日も快適。ガラス張りの大浴場もある

温泉データ

泉質	ナトリウム-塩化物泉	
pH値	7.9	泉温 25.7℃
湧出量	258ℓ/分	
効能	切り傷、末梢循環障害など	

雄大な太平洋を眼下に
天然温泉とゴルフを満喫

露天風呂の前には太平洋と国指定天然記念物「照島」が。夜は星空が美しい

大浴場と露天風呂がある温泉「二眺の湯」からは、二ッ島と海の大パノラマを一望できる

青い空、太平洋、二ッ島
雄大な眺めと海の幸を満喫

茨城県●磯原温泉

二ッ島観光ホテル

ふたつしまかんこうホテル

茨城と福島の県境、名勝「二ッ島」を望む海際に建つ。常陸湯本温泉から湯を引く「二眺の湯」は肌あたりのよい泉質で知られ、雄大な太平洋を眺めながら心身を癒やせる。全客室、食事処ともオーシャンビュー。海を間近にただボーッとしたいときに格好の湯宿だ。

海を眺めて湯に浸かる贅沢が味わえる露天風呂

🔲 DATA & INFORMATION

☎0293-42-0183 🏠茨城県北茨城市磯原町二ッ島2552 in15:00 out10:00 客12室 料1泊2食付平日1万5400円〜 休前日1万6850円〜 交JR磯原駅から車で5分／常磐自動車道・北茨城ICから県道69号で約5km P50台 送迎あり

日帰り湯 時11:00〜14:30(最終受付) 料700円
休不定休 予約要

温泉データ
泉質	含硫黄・ナトリウム-塩化物・硫酸塩泉
pH値	8.2
泉温	58.9℃
効能	神経痛、筋肉痛、関節痛など

ROOM
全室海側で波の音が心地よい

8〜16畳の和洋室・和室・洋室があり、幅広いニーズに対応。全室が太平洋に面し、海風と波の音を感じながら、ゆったり憩える

島は1つなのに名前が「二ッ島」なのは、かつて2つの島があったから。2つ目の島は東日本大震災時に海中に沈下。干潮時に島の頂が見えることも

GOURMET
高級魚キンキや常陸牛の皿が自慢

常陸沖の地魚、常陸牛など地元食材で彩る膳を食事処で楽しめ、子ども向け料理も充実。11〜3月は茨城名物「あんこう鍋」も登場

加賀屋姉妹館あえの風

かがやしまいかんあえのかぜ

能登内浦の和倉温泉は、開湯から1200年の歴史を誇る北陸有数の温泉地。その一角、七尾湾沿いに建ち、穏やかな内海を眺めながら、保湿・美肌効果に優れる湯に憩える。日本屈指の「おもてなし」を讃えられる加賀屋姉妹館としてのホスピタリティも素晴らしい。

DATA & INFORMATION

☎0767-62-3333 所石川県七尾市和倉町和歌崎8-1 in15:00 out10:00 客114室 予算1泊2食付 平日2万9700円〜 休前日3万3000円〜 交JR和倉温泉駅から車で6分／能越自動車道・田鶴浜ICから七尾田鶴浜バイパス、県道47号で約6km P300台 送迎あり（要予約）

日帰り湯 なし

ROOM

七尾湾と能登島の景色に和める

広々とした和室が中心で、全室から七尾湾と能登島を見渡せる。ユニバーサルルームも用意

GOURMET

能登と加賀の旬食材で紡ぐ会席料理

新鮮な地魚や地元野菜をたっぷり使った季節の会席が評判。夕食は2タイプの食事処で供され、ともに御陣乗太鼓のショーが楽しめる

エントランスのラウンジもガラス張り。七尾湾を眺めながらフリードリンクやドルチェを楽しめる

大浴場は七尾湾に面し、全面ガラス張り。宿泊客は加賀屋本館の風呂も利用可

温泉データ

泉質	ナトリウム・カルシウム-塩化物泉
pH値	7.6	泉温	82.7℃
湧出量	990ℓ/分
効能	神経痛、冷え性、皮膚病など

開湯1200年の能登の名湯
風呂と全室が七尾湾ビュー

露天風呂から七尾湾を一望でき、その先には能登島の美しい島影が。凪の風や波音も心地いい

稲取銀水荘

いなとりぎんすいそう

伊豆東海岸の小さな岬にある稲取は、古くから漁港として栄えた町。昭和31年(1956)に温泉が湧出し、以来、海の幸を満喫できる温泉地として愛される。昭和32年(1957)創業のこの宿は湯量豊富な自家源泉が自慢。相模湾を一望できる露天風呂と大浴場で、なめらかな湯に憩える。

DATA & INFORMATION

📞0557-95-2211 所静岡県東伊豆町稲取1624-1
in14:00 out10:00 室99室 予約1泊2食付 平日2万3000円〜 休前日2万8000円〜 交伊豆急行・伊豆稲取駅から徒歩20分／東名高速道路・厚木ICから小田原厚木道路、西湘バイパス、国道135号で約108km P80台 送迎あり

日帰り湯 なし

GOURMET

稲取ならではの旬の磯会席料理

金目鯛の煮付けやお造りをはじめとする季節を味わう磯会席料理を提供

ROOM

全室オーシャンビュー。露天風呂付きも

目の前にはキラキラと銀色に輝く相模湾の絶景で気分爽快。自家源泉を部屋で楽しめる、展望露天風呂付きスイートルームも充実

稲取屈指の客室数と施設を誇る。心配りが行き届くもてなしと空間も評判だ

温泉データ
泉質 ナトリウム・カルシウム-塩化物温泉
pH値 8.2 泉温 85.0℃
湧出量 270ℓ/分
効能 切り傷、やけど、慢性皮膚病、慢性婦人病など

東伊豆の大海原と磯会席
おもてなしの心に和める

開放感あふれるオーシャンビューの展望露天風呂に浸かれば、相模湾を見渡す絶景が目の前に

和風リゾートの趣の露天風呂や大浴場に加え、日本海を眺めながら低温サウナも楽しめる

日本海に沈む美しい夕日
海の幸が自慢の渚の宿

新潟県●瀬波温泉

大観荘せなみの湯

たいかんそうせなみのゆ

明治37年(1904)、石油を掘削中に高温の塩化物泉が噴出したのが瀬波温泉の始まり。その歴史とともに歩み、夕日のビュースポットとして名高い瀬波海岸と一体化したような立地を誇る名旅館。露天風呂や大浴場、全室オーシャンビューの客室で絶景を満喫できる。

展望檜風呂「天風の湯」には、泉温が高い源泉を湯温調整し、贅沢にかけ流し

□ DATA & INFORMATION

☎0254-53-2131 ㊟新潟県村上市瀬波温泉2-10-24 ㏌15:00 ㋲10:00 ㊰80室 ㊗1泊2食付 平日1万6650円〜 休前日1万9950円〜 ㊜JR村上駅から車で10分／日本海東北自動車道・神林岩船港ICから国道345号で約7km ㋔50台 送迎あり

日帰り湯 ㋬13:00〜16:00 ㋢1000円 ㋕不定休 予約不要

温泉データ
泉質	ナトリウム-塩化物泉
pH値	8.4 泉温 86.3℃
効能	切り傷、やけど、慢性皮膚病など

ROOM

日本海を一望する豊富な客室

全室が日本海に面し、大きな窓や広縁をしつらえたスタンダードな和室を中心に、露天風呂付き客室、洋室、ユニバーサルルームを用意

GOURMET

新潟の四季を堪能できる会席

日本海の幸、高級魚ノドグロ、村上牛など、地元の逸品食材を楽しめる多彩な夕食プランがある。部屋食または開放的なダイニングで

ガラス張りのロビーラウンジからの日本海の大パノラマも感動的だ

絶景の離れの宿 月のうさぎ

ぜっけいのはなれのやどつきのうさぎ

一年を通じて温暖な気候で名門ゴルフ場などもあり、古くからリゾート地として知られる川奈の駅から車で10分。3000坪の敷地にたった8つの客室が建つ全室離れの宿だ。レトロな古民家風の調度も心地よく、女性客にはエステや無料で使える色浴衣なども好評。

▢ DATA & INFORMATION

📞0557-52-0033 所静岡県伊東市富戸沢向1299-3 in15:00 out11:00 客8室 料金1泊2食付 平日4万7450円〜 休前日4万7450円〜 交伊豆急行・川奈駅から車で10分／東名高速道路・厚木ICから小田原厚木道路、国道135号で約92km P8台 送迎あり

日帰り湯 なし

GOURMET
母屋でいただく絶品地産食材

漁業の盛んな土地柄でもあり、伊勢エビ、金目鯛、アワビ、ふじやま和牛と伊豆の4大豪華食材を使った目にも美しい和食が美味

ROOM
古民家調の和情緒あふれる客室

平屋2棟、2階建てが6棟とすべての客室が離れ。どの棟からも海が見え、温泉の露天風呂、内湯が備わっている。どこか懐かしいレトロな雰囲気も素敵

土壁や太い梁が見える趣のある母屋

温泉データ
泉質 カルシウム・ナトリウム−硫酸塩・塩化物泉
泉温 56.4℃
効能 腰痛、やけど、切り傷など

全室から伊豆大島を一望
露天風呂付きの隠れ家

開放感たっぷり、雄大なオーシャンビューの露天風呂。月夜の幻想的な景色も必見

御影石とローズ大理石を使用した豪華な印象の大浴場「桃山」。手足を伸ばしてくつろぎたい

外浦海岸の高台に建つ
見晴らしの良いホテル

静岡県●下田温泉

下田ビューホテル

しもだビューホテル

ペリー来航で知られる下田は海、歴史、四季折々の花々が楽しめる絶好のリゾート地。下田ビューホテルは外浦海岸に近く、客室はすべてオーシャンビュー。晴れた日は伊豆七島まで見渡せる。館内が広く、プールやフィットネスジム、リモートができるワーケーションスペースなど施設が充実。

DATA & INFORMATION

☎0120-289-489 所静岡県下田市柿崎633 in15:00 out10:00 室80室 予約1泊2食付 平日1万6000円～ 休前日3万6300円～ 交伊豆急行・伊豆急下田駅から車で7分／新東名高速道路・長泉沼津ICから伊豆縦貫自動車道、国道136・414号で約76km P80台 送迎あり

日帰り湯 なし

温泉データ
泉質 単純温泉
pH値 8.1 泉温 55.2℃ 湧出量 400ℓ/分
効能 神経痛、筋肉痛、冷え性、疲労回復、健康増進など

GOURMET

下田といえばやっぱり海の幸

旬の食材、特に海の幸をふんだんに使った料理が味わえる。金目鯛の姿煮やしゃぶしゃぶ、伊勢エビのお造りなど別注料理も人気

ROOM

多彩な楽しみを備えた客室

スタンダードな和室のほか、露天風呂付き、寝湯付き、サウナ付き、無煙ロースター付きの部屋、ペットと泊まれる客室などもある

1 小さな森林に囲まれ、海の景色も美しい露天風呂「五山の湯」。檜の香りにリラックス
2 海辺の高台に建つ。近くの海水浴場、外浦は快水浴場百選にも選ばれている
3 露天はもちろん、大きな窓の内湯からも海を一望。オレンジの夕日もきれい

1

2

3

111

ホテルセタスロイヤル

ホテルセタスロイヤル

室町時代の武将・太田道灌による開湯伝説が残る熱川温泉郷は、伊豆屈指の高温の湯が名物。その海辺の「熱川YOU湯ビーチ」に面して建ち、伊豆半島最大級の大野天風呂に弱硫酸塩温泉の自家源泉をかけ流す。22時〜翌1時は貸切で利用でき、異次元の湯浴みを満喫できる。

🗒 DATA & INFORMATION

📞0557-23-1123 🏠静岡県東伊豆町奈良本980 ㏌15:00 out10:00 🛏48室 予約1泊2食付 平日1万2000円〜 休前日1万5000円〜 🚃伊豆急行・伊豆熱川駅から徒歩5分／東名高速道路・厚木ICから小田原厚木道路、国道135号で約100km 🅿あり 送迎なし

日帰り湯 時15:00〜20:00（最終受付）料1500円 休無休 予約不要

ROOM
水平線から昇る朝日に感動

全室相模湾ビューで、東伊豆らしい海景を望める。露天風呂付き客室も用意

GOURMET
地産地消の和洋ハーフバイキング

夕食は伊豆の旬食材を使ったメイン料理と、食べ放題で楽しめるバイキングがセットに。朝食の和洋バイキングも品数が多く、大好評

一年中オープンの温水プール、マンガ本コーナーなど幅広い年代が楽しめる施設が充実

宿泊者は大野天風呂を「夜の貸切風呂」として完全予約制で利用可能。1回30分

温泉データ
泉質	ナトリウム-塩化物・硫酸塩温泉
pH値	9.0
泉温	95.4℃
効能	神経痛、関節痛、筋肉痛など

相模湾と伊豆大島を望む
大野天風呂で気分爽快

大野天風呂「月灯りの湯」と「星灯りの湯」では相模湾越しに望む伊豆大島が美しい

自家源泉「宝生の泉」が注ぐ露天風呂からは弓ヶ浜沿いの日本海と秀峰・大山の両方を望める

白砂青松の海岸線と日本海
雄大な大山を望む癒やしの湯

鳥取県●皆生温泉

華水亭

かすいてい

明治の初め頃、海中に湧く温泉を漁師が発見したのが皆生温泉の起源。以来、山陰有数の温泉地として100年以上愛される。中心地に建つこの宿は、姉妹館・皆生グランドホテル天水とともに独自に掘り出した自家源泉が自慢。日本海と大山の絶景も心と体の癒やしに効く。

DATA & INFORMATION

☎0859-33-0001 所鳥取県米子市皆生温泉4-19-10 in15:00 out10:00 室79室 予約1泊2食付 平日2万7500円〜 休前日3万3000円〜 交JR米子駅から日の丸バスまたは日交バスで19分、皆生温泉観光センター下車、徒歩7分／米子自動車道・米子ICから国道431号で約7km P150台 送迎なし

日帰り湯 営15:00〜21:00（最終受付）料1500円
休無休 予約不要

温泉データ
泉質	ナトリウム・カルシウム-塩化物泉
pH値	7.4 泉温 78.2℃
湧出量	300ℓ/分
効能	慢性婦人病、神経痛、筋肉痛など

ROOM
弓ヶ浜に沿う大きな窓の客室

純和風、和モダン、ラウンド窓の特別室、洋室、露天風呂付き和洋室はほぼすべての部屋が海側。グループに向く山側の大部屋もある

GOURMET
境港直送の海の幸と銘柄肉

日本有数の漁港・境港に揚がる旬魚介、鳥取和牛や大山どりなどで織りなす会席料理が評判。特に冬の松葉ガニ、白イカは格別の美味

男女別の多様な大浴場や露天風呂に加え、貸切露天風呂も完備

海を一望できるロビーラウンジの一角には、中庭「飛翔の滝」があり、水音が心地いい

露天風呂からは湾を一望。対岸の遊園地・和歌山マリーナシティの夜景や漁火も風趣に富む

和歌浦湾の穏やかな海景
紀州の幸に癒やされる宿

萬波 MANPA RESORT

まんぱ マンパリゾート

万葉の昔から海岸美を謳われる和歌浦。その岬の突端に建ち、海の大パノラマが展開する館内に眺めの良い風呂と多彩な客室を備える。和歌浦湾を一望する露天風呂と大浴場に注ぐのは、2種の自家源泉を混合した塩化物泉。貸切風呂ではバラ風呂(別料金)も可能だ。

270度パノラマビューのロビーテラスでは、海風を感じながら和歌浦湾の絶景に憩える

ROOM
デザイナーズルームが充実

全室オーシャンビュー。スタンダード客室に加え、快適さと美しさを追求したデザイナーズルーム、露天風呂付きスイートなどが人気

GOURMET
漁港直送の魚介や高級食材で彩る旬会席

地元の雑賀崎港や和歌浦港で直接買いつける鮮魚、高級魚介ハモやクエ、紀州和華牛などを使った会席が自慢。個室食事処で楽しめる

☐ DATA & INFORMATION

☎073-444-1161 所和歌山県和歌山市新和歌浦2-10 in15:00 out10:00 客37室 予約1泊2食付 平日1万8000円～ 休前日2万3500円～ 交JR和歌山駅から和歌山バスで35分、新和歌遊園口下車、徒歩1分／阪和自動車道・和歌山南ICから県道13号で約10km P50台 送迎あり

日帰り湯 営11:00～15:00 料1540円 休不定休 予約不要 ※公式LINEまたは公式アプリ登録で半額利用可

温泉データ
泉質 ナトリウム-塩化物冷鉱泉
pH値 7.0 泉温 13.0℃
効能 神経痛、筋肉痛、関節痛、五十肩など

輪島温泉 八汐

わじまおんせん やしお

能登の自然と輪島の旅情に浸れる老舗温泉ホテル。輪島港を望む「福の湯」と竹垣で囲まれた「幸の湯」は朝夕の男女入れ替え制。泉質は塩化物泉で保温効果が高く、湯上がり後もぽかぽか。こだわりの料理が堪能できる夕食は、個室の食事処でゆったりと味わえる。

ROOM

輪島港を望む「うるしの間」が人気

全室海側で、部屋により眺めが異なる。拭き漆の柱の「うるしの間」が評判

GOURMET

「鯛しゃぶ会席」などで海の幸を満喫

夕食は地元食材を中心とした会席料理。鯛のしゃぶしゃぶや姿造りがメインの「鯛しゃぶ会席」「国産牛一口ステーキ付き会席」がある

すぐ近くには湾曲が美しい袖ヶ浜がある。夕日が沈む時間帯の風景も見逃せない

DATA & INFORMATION

☎0768-22-0600 所石川県輪島市鳳至町袖ヶ浜海岸 in15:00 out10:00 室35室 予約1泊2食付 平日1万9800円〜 休前日2万2000円〜 交JR金沢駅から特急バスで約2時間/能越自動車道・能登空港ICから県道271・1号で約17km P40台 送迎あり

日帰り湯 なし

「福の湯」の露天風呂に浸かりながらも、海辺の開放感を感じることができる

温泉データ
泉質 ナトリウム・カルシウム-塩化物泉
pH値 8.2 泉温 61.8℃
湧出量 300ℓ/分
効能 筋肉痛、関節痛、打撲、ねんざなど

輪島港に昇る朝日や漁火
能登の自然や海の幸を堪能

周辺には散歩ができる小道があり、海の気配を感じながら散策を楽しむのもおすすめ

潮位の高いときには使用できないというほど海に近い海辺の露天風呂。湯は天然温泉100%

天然の温泉に浸かって
夕日の沈む絶景の海を望む

静岡県●堂ヶ島温泉

海辺のかくれ湯 清流

うみべのかくれゆ せいりゅう

沖に浮かぶ島々が美しい伊豆・堂ヶ島。「清流」はこの景色を楽しむための特等席ともいえる宿で、客室、風呂、ロビーラウンジと、それぞれの角度からまるで印象の異なる風景が見える。サウナも設置された大浴場のほか、貸切風呂からの眺望も素晴らしい。

貸切風呂「だんらん」の湯に浸かれば、目の前に広がる西伊豆の海絶景を独占。夕暮れどきの美しさは格別だ

▣ DATA & INFORMATION

☎0558-52-1118 住静岡県西伊豆町仁科2941 in15:00 out10:00 室42室 予約1泊2食付 平日1万6350円〜 休前日1万9590円〜 交伊豆箱根鉄道・修善寺駅から東海バスで1時間30分、堂ヶ島下車、徒歩5分／伊豆縦貫自動車道・月ヶ瀬ICから国道136号で約39km P50台 送迎あり

日帰り湯 営12:00〜19:00(土・日曜、祝日は〜14:00) 料1000円 休不定休 予約不要

温泉データ
泉質 アルカリ性単純温泉
泉温 42.0℃
効能 神経痛、美肌効果、疲労回復など

ROOM
海を独占する和の客室

ベッドを置いた和モダンタイプもあるが、客室はすべて和室。どの部屋も海を独り占めしたような気分が味わえる窓からの眺望が自慢。

GOURMET
豊かな伊豆の幸をたっぷり

目の前の海で獲れた海の幸が豪快に並ぶ清流の創作和会席。まご茶漬けや干物など、漁師が船上で食したという郷土料理の朝食も美味。

堂ヶ島は夕日が美しい街としても知られている。天気に恵まれた日には見逃せない絶景だ

粋松亭

すいしょうてい

江戸時代に金山が開発された折、金鉱から湧き出た「まぶ湯」が、西伊豆最大級の土肥温泉の始まり。その中心地に建ち、駿河湾を一望できる源泉かけ流しの展望露天風呂が自慢。刻々と表情を変える海と空を愛でながら、肌にやさしい湯に憩える。夜の漁火の風情も格別。

DATA & INFORMATION

☎0558-98-1189 住静岡県伊豆市土肥415-4 in15:00 out10:00 室21室 予約1泊2食付 平日2万4200円〜 休前日2万9200円〜 交伊豆箱根鉄道・修善寺駅から東海バスで50分、土肥温泉下車、徒歩1分／東名高速道路・沼津ICから国道1・136号で約56km P30台 送迎なし

日帰り湯 15:00〜21:00(最終受付20:00)
料1100円 休無休 予約不要

ROOM

檜の露天風呂付き客室で憩える

全21室のうち、17室が源泉かけ流しの露天風呂付きで、24時間入浴できる

GOURMET

伊豆の山海の幸で彩る会席を部屋食で

西を駿河湾、三方を伊豆の山々に囲まれ、新鮮な地元食材が豊富。季節感あふれる会席料理を部屋で楽しめ、宿オリジナルの日本酒も評判

おしゃれな浴衣やアメニティ類も充実し、客室でのエステプランも用意(別料金)

☆☆

温泉データ
泉質 カルシウム・ナトリウム-硫酸塩・塩化物泉 pH値 8.3 泉温 55℃
湧出量 95ℓ/分
効能 筋肉痛、疲労回復、健康増進など

黄金色に染まる駿河湾
伊豆の旬の幸を堪能

駿河湾の絶景に浸れる角部屋、「ほほえんで見つめて」客室は直径190cmの露天風呂付き

共有のデッキテラス「海の桟敷」からは、瀬戸内海有数の景勝と謳われる鞆の浦を一望

瀬戸内海で暮らすような
温泉ステイが叶う和リゾート

広島県●鞆の浦温泉

汀邸 遠音近音

みぎわてい をちこち

江戸時代創業の宿「籠藤」を前身として平成22年(2010)に開業。温泉宿の風情とリゾートの開放感を併せ持ち、全17室すべてに海を望むデッキテラスと露天風呂が付く。湯船に注ぐ「鞆の浦温泉」は平成14年(2002)開湯の新たな温泉で、良質なラジウム泉。貸切露天風呂もある。

DATA & INFORMATION

☎0570-025-577 所広島県福山市鞆町鞆629 in 15:00 out 11:00 室17室 予約1泊2食付 平日2万9700円～ 休前日4万2900円～ 交JR福山駅から鞆鉄バスで34分、鞆港下車、徒歩2分/山陽自動車道・福山東ICから県道388・22号で約16km P ホテル鴎風亭駐車場利用 送迎あり

日帰り湯 なし

温泉データ
泉質 単純弱放射能冷鉱泉
pH値 7.2　泉温 17.2℃
湧出量 410ℓ/分
効能 神経痛、筋肉痛、健康増進など

広い貸切露天風呂を宿泊者は無料で使用可。近くに建つ姉妹館、鴎風亭と景勝館漣亭の大浴場も利用できる

玄関棟は江戸時代の建築を再生。往時には十返舎一九も逗留した

GOURMET

目の前の海で揚がる旬の幸

瀬戸内海の旬魚介や地野菜をたっぷり使った会席を提供。特に名物の「鯛釜飯」は記憶に残るおいしさ。別注の「おこぜ料理」も評判

ROOM

海に面した温泉露天風呂付き

全室に天然ラジウム泉が注ぐ露天風呂があり、24時間入浴可能。リビングが付くスイートルームは、海辺の別荘で過ごすような贅沢感

夕景の宿 海のゆりかご 萩小町

ゆうけいのやどうみのゆりかご はぎこまち

歴史の街、萩のほど近く、日本海に面したはぎ温泉の宿。ビリヤードや釣り、卓球、カラオケなど多彩なアクティビティが用意されており、家族や仲間と思う存分楽しめる。もちろん、絶景を望む露天風呂や天然の大岩風呂、岩盤浴などリラックスのための施設も充実。

DATA & INFORMATION

☎0838-25-0121 ㊟山口県萩市椿東6509 in15:00 out10:00 客48室 予約1泊2食付 平日1万4450円〜 休前日1万7750円〜 交JR東萩駅から車で7分／中国自動車道・美祢東JCTから小郡萩道路、国道490号、県道32号で約37km P60台 送迎あり

日帰り湯 営15:00〜19:00 料1000円 休無休 予約不要 ※2023年2月現在休止中

ROOM

48室中40室がオーシャンビュー

露天風呂付きの部屋や目線の高さに海が広がるパノラマ和室など多彩

GOURMET

目にも華やかな創意あふれる食事

伝統の和食だが、洋皿に盛り付けるなど華やかな料理が好評を博す。もちろん、寒い季節には萩名物、フグが味わえる

大きな窓の向こうには雄大な日本海が広がる、展望リラックスルーム

北長門海岸国立公園の海沿いに建ち、敷地の至るところから海が見える。特に夕日は見逃せない

温泉データ
泉質 カルシウム・ナトリウム-塩化物冷鉱泉 pH値 7.56 泉温 18.2℃
湧出量 不明
効能 神経痛、筋肉痛、関節痛など

アクティブに遊ぶにもくつろぐのにも最適な宿

日本海の自然の大岩をそのまま使った大岩風呂。ほかに露天風呂、貸切風呂がある

119

四国の最南端、足摺岬ならではの壮大なスケールの太平洋の眺めと天然ラドン泉を満喫

弘法大師ゆかりの湯と
豪快な海鮮料理が自慢

足摺国際ホテル

あしずりこくさいホテル

1200年前、弘法大師が疲れを癒やしたという「あしずり温泉郷」の宿。弱アルカリ性天然ラドン泉は疲労回復効果に優れ、近くの四国霊場38番・金剛福寺の参拝時に滞在するゲストも多い。男女別の露天と大浴場が1つずつあり、太平洋の絶景のもと名湯に憩える。

DATA & INFORMATION

☎0880-88-0201 ㊚高知県土佐清水市足摺岬662 in15:00 out10:00 ㊫59室 ㊕1泊2食付 平日1万5550円〜 休前日1万7750円〜 ㊂土佐くろしお鉄道・中村駅から高知西南交通バスで1時間40分、足摺国際ホテル前下車、徒歩1分／四国横断自動車道・四万十町中央ICから国道56・321号で約86km ㋹20台 ㋬なし

日帰り湯 なし

温泉データ

泉質	単純弱放射能泉		
pH値	8.2	泉温	22℃
湧出量	400ℓ/分		
効能	神経痛、筋肉痛、冷え性など		

ROOM

大きな窓から大海原を望める

デラックス和洋室、12畳、10畳、8畳和室の4タイプ。すべてが海側で、全室に部屋からの眺望を遮らないワイドな窓が配される。

足摺の自然を満喫できる無料イベントも好評。毎晩催行のスターウォッチングでは満天の星を仰げる

GOURMET

本場の「鰹のたたき」を堪能

太平洋の海の幸を満喫できる郷土料理が評判。土佐清水流「鰹のたたき」など豪快な海鮮料理の宝庫。

足摺岬灯台、白山洞門、天狗の鼻、金剛福寺などへの拠点にもなる温泉旅館

REX HOTEL 別府

レックス ホテル べっぷ

別府八湯のなかでも優れた泉質を誇る別府温泉に2019年に誕生。歴史ある名湯と最先端の風呂を満喫できる温泉ホテルとして、ファンを増やす。別府湾と一体化するような天空露天風呂と大浴場は極上の休日を約束。晴れた日には、瀬戸内海の向こうに四国を遠望できる

GOURMET
メイン料理と和洋中ビュッフェ

季節のメイン料理3〜4品と和洋中ビュッフェの両方をライブキッチンで満喫

ROOM
バルコニー付きのオーシャンフロント

全室が別府湾に面し、専用バルコニーが付く。スタンダードタイプは琉球畳を使った和洋室で、格別のくつろぎ感。露天風呂付き客室も

館内に一歩入ると非日常の空間が展開。贅沢な湯浴みと癒やしの時に浸れる

◻ DATA & INFORMATION

☎0977-23-6111 所大分県別府市若草町13-21 in15:00 out10:00 室46室 予約1泊2食付 平日1万7300円〜 休前日2万600円〜 交JR別府駅から亀の井バスで6分、京町下車、徒歩3分／東九州自動車道・別府ICから約6km P48台 送迎なし

日帰り湯 なし

すべての客室にオーシャンバルコニーがあり、別府湾の眺めを独り占めできる

温泉データ
泉質	単純温泉	pH値	8.3
泉温	52.3℃		
効能	筋肉痛・関節痛・冷え性・疲労回復・健康増進など		

海辺の温泉宿

高知県・あしずり温泉郷／大分県・別府温泉

インフィニティ風呂で別府湾に抱かれる休日を

最上階にある自慢の天空露天風呂「楽」は、別府湾に溶け込むようなインフィニティ風呂

温泉、砂むし、錦江湾の眺め
指宿そのものに癒やされる宿

メタケイ酸とカルシウムイオン、2つの保湿成分をふんだんに含む保湿効果の高い温泉

鹿児島県●指宿温泉

IBUSUKI ROYAL HOTEL

イブスキ ロイヤル ホテル

薩摩半島の最南端にあり、錦江湾から開聞岳、天気の良い日には屋久島まで一望できる。美肌をつくるという温泉の露天風呂はもちろん、海風が心地よいガーデンテラスや屋外プール、厳選したアメニティを揃える女性優先フロアもあり、特に女性におすすめ。

DATA & INFORMATION

☎0993-23-2211 所鹿児島県指宿市十二町4232-1 in15:00 out10:00 客68室 予1泊2食付 平日2万3870円〜 休前日2万4970円〜 交JR指宿駅から車で6分／指宿スカイライン・谷山ICから国道226号で約41km P50台 送迎なし

日帰り湯 なし

温泉データ
泉質 塩化物泉
pH値 7.2 泉温 43.0℃
湧出量 不明
効能 神経痛、筋肉痛、関節痛、五十肩など

錦江湾、大隅半島の眺めが素晴らしいロビー。ホテルから庭やプールの脇を通り、直接ビーチに出られるのも魅力

ROOM

窓が大きく明るい客室

ホテルだが、洋室のほか和洋室やベッドを置いた和室など、多彩な部屋を用意。それぞれに異なる眺望の美しさも素敵。

GOURMET

夜はもちろん朝食も好評

昔ながらの方法で作った指宿産の最高級カツオ節、薩摩黒毛和牛、かごしま黒豚など、地元の食材を使用。もちろん焼酎ともよく合う。

屋外プールは7月初旬から9月上旬にかけてオープン。温泉を備えた海辺のリゾートホテルだ

せせらぎをBGMに湯浴みを楽しむ

渓流沿いの温泉宿

祖谷渓の谷底に湧く名湯
秘境の景観、山の幸に和む

1 祖谷川に沿う露天風呂へは専用ケーブルカーで片道
約5分。間近に迫る渓谷の大自然もドラマチック
2 展望風呂「雲遊天空の湯」は2021年にリニューアル。
新緑や紅葉など季節の風景が一幅の絵のよう
3 2021年に誕生した展望テラス「雲の上テラス」からは、
四季折々の祖谷渓の山並みを一望できる

徳島県●祖谷温泉

和の宿ホテル祖谷温泉

なのやどホテルいやおんせん

日本三大秘境のひとつ、祖谷渓の断崖に建つ宿。谷底を流れる祖谷川沿いに乳白色のにごり湯が自噴し、この地に身を隠した平家が湯治したという伝説も残る。本館と露天風呂は約170mの高低差があり、ケーブルカーで湯浴みに行く趣向。本館には展望風呂を備える。

📷 DATA & INFORMATION

📞0883-75-2311 🏠徳島県三好市池田町松尾松本367-28 🕒15:00 🕚11:00 🏢20室 🎫1泊2食付 平日2万3250円～ 休前日2万6550円～ 🚃JR大歩危駅から四国交通バスで35分、ホテル祖谷温泉下車すぐ／徳島自動車道・井川池田ICから国道319・32号で約25km 🅿37台 🚐あり(要予約)

日帰り湯 🕖7:30～18:00(最終受付17:00) 💰900円～ 🈲不定休 予約不要

温泉データ
泉質	アルカリ性単純硫黄温泉
pH値 9.1	泉温 38.3℃
湧出量	約500ℓ/分
効能	神経痛、リウマチ、外傷など

> 自然湧出泉が豊富に湧き、露天風呂「渓谷の湯」「せせらぎの湯」をかけ流しで満たす

GOURMET
季節の滋味あふれる山里料理

夕食は地野菜や川魚、阿波牛や阿波尾鶏など、徳島の食材を使った和食を会席仕立てで提供。5種の会席があり、好みのプランを選べる。

ROOM
露天風呂&足湯付き、月見台付き客室も

本館と別館に20室を用意。露天風呂&足湯付きスイート、露天風呂付き、展望風呂付き、月見台付きなどバラエティに富む。ほとんどが渓谷側。

広瀬川のせせらぎを感じ
野趣満点の岩風呂に憩う

1 広瀬川に沿って混浴の天然岩風呂が並び、女性専用
の半露天風呂「香華の湯」もある
2 男女別の大浴場には、「ひと風呂3年延寿の湯」とい
われる源泉「不二の湯」が湧く

宮城県●作並温泉

鷹泉閣 岩松旅館

ようせんかく いわまつりょかん

仙台の奥座敷、作並温泉は奈良時代に行基が発見し、鎌倉時代に源頼朝が愛でたとされる名湯。その湯元として、寛政8年(1796)に創業。5つの源泉が6つの風呂を自然湧出かけ流しで満たし、広瀬川の渓流美に包まれる温泉三昧が叶う。特に新緑と紅葉の時季が格別。

DATA & INFORMATION

☎022-395-2211 所宮城県仙台市青葉区作並元木16 in15:00 out10:00 室91室 予約1泊2食付 平日1万6650円〜 休前日1万9950円〜 交JR作並駅から仙台市営バスで5分、作並温泉元湯下車すぐ／東北自動車道・仙台宮城ICから国道48号で約22km P200台 送迎あり

日帰り湯 営11:00〜13:00(最終受付) 料1870円 休月〜金曜 予約不要

温泉データ
泉質 ナトリウム・カルシウム-硫酸塩・塩化物泉
pH値 8.3 泉温 52.3〜58.8℃
湧出量 12.1〜250.0ℓ/分
効能 動脈硬化症、切り傷、やけどなど

創業時の面影を残す、広瀬川沿いの天然岩風呂へは、88段の風情ある階段を下りていく

GOURMET

季節の和食膳かバイキングをお好みで

地元の旬食材で紡ぐ季節感あふれる料理が評判。客室または食事処での和食膳、仙台名物の七夕飾りが彩る会場でのバイキングから選べる。

ROOM

和室＋ツインベッドの客室が充実

スタンダードな客室「青葉館」、特別室「けやき」、半露天風呂付き客室「あずさ」「ひのき」があり、いずれも和風の落ち着いたしつらえ。

新緑と紅葉、雪景色が格別
秘湯ムード漂う秋田最古の湯

1 大浴場には秋田杉で囲った3つの浴槽と1つの岩風呂が並び、それぞれ深さと湯温が異なる。1つが深さ130cmの立ち湯
2 混浴の半露天風呂は、渓流を眼下に望む造り。女性専用の半露天風呂もある
3 役内川に架かる吊り橋には、ヤマセミなどの珍しい野鳥が現れることがある

秋田県●秋の宮温泉郷

鷹の湯温泉

たかのゆおんせん

秋田指折りの渓流、役内川に沿う秋の宮温泉郷の老舗宿。高温の自家源泉は8世紀に行基が発見したと伝わり、隠れ湯としての長い時を経て、明治18年(1885)に湯宿となった。野天風呂、半露天風呂、深さ130㎝の立ち湯がある大浴場など、多彩な風呂が自慢だ。

DATA & INFORMATION

☎0183-56-2141 ㊟秋田県湯沢市秋ノ宮殿上1 in15:00 out10:00 ㊟10室 ㊟1泊2食付 1万4450円～ ㊠JR湯沢駅からこまちシャトルで45分／東北自動車道・古川ICから国道47・108号で約67km ㊟20台 送迎なし

日帰り湯 ㊟11:00～15:00(最終受付14:00) ㊟650円～ ㊡不定休 ㊟不要

温泉データ

泉質	ナトリウム-塩化物泉
泉温	79℃
効能	神経痛、慢性リウマチ、腰痛など

自然湧出泉が豊富に湧き、露天風呂「渓谷の湯」「せせらぎの湯」をかけ流しで満たす

鷹の湯温泉の一軒宿。昔、傷を負ったタカが湯に浸かったのが名前の由来

GOURMET

渓流の恵みと山の幸に憩う

役内川は渓流釣りの人気スポットでもあり、新鮮な川魚や山里の幸たっぷりの夕食が評判。秋田の名物食材や郷土料理も楽しめる。

ROOM

古き良き温泉旅館の風情に和める

広縁付きの和室を10室用意。温泉と食事、近くの散策を楽しみ、あとは何もしない休日を過ごすのに格好の湯宿。夜の静寂も心身を癒やす。

渓流沿いの大露天風呂で
四万温泉屈指の名湯に浸る

1 内湯「岩根の湯」は7つの源泉のなかで美肌効果が謳
われる湯。大正ロマン薫る浴槽も人気
2 敷地内の川原には混浴野天風呂「竜宮」が。川の水
位によって水中に隠れるため「幻の湯」と呼ばれている

群馬県●四万温泉

四万たむら

しまたむら

「四万の病に効く伝説の湯」として名高い四万温泉最古の歴史を誇る。創業は室町時代の永禄6年(1563)。四万川の支流、新湯川の底から湧く自家源泉を7つ所有し、露天風呂や大浴場など6つの風呂にかけ流す。各風呂とも渓流と森に包まれる贅沢なつくりが評判だ。

🔲 DATA & INFORMATION

📞0279-64-2111 🏠群馬県中之条町四万4180 ⏰15:00 out11:00 🛏47室 💰1泊2食付 平日1万6000円〜 休前日2万円〜 🚃JR中之条駅から関越交通バスで40分、四万温泉下車、徒歩4分／関越自動車道・渋川伊香保ICから県道35号、国道353号で約38km 🅿120台 送迎なし

日帰り湯 なし

温泉データ
泉質 ナトリウム・カルシウム-塩化物・硫酸塩温泉
泉温 70〜80℃
効能 神経痛、リウマチ、筋肉痛、関節痛など

江戸期建造の茅葺きの母屋を修復しながら受け継ぎ、宿の玄関に

森の緑に包まれる露天風呂「森のこだま」からは滝が一望でき、マイナスイオンがすがすがしい

GOURMET

夜は旬の本格懐石、朝は源泉粥に舌鼓

群馬の逸品食材をたっぷり使った懐石料理を料亭や食事処などで楽しめる。朝食には、米を源泉に一晩浸してから炊き上げる源泉粥が登場。

ROOM

3棟に和室、洋室、メゾネットを用意

贅を尽くした客室を備える木涌館、純和風の水涌館、古き良き温泉宿の風情を残す金涌館がある。木涌館には渓流を望む檜風呂付き客室が。

1 川沿いの露天風呂はすべて、夜間から早朝まで入浴が
可能。灯火のもとの湯浴みも情趣に富む
2 露天風呂や貸切風呂などのほか、清流沿いには槍ヶ
岳を望む足湯も用意。抜群の開放感が味わえる

名峰槍ヶ岳を望む秘湯
7つの露天風呂で温泉三昧

大浴場の大きな窓からも奥飛騨の大自然を一望。天気の良い日には、正面に槍ヶ岳がそびえる

岐阜県●新穂高温泉

槍見の湯 槍見舘

やりみのゆ やりみかん

奥飛騨温泉郷の最奥部、高原川支流の蒲田川沿いに建つ宿。大正期に初代当主が川原に湧く温泉を発見し、北アルプスの登山者や地元の人に湯を供したのが始まり。川沿いに露天風呂が点在し、四季折々の槍ヶ岳を望める。古民家を移築した本館も風情たっぷり。

DATA & INFORMATION

☎0578-89-2808 所岐阜県高山市奥飛騨温泉郷神坂587 in14:00 out11:00 室15室 予約1泊2食付平日2万2150円〜 休前日2万2150円〜 交JR高山駅から濃飛バスで1時間30分、中尾高原口下車、徒歩7分／長野自動車道・松本ICから国道158・471号で約62km P15台 送迎あり

日帰り湯 時10:00〜14:00 料500円 休不定休 予約不要

温泉データ
泉質 単純温泉、炭酸水素塩泉
pH値 6.88 泉温 56.0℃
湧出量 430ℓ/分
効能 神経痛、筋肉痛、冷え性、リウマチなど

約100年の歴史を持つ宿。4つの貸切露店風呂の湯めぐりも楽しい

GOURMET

飛騨名物が揃い、飛騨牛の別注料理も

地物野菜や山の幸、飛騨豚や飛騨サーモンなどが彩る夕食が人気。飛騨牛料理指定店なので、最高級ステーキを別注料理として楽しめる。

ROOM

梁や柱が美しい奥飛騨らしい空間

和モダン、民芸調、内湯付き和洋室、露天風呂付き土蔵離れなど、多彩な客室を用意。各部屋とも奥飛騨の伝統建築を生かしたしつらえ。

1 敷地内に7つもの源泉を有する。湧出量が潤沢で1時間で入れ替わるため加水も殺菌もせずに利用している
2 檜の湯船が香る貸切露天、七実の湯。贅沢にも宿泊者は1組あたり30分ほどこの空間を独占できる

霧島火山の恵みを享受
湯量豊富な天然温泉

鹿児島県●妙見温泉

妙見石原荘

みょうけんいしはらそう

霧島市の天降川沿いに広がる温泉郷。飲泉も可能で、飲めば糖尿病や肝臓病、痛風などに効くとされている。石原荘では、加水はもちろん、貯蔵もしない湧きたてフレッシュな温泉が楽しめる。湯には炭酸成分が含まれており、肌で弾ける様子も楽しい。

DATA & INFORMATION

☎0995-77-2111 ⊕鹿児島県霧島市隼人町嘉例川4376 in15:00 out11:00 客18室 料1泊2食付 平日3万円～ 休前日3万5000円～ 交JR隼人駅から妙見路線バスで18分、石原荘前下車すぐ／九州自動車道・溝辺鹿児島空港ICから国道504・223号で約12km P50台 送迎なし

日帰り湯 11:30～15:00(最終受付13:30) 料1800円 休無休 予約不要

温泉データ
泉質 ナトリウム・カルシウム・マグネシウム-炭酸水素塩泉 pH値 6.4 泉温 約55℃
湧出量 1200ℓ/分
効能 神経痛、筋肉痛、冷え性、リウマチなど

1万坪もの広大な敷地に美しい渓流、豊かな自然があふれる贅沢な湯宿

露天はもちろん、内湯、足湯もすべて、清らかな渓谷を眼前に臨む

ROOM
自然素材の心地よさを備えた客室

趣の異なる和室、和洋室を備えた本館のほか、古い石材を用いた石蔵がある。2023年4月には本館に温泉付き客室が4部屋完成。

GOURMET
四季の旬を五感で味わえる料理が並ぶ

地元、鹿児島の食材を使った和食がおいしい。宿に合うものを、と揃えた全国の作家ものの器も美しく、滋味あふれる料理と調和する。

蓼科グランドホテル滝の湯

たてしなグランドホテルたきのゆ

平安時代に坂上田村麻呂が発見したとされる名湯、蓼科温泉の宿として大正12年(1923)に創業。昭和期に高原リゾートにリニューアルし、常に進化を続ける。平成期に登場した渓流露天風呂は、滝ノ湯川に沿う壮大なスケール。森や滝を望む内湯も開放感にあふれる。

ROOM

多彩な客室を用意

旅のスタイルに合う和洋室、洋室、和室が揃う。渓流を望む露天風呂付き客室も。

GOURMET

"食彩王国"長野県の食材やワインを堪能

夕食はレストランでの約70種のビュッフェ、または食事処での季節の会席料理。

2022年にはファミリー向け新客室が登場。幅広い世代が快適に憩える

DATA & INFORMATION

☎0266-67-2525 ㊟長野県茅野市北山4028 in15:00 out10:00 客160室 予約1泊2食付 平日1万2750円〜 休前日2万2250円〜 交JR茅野駅からアルピコ交通バスで27分、滝の湯入口下車、徒歩すぐ／中央自動車道・諏訪ICから国道152号、県道192号で約17km ㊅約200台 送迎あり

日帰り湯 営13:00〜21:00(最終受付20:00) 料1500円 休不定休 予約不要

「湧泉(ゆうせん)」は森と一体化するような爽快感

温泉データ
泉質	単純温泉
pH値 5.36	泉温 23.2℃(冷鉱泉)
湧出量 2000ℓ/分	
効能	神経痛、筋肉痛、関節痛など

蓼科の大自然と溶け合う
階段状の渓流露天風呂

渓流露天風呂には階段状に3段の湯船があり、各々、滝ノ湯川沿いの異なる眺めを楽しめる

「天河の湯」は全長25mの大スケール。渓流露天風呂、大露天風呂、内風呂、サウナが揃う

森の中の渓流リゾートで
温泉＆ビュッフェを満喫

岩手県●志戸平温泉

湯の杜ホテル志戸平

ゆのもりホテルしどたいら

豊沢川沿いの花巻南温泉郷のひとつ、志戸平温泉にあるリゾートホテル。2種の泉質を持つ3つの源泉を、眺望風呂「天河の湯」、吹き抜け空間にバラエティ豊かな浴槽が集う「日高見の湯」、貸切風呂で楽しめる。一年中オープンの温水プールも備え、家族連れに人気だ。

📷 DATA & INFORMATION

☎0198-25-2221 📮岩手県花巻市湯口志戸平27-1 **in**15:00 **out**10:00 🏠173室 🏷1泊2食付 平日1万5550円〜 休前日1万8850円〜 🚃JR花巻駅から岩交バスで23分、志戸平温泉下車、徒歩2分／東北自動車道・花巻南ICから県道12号で約9km 🅿300台 🚌共同運行のシャトルバスあり

日帰り湯 🕐11:00〜14:00 18:00〜20:00 💴900円 休不定休 予約不要

温泉データ
泉質	単純温泉、ナトリウム-硫酸塩・塩化物温泉
pH値	7.8〜8.2 泉温 64.0〜72.3℃
湧出量	110〜368ℓ/分
効能	神経痛、筋肉痛、冷え性など

ROOM
渓流スイートが2022年に誕生

渓流側と山側の客室があり、4タイプの間取りと趣向の異なる内装を用意。特に、森と川の景色に包まれる「渓流スイート」が評判。

GOURMET
ライブ感に富むビュッフェレストラン

夕朝食は多彩な地元食材を楽しめるビュッフェ。ライブキッチンを囲み、エンターテインメント感満載。地ビールや地酒も用意（別料金）。

1 開湯300年の名湯をラグジュアリー感とくつろぎ感とともに満喫できる
2 全面ガラス張りのラウンジからは、豊沢川の清流と四季の渓谷美を一望

137

彩り湯かしき 花と華

いろどりゆかしき はなとはな

12世紀後半、平家落人がたどり着き、傷を癒やしたと伝わる湯西川温泉。その湯と渓流の里での癒やしを"十人十色"をテーマとした多彩な風呂と客室で供する。強アルカリ性の「美肌の湯」が湧く露天風呂や大浴場が5つあり、滝見風呂などの貸切風呂も風流な造り。

DATA & INFORMATION

☎0288-98-0321 ⊕栃木県日光市湯西川温泉601 in15:00 out10:00 客76室 予1泊2食付 平日1万4300円〜 休前日1万7600円〜 交野岩鉄道・湯西川温泉駅から日光交通ダイヤルバスで20分、花と華前下車すぐ/日光宇都宮道路・今市ICから国道121号、県道249号で約43km P50台 送迎あり

日帰り湯 なし

ROOM
眺めと趣が異なる4つの館

「春・夏・秋・冬」の名がつく4棟に分かれ、「夏の花見館」が渓流に臨む。

GOURMET
平家落人伝説にちなむ料理

夕食は囲炉裏料理「平家お狩場焼」、平家の雅が薫る「湯西川平家懐石」、「鉄板焼会席」からセレクト。朝食は地元食材で彩る和食膳。

味噌造り道場や栃木地酒処など、地元の食文化に親しめる施設も充実

自然石を豪快に組み上げた岩風呂「涼風と岩の湯」は湯西川の大パノラマが圧巻

温泉データ

泉質	アルカリ性単純温泉
pH値	9.3 泉温 60.1℃
湧出量	160ℓ/分
効能	神経痛、筋肉痛、関節痛など

清流沿いの平家の山里で
多彩な湯船の「美肌の湯」めぐり

湯西川の清流を見下ろす露天風呂は、四季折々の深山の自然と一体化するような開放感

「奥利根八湯」では露天岩風呂、洞窟風呂、日本初のクリスタル風呂などを湯めぐり

利根川を望む伝統の湯と「奥利根八湯」で温泉三昧

群馬県●水上温泉

坐山みなかみ

ざんみなかみ

雄大な谷川岳と利根川渓流に抱かれる水上温泉屈指の伝統を誇る宿。昭和2年(1927)の創業以来、若山牧水らの文人墨客、皇室の方々も宿泊し、なめらかな湯を愛でた。名物「牧水の湯」に加え、渓流沿いに8つの浴槽が連なる「奥利根八湯」も感動の温泉体験に誘う。

DATA & INFORMATION

📞0278-72-3221 所群馬県みなかみ町小日向573 in15:00 out10:00 室77室 料金1泊2食付 平日1万3200円～ 休前日1万8700円～ 交JR水上駅から徒歩15分／関越自動車道・水上ICから国道291号、県道61号で約3km P100台 送迎あり

日帰り湯 営13:00～18:50(最終受付17:50) 料1000円 休無休 予約不要

温泉データ
泉質 カルシウム・ナトリウム-硫酸塩・塩化物温泉
効能 神経痛、筋肉痛、関節痛、五十肩など

GOURMET

旬の創作和食会席を満喫

地元・上州の食材に加え、全国の旬の美味を揃え、3種の会席を用意。群馬の郷土料理も登場する和洋の朝食バイキングも大評判。

水上温泉の中心部に建ち、春～秋にはカヌーなどの渓流アクティビティも用意

1

2

1 ヒノキの梁が見事な「牧水の湯」は昭和2年(1927)建造時の伝統建築を利用した浴槽
2 「牧水の湯」の露天風呂では、名湯とともに利根川のせせらぎにも癒やされる

ROOM

渓流側の露天風呂付き客室も

和室・和洋室があり、利根川側・谷川岳側・両方を望める角部屋に分かれる。人気の樽型露天風呂付き客室は利根川ビュー。

自家源泉かけ流しの大野天風呂「世古の湯」には川石が配され、清流と一体化するような趣

癒やしの森と清流沿いの湯
心がほどける伊豆の休日

静岡県●湯ヶ島温泉

谷川の湯 あせび野

たにがわのゆ あせびの

伊豆の中央部、渓谷沿いの「湯ヶ島温泉」は、川端康成が『伊豆の踊子』を執筆した温泉。宿が建つ世古峡はひときわ緑が深く、猫越川沿いの大野天風呂で、四季折々の自然とひとつになるような湯浴みに憩える。プライベート感が高い4つの貸切露天があるのも魅力。

DATA & INFORMATION

📞0558-85-1926 所静岡県伊豆市湯ヶ島1931-1 in14:30 out10:30 室19室 予約1泊2食付 平日3万1900円〜 休前日3万8500円〜 交伊豆箱根鉄道・修善寺駅から東海バスで29分、湯ヶ島下車、車で5分／新東名高速道路・長泉沼津ICから伊豆縦貫道・伊豆中央道・修善寺道路で約35km P20台送迎あり(要連絡)

日帰り湯 なし

温泉データ
泉質	単純温泉、カルシウム・ナトリウム-硫酸塩泉
pH値	8.1 泉温 62.7℃
湧出量	300ℓ/分
効能	筋肉痛、疲労回復、動脈硬化症など

GOURMET

中伊豆の四季を表現した「あせび野」会席

夕食は伊豆の厳選食材を中心に、現代的なセンスで彩る会席料理を提供。朝夕とも個室ダイニングで、できたてのおいしさを楽しめる。

貸切露天風呂では温泉浴と森林浴を同時に満喫できる。写真は3階テラスにある人気の「山の湯かざはや」

ROOM

全客室に露天風呂が付く

木の風合いが美しい和洋室と和室の2タイプの客室を用意。全室に源泉かけ流し露天風呂と渓流のせせらぎを堪能できるテラスがある。

日中は世古峡の緑と猫越川の清流が五感にやさしく響き、夜は幽玄なムードに包まれる

塔ノ沢一の湯本館

とうのさわいちのゆほんかん

箱根湯本に隣接しつつ、早川渓谷の自然と静寂に包まれる塔ノ沢温泉。その開祖として「一の湯」を屋号とし、創業390年余を誇る。建物は国登録有形文化財の数寄屋造り。早川沿いの大浴場には昔ながらの温泉場の風情が漂い、大正ロマン薫る大理石の貸切風呂もある。

DATA & INFORMATION

☎0460-85-5334 所神奈川県箱根町塔ノ沢90 in 15:00 out 10:00 室21室 予料1泊2食付 平日1万3669円〜 休前日1万8069円〜 交箱根登山鉄道・箱根湯本駅から伊豆箱根バスで3分、上塔ノ沢下車、徒歩1分／東名高速道路・厚木ICから小田原厚木道路、国道1号で約36km P22台 送迎なし

日帰り湯 営13:00〜20:00 料1100円 休不定休 予約不要（事前の問い合わせ推奨）

ROOM
広い露天風呂付き客室が人気

全客室が早川沿い。露天風呂付き和室や展望風呂付き和室が大人客に人気だ

GOURMET
名物「金目鯛の姿煮」が付く創作和食

夕食は創作和食コース。大正ムードを残す4階レストランで楽しめる（季節によりメニュー変更あり）。

明治時代の骨組みと大正・昭和初期の建築様式による木造4階建ての数寄屋造り

大浴場「金泉の湯」「恵の湯」は落ち着いたムード。宿泊客は箱根の「一の湯グループ」の宿の湯めぐりも可能

温泉データ
泉質	アルカリ性単純温泉	
pH値	8.5	泉温 41〜42℃
効能	疲労回復、ストレス解消など	

一番人気の客室は、早川に面した小庭園にかけ流し露天風呂があり、静寂のなかで憩える

数寄屋造りの老舗旅館で箱根伝統の湯を愛でる

川から立ち昇る湯けむりを眺めながら入浴できる、開放感あふれる露天の「かじか風呂」

夏は天然の川温泉が人気
野趣あふれる多彩なお風呂

秋田県●大湯温泉

阿部旅館

あべりょかん

大湯温泉は皆瀬川の最上流に位置する小安温泉郷にある温泉。阿部旅館では川岸に造られた露天風呂や昔のままの風情を残す内湯のほか、7〜9月のみ入れる川底から湧出する湯をせき止めた天然川風呂、源泉の湯気を使う蒸し風呂など多彩な風呂が楽しめる。

🔲 DATA & INFORMATION

📞0183-47-5102 🏠秋田県湯沢市皆瀬小安奥山国有林34 in15:00 out10:00 客8室 予約1泊2食付平日1万3350円〜 休前日1万3350円〜 交JR湯沢駅から羽後交通バスで55分、鳥谷下車、徒歩20分／東北自動車道・古川ICから国道47・108号で約115km ℗10台 送迎あり

日帰り湯 🕗8:30〜16:00(最終受付15:00) 料500円 休木曜 予約不要

温泉データ
泉質 弱アルカリ性-単純硫黄泉
pH値 9.2 泉温 92.3℃
湧出量 50ℓ/分
効能 慢性皮膚病、慢性婦人病、切り傷など

宿の主人が自ら造ったせせらぎ風呂は半分のみ屋根がしつらえられた半露天

かつては、宮城・岩手への古道があり、旅人を癒やした

GOURMET

地元、栗駒の食材が美味

春の山菜、夏のイワナ、秋のきのこなど、季節それぞれに栗駒の山で採れる新鮮な食材が楽しめる。ことに女将秘伝の漬物が美味。

ROOM

季節の風景が美しい和室

客室はすべて和室で、窓の外には山と川が織りなす美しい自然が見える。1階にも1室のみ客室があり、階段の苦手な人に人気。

ロビーや川を望むピロティに置かれた囲炉裏が山里らしい

栃木県●鬼怒川温泉

静寂とまごころの宿 七重八重

せいじゃくとまごころのやど ななえやえ

かつては日光を詣でた大名や僧侶だけが立ち寄ることを許された鬼怒川。渓谷沿いに立ち並ぶ宿の景色が象徴的な温泉郷だが、「七重八重」でも川にせり出すようにしつらえられた露天風呂や川辺の緑がすぐ目の前に広がる客室など、さわやかな渓谷の空気が満喫できる。

☑ DATA & INFORMATION

☎0288-77-2222 所栃木県日光市鬼怒川温泉大原1060 in15:00 out10:00 室29室 予料1泊2食付平日2万1050円〜 休前日2万4350円〜 交東武鉄道・鬼怒川温泉駅から徒歩5分／東北自動車道・宇都宮ICから日光宇都宮道路、国道121号で約34km P30台 送迎なし

日帰り湯 なし

GOURMET

和食一筋の料理長渾身の会席

湯波やイワナ、ブランド豚のとちぎゆめポークなど地元の食材を使った和会席。馬刺しや鹿刺しなどヘルシーな肉の特別料理も人気。

鬼怒川の渓谷美を望む見晴らしの良いロビーラウンジ

ROOM

渓谷に面した和室が中心

温泉の露天風呂や内湯付き、ベッドを配した和洋室、さらにはワーケーションにもおすすめのバリアフリー洋室と多彩。

ロビーラウンジやカラオケルーム、リフレルームなど館内施設も充実

温泉データ
泉質	アルカリ性単純温泉
pH値	8.7　泉温 50.2℃
効能	神経痛、筋肉痛、関節痛など

渓谷沿いに立ち並ぶ湯宿
関東を代表する温泉郷

川のせせらぎがダイレクトに感じられる露天風呂。御影石の枕に頭を乗せて寝湯のようにもくつろげる

温泉も自然も唯一無二
川底から湧く湯で清遊

1 内風呂は高い天井と太い梁がダイナミックな石敷き。
大きな窓から四季折々の風景が一望できる
2 プチラウンジには宿にゆかりがある片岡鶴太郎氏の
絵を展示。コーヒーなどを無料で提供

群馬県●尻焼温泉

星ヶ岡山荘

ほしがおかさんそう

群馬県北西部の六合(くに)地区を流れる長笹沢川の底からは、塩化物泉が豊富に湧き出す。川を堰き止めて造った野湯は「川の湯」と呼ばれ、"尻を焼く"ような温かさで人々を癒やす。その源泉を引き、渓流沿い露天風呂や内風呂に注ぐ。多彩な客室も温泉郷随一。

DATA & INFORMATION

☎0279-95-5121 所群馬県中之条町入山1539 in14:00 out11:00 室12室 予約1泊2食付 平日1万6500円～ 休前日1万7900円～ 交JR長野原草津口駅からバスで35分、花敷温泉下車、徒歩10分／関越自動車道・渋川伊香保ICから国道17・353・145・292・405号で約59km P20台 送迎あり(要連絡)

日帰り湯 時12:30～14:30(最終受付13:45)
料900円 休不定休 予約不要

温泉データ
泉質 カルシウム・ナトリウム-硫酸塩・塩化物温泉 pH値 7.9 泉温 55.0℃
湧出量 198ℓ/分
効能 痔疾、リウマチ、皮膚病、婦人病など

長笹沢川の源泉近くの宿。効能豊かな湯は昔から痔に効くとされる

ROOM
眼下に渓流を望む部屋が充実

本館は渓流側と中庭側に分かれ、露天風呂付き和室や畳敷きベッドルームが人気。2部屋ある離れは、源泉かけ流し風呂が付く贅沢な一棟型。

渓流沿いの露天風呂に川底から湧く源泉を引き、豪快にかけ流す。季節ごとの風情も格別

GOURMET
地物食材をたっぷり使った旬の味覚

六合産の野菜や山菜、川魚、群馬の銘柄肉などで紡ぐ心のこもった料理に和める。夕食・朝食とも9～10品が用意され、体の中から元気に。

湯治の効果を知らせた
聖徳太子のお告げ

磐梯朝日国立公園
にある宿。露天風呂、
深碧は質の良い温
泉と森の木々が生み
出す新鮮な空気が
満喫できる

1

2

3

1 樹齢1000年という古代檜を使用した内
湯、櫨染。ヒノキチオールも多量に含有
2 貸切で利用できる青藍には、半露天風
呂と内湯を備えた
3 夏は鮮やかな緑を湯面に映す露天風呂、
深碧。湯温は気温によって調節

146

福島県●土湯温泉

土湯別邸里の湯

つちゆべっていさとのゆ

土湯は大穴貴命や聖徳太子にまつわる逸話が残る歴史ある温泉。別邸里の湯は、リスやカモシカが暮らす国立公園にあり、森の只中にある源泉かけ流しの露天風呂はもちろん、到着時に抹茶とともに供される和菓子まで手作りという行き届いたもてなしがいい。

🔲 DATA & INFORMATION

📞024-595-2146 🏠福島県福島市土湯温泉町悪戸尻27-2 🕐14:00 🕙10:30 🛏9室 💴1泊2食付平日4万円〜 休前日5万7000円〜 🚃JR福島駅から福島交通バスで38分、土湯温泉入口下車、徒歩7分／東北自動車道・福島西ICから国道115号で約12km 🅿15台 🚌あり

日帰り湯 なし

温泉データ

泉質	アルカリ性単純温泉
pH値	7.5	泉温	62.2℃
湧出量	1130ℓ/分
効能	神経痛、筋肉痛、冷え性、疲労回復など

宿の周囲は清流が流れる原生林。散策路を歩くのも楽しい

ROOM

森に囲まれたモダンな部屋

モダンな雰囲気を備えた和の客室がメイン。すべての部屋に源泉を引いた内湯、または露天風呂が付いている。

ラウンジでは、ドリンクを片手に窓からの眺望が楽しめる

GOURMET

四季を味わう会席料理

海、山、田畑と食材に恵まれた土地柄でもあり、季節それぞれの旬の食材が膳に並ぶ。どれも手間を惜しまず厨房で調理された逸品だ。

巨石露天風呂は渓谷美に溶け込むような造り。夜は黄金色の湯が灯火に照らされて幻想的

黄金色のにごり湯が湧く
渋川沿いの巨石露天風呂

長野県●横谷温泉

横谷温泉旅館

よこやおんせんりょかん

奥蓼科、横谷渓谷の一軒宿として、大正12年(1923)に創業。渓谷美を育む渋川沿いに自噴する温泉を所有し、渓流に臨む露天風呂、内湯や貸切露天風呂をかけ流す。炭酸ガスと鉄分を多く含む温泉は湯船に注ぐと黄金色になり、効能に加えて癒しムードも満点。

男女別の内湯からの眺めも抜群。大きなピクチャーウインドーから四季の渓谷美を満喫できる。新緑、紅葉、雪景色それぞれが美しい

DATA & INFORMATION

☎0266-67-2080 所長野県茅野市北山5513 in15:00 out10:00 室80室 予1泊2食付 平日1万6500円～ 休前日1万9800円～(シーズンにより価格変動あり) 交JR茅野駅からアルピコ交通バスで33分、横谷峡入口下車、徒歩10分／中央自動車道・諏訪南ICから八ヶ岳エコーライン、国道299号で約19km P80台 送迎あり

日帰り湯 営13:00～20:30(最終受付20:00)
料1500円 休無休 予約不要

温泉データ
泉質 弱酸性低張性冷鉱泉
pH値 5.59 泉温 18.0℃ 湧出量 1080ℓ/分
効能 動脈硬化、関節痛、打撲、高血圧など

ROOM

「清流荘」本館と「仙峡亭」新館

本館と新館があり、本館は全室渓流側。新館は渓流側と渓谷側に分かれる。広い和室と和洋室のほか、露天風呂付き特別室も用意。

GOURMET

6種の会席膳からお好みを

信州牛、旬の地物、十割手打ち蕎麦などで彩る和食会席膳を「料理長おまかせ」「雅」など6種類も用意。旅の目的に応じて選べる。

宿の近くには全長6kmの遊歩道が整備され、渋川沿いに横谷渓谷での森林浴を楽しめる

延楽

えんらく

富山県最大の温泉地、宇奈月温泉は黒部川上流の黒薙温泉（くろなぎ）から源泉を引き、大正期に開湯。以来、日本有数の透明度を誇る温泉が旅人を魅了する。その歴史とともに歩む宿の自慢は、多彩な露天風呂。四季折々の黒部峡谷の風景と肌にやさしい湯が至福の時へと誘う。

DATA & INFORMATION

☎0765-62-1211 ㊟富山県黒部市宇奈月温泉347-1 in15:00 out10:00 室61室 予料1泊2食付 平日3万6450円〜 休前日3万8650円〜 交JR黒部宇奈月温泉駅から徒歩3分、新黒部駅で富山地方鉄道に乗り換えて約25分、宇奈月温泉駅下車、徒歩3分／北陸自動車道・黒部ICから県道14号で約14km P50台 送迎あり

日帰り湯 なし

ROOM

黒部の自然を感じる客室

全室が黒部峡谷に面する。本館と新館の対峰閣があり、14階には貴賓室も備える。

GOURMET

富山の"きときと"の魚介を満喫

日本屈指の深海、富山湾で獲れる"きときと（新鮮）"な旬魚介が集結。創業から受け継がれる、素材の味を引き出す調理技術も自慢のひとつ。

昭和12年(1937)創業の老舗旅館。宮大工が手がけた樹齢400年の檜の露天風呂も名物

文人墨客にも愛された宿。館内には川合玉堂、中川一政、高村光雲、横山大観などの作品を展示するギャラリーもある

温泉データ
泉質 アルカリ性単純泉
pH値 8.19 泉温 65.1℃
湧出量 1660ℓ/分
効能 疲労回復、関節リウマチなど

黒部峡谷の自然に抱かれ
透明度の高い名湯に憩う

露天風呂付き客室が充実し、お湯が冷めにくい陶器風呂が人気。石、檜の風呂付き客室もある

目の前に流れる川の流れがダイナミックな露天岩風呂。ほかにも野趣あふれる野天や内湯が計5つ

400年続く秘湯の一軒宿
炭酸水素塩泉が身体を温める

富山県●小川温泉

小川温泉元湯 ホテル おがわ

おがわおんせんもとゆ ホテルおがわ

古くから子宝の湯としても名高い小川温泉の一軒宿で、加水、加温、循環なし。100%かけ流しの源泉がそのまま楽しめるお風呂の良さが抜群で、飲泉も可能。湯乃庄と呼ばれるタイプの12室にはシモンズのベッドを置くなど、居心地のよさにもこだわっている。

宿から徒歩7〜8分の距離にある天然洞窟野天風呂。湯の華が凝固した洞窟を使った野趣あふれる雰囲気が素晴らしい

DATA & INFORMATION

☎0765-84-8111 所富山県朝日町湯ノ瀬1 in15:00 out10:00 室29室 予約1泊2食付 平日1万9800円〜 休前日2万3100円〜 交あいの風とやま鉄道・泊駅から車で20分／北陸自動車道・朝日ICから県道45号で約13km P100台 送迎あり

日帰り湯 ※要問い合わせ

温泉データ
泉質	炭酸水素塩泉	
pH値	6.85	泉温 53.1℃
湧出量	500ℓ/分	
効能	神経痛、リウマチ、婦人病、冷え性など	

ROOM
山の景色と川音にくつろぐ

シンプルながら清潔感と手ごろな価格帯がうれしい湯ノ瀬の客室から、豪華なしつらえの貴賓室まであり、いずれも山の眺望が美しい。

GOURMET
川魚の骨酒はぜひもの

宿の周囲で採れる新鮮な山菜、キノコ、川魚に加えて富山湾から絶品の海の幸が届く。うまい地酒とともに味わいたい。

川に面した秘湯のホテルだが、館内は華やかで心地よい。何より湯と食事が抜群にいい

べふ峡温泉

べふきょうおんせん

物部川の源流域に広がる高知県立自然公園に位置する温泉。定員は2名、5名と2サイズあるが、客室はすべてバンガローで、新緑、紅葉、雪景色と四季折々、豊かな自然にどっぷりと浸ることができる。もちろん本館には川に臨む大浴場を備え、天然温泉が楽しめる。

☐ DATA & INFORMATION

☎0887-58-4181 ㊟高知県香美市物部町別府452-8 ⓘ14:00 out10:00 室10室 料1泊夕食付 平日9900円～・休前日1万1000円～ 交JR土佐山田駅からJRバスで45分、大栃で乗り換え、市営バスで35分、べふ峡温泉下車、徒歩1分／高知自動車道・南国ICから県道31号、国道195号で約50km P50台 送迎あり

日帰り湯 営7:30～21:30 料630円 休火・水曜 予不要

ROOM

川辺に連なる木造の離れ

すべての客室が離れのバンガローなので、子どもと一緒でも安心。洋式のトイレあり。

GOURMET

野趣あふれる山里の美味

鹿肉ステーキや猪鍋、アメゴ料理など、山里ならではの食事が楽しめる。

宿泊せず日帰り入浴のみ、あるいは食事のみも可

肌あたりのやさしい天然温泉は、美人の湯として知られる。1時間単位での貸切風呂も用意している

☆☆

温泉データ	
泉質	含食塩重曹泉
泉温	17.6℃
効能	肩こり、腰痛、リウマチなど

高知から車で1時間30分
大自然を満喫する山中の一軒宿

山間の川辺に連なる離れの木造バンガロー。大自然を満喫するには格好の環境だ

ぶくぶくと炭酸の泡が湧くかけ流しの天然温泉。古い角質を溶かす美肌効果の高さも評判

加熱、加水は一切なし
日本一の炭酸泉に浴する

大分県●長湯温泉

万象の湯

ばんしょうのゆ

多くの文豪にも愛された長湯温泉。湯船に浸かるとザラザラとした湯の花が肌に触れる濃厚な湯で、その効能は「飲んで効き、長湯して効く、胃腸心臓に血の薬」と讃えられる。万象の湯には湯治にも適した施設があり、ゆっくりと心身を癒やすことができる。

☐ DATA & INFORMATION

📞0974-75-3331 🏠大分県竹田市直入町長湯3264-1 in15:00 out10:00 客8室 予約1泊2食付 平日1万1800円～ 休前日1万2300円～ 交JR豊後竹田駅から車で20分／大分自動車道・大分光吉ICから県道690号で約37km P40台 送迎あり

日帰り湯 営10:00～20:30(最終受付20:00) 料500円 休無休 予約不要

温泉データ

泉質	ナトリウム・マグネシウム-炭酸水素塩泉
pH値	不明 泉温 49.3℃
効能	神経痛、筋肉痛、関節痛、五十肩など

炭酸ガスを含んだ温泉は、温度が低めながら芯まで温まる。まずは内湯に、次に川に面した棚湯方式の露天風呂に浸かりたい

ROOM
タイプさまざま湯治にも最適

家族や仲間との旅行に適した20畳の和室から1人用セミダブルの洋室まであり、週末旅行から湯治まで多彩な旅のスタイルに対応する。

GOURMET
安価にも豪華にも自由自在

会席の夕食付きのほか、素泊まり、朝食のみのプランがあり、付設のレストランで安価かつおいしい定食や麺、カレーという選択も可能。

開湯は奈良時代。江戸期には藩主が、昭和には川端康成や与謝野晶子などの文豪も訪れた

清流四万十川を見渡す星空の里

高知県●用井温泉

ホテル星羅四万十

ホテルせいらしまんと

「日本最後の清流」と称される四万十川中流域の高台に建つ。肌にやさしく、なめらかな用井温泉を引く唯一の宿泊施設で、大浴場からの清流の眺めが素晴らしい。四万十川の幸満載の料理、夜空に輝く星の美しさも感動的。

男女別浴場はともに大理石造り。女湯にはミストサウナ、男湯にはドライサウナを併設

客室は川側と山側に分かれ、和室、和洋室、洋室、眺めの良い角部屋特別室がある

近くには四万十天文台があり、1日1回天体観望会を開催。このホテルが予約窓口に（水曜休館）

DATA & INFORMATION

℡0880-52-2225 所高知県四万十市西土佐用井1100 in16:00 out10:00 室14室 予約1泊2食付 平日1万2250円～・休前日1万4450円～ 交JR江川崎駅から西南交通バスで5分、保健センター下車、徒歩5分／松山自動車道・三間ICから県道57号、国道381号で約30km P14台 送迎あり

日帰り湯 営7:00～9:00 11:00～14:00(土・日曜、祝日のみ)16:00～22:00 料800円 休無休 予約不要

温泉データ
泉質 温泉法第2条に該当する温泉(総硫黄)
pH値 8.2 泉温 17.5℃
湧出量 25ℓ/分

江戸時代から続く霊泉でリフレッシュ

日野地川のほとりの露天風呂には、美肌づくりや保湿効果に優れるつるつるの湯が注ぐ

地元産の窪川ヒノキを使った和室、開放感が高い洋室を用意(左)。四万十川の天然鮎などを満喫できる食事プランが充実(右)

温泉データ
泉質 単純硫黄冷鉱泉
pH値 9.3～9.6 泉温 10.6～17.8℃
湧出量 23ℓ/分
効能 神経痛、筋肉痛、関節痛、五十肩など

高知県●松葉川温泉

ホテル松葉川温泉

ホテルまつばがわおんせん

四万十川の源流のひとつ、日野地川の渓谷にたたずむ一軒宿。江戸期には、すでに湯の効能で名高い場所だったと伝わる。とろとろの硫黄泉、つるつるの炭酸水素イオンが多い湯の 2 つの源泉を持ち、異なる名湯を一度に楽しめる。

DATA & INFORMATION

℡0880-23-0611 所高知県四万十町日野地605-1 in15:00 out10:00 室19室 予約1泊2食付 平日1万2980円～ 休前日1万5330円～・交JR窪川駅から四万十交通バスで32分、松葉川温泉下車、徒歩1分／高知自動車道・四万十町中央ICから県道324・19・322号で約17km P60台 送迎あり

日帰り湯 営10:30～20:00(最終受付19:30) 料700円 休水・木曜(祝日の場合は前日) 予約不要

「ひとりじめの湯」の2つの露天風呂では、御所湖に浮遊するような湯浴みを満喫できる

湖畔の温泉宿

岩手県●つなぎ温泉

ホテル紫苑

ホテルしおん

盛岡の奥座敷・つなぎ温泉は、平安後期に源義家が発見したと伝わる温泉郷。その東側、御所湖沿いに建ち、すべての客室から湖畔の自然と岩手山の雄姿を眺められる。2階「ひとりじめの湯」と3階「南部曲り家の湯」で、温泉に浸かれるのも楽しみ。

▣ DATA & INFORMATION

📞019-689-2288 🏠岩手県盛岡市繋湯ノ館74-2
🕐15:00 out10:00 🛏127室 💰1泊2食付 平日1万5400円〜 休前日1万8700円〜 🚌JR盛岡駅から岩交バスで30分、つなぎ温泉下車、徒歩10分／東北自動車道・盛岡ICから国道46号、県道16・172号で約10km 🅿150台 温泉あり

日帰り湯 営11:00〜16:00（最終受付）料1000円
休不定休 予約不要 ※営業時間は変動あり

温泉データ
泉質 アルカリ性単純温泉
pH値 8.7
泉温 61.7℃
効能 神経痛、筋肉痛、関節痛、五十肩など

開湯950余年の名湯から御所湖と岩手山を一望

1 和室、洋室があり、全客室が湖畔側。最上階の12階には特別室を用意
2 つなぎ温泉屈指の規模を誇る温泉ホテル。日本最大級のシルクバスもある
3 盛岡の伝統的な家屋を模した「南部曲り家の湯」は、秘湯ムードが漂う造り
4 岩手県の食材を使用した大地の恵みを会席や和食膳で楽しめる

東郷湖と溶け合う風呂と
山陰の幸が心と体を癒やす

明かりが灯る頃の「幸助湯」からの光景も感動的。保温効果が高い塩化物泉でぽかぽかに

鳥取県●はわい温泉

湖上に浮かぶ絶景の宿
千年亭

こじょうにうかぶぜっけいのやど せんねんてい

山陰八景のひとつ、東郷湖西岸の出島に建つ。慶応2年(1866)、宿の初代当主・幸助が湖中から湧く湯を発見したのが「はわい温泉」の起源で、初代の名を冠した湖上露天風呂「幸助湯」は湖と一体化するような開放感。湖を一望できる展望大浴場も圧巻のスケールだ。

☐ DATA & INFORMATION

📞0858-35-3731 🏠鳥取県湯梨浜町はわい温泉4-62 🕒15:00 🕙10:00 🛏56室 💰1泊2食付平日1万5000円〜 休前日1万8000円〜 🚋JR倉吉駅から日交バスで20分、はわい温泉下車、徒歩2分／中国縦貫自動車道・院庄ICから国道179号で約65km 🅿50台 🚌あり

日帰り湯 🕒11:00〜21:00(最終受付) 💴1000円 休不定休 予約不要

温泉データ
泉質	ナトリウム・カルシウム-塩化物・硫酸塩泉
pH値 7.5	泉温 53.7℃	湧出量 720ℓ/分
効能	神経痛、筋肉痛、関節痛、五十肩など

1 檜風呂と陶器風呂、2つの貸切湖上露天風呂(有料)でも非日常の癒やしに浸れる
2 夕食は、鳥取が誇る希少な黒毛和牛・東伯和牛、冬季の松葉ガニなど山陰の味覚を満喫
3 源泉かけ流し露天風呂付きの客室が充実。写真は2022年夏リニューアルの「水琴亭 備前5」
4 創業120年以上の老舗旅館。館内のいたるところに季節の草花を生けるもてなしも評判

1日に7度色を変える
柴山潟の絶景を堪能

2022年オープンの貸切風呂「湖の湯」は定員2名。加賀五彩の浴槽に並んで浸かれる贅沢さ

湖畔の宿 森本

こはんのやど もりもと

加賀温泉郷の片山津温泉は、柴山潟の湖底から湧く塩化物泉で有名。江戸初期の大名・前田利明が発見し、明治期に温泉地として発展した。明治25年(1892)創業のこの宿は温泉街屈指の眺望を誇り、日に7度湖面の色が変化する柴山潟を風呂や館内から一望できる。

1

2

🏠 DATA & INFORMATION

📞0761-74-0660 🏠石川県加賀市片山津温泉乙63-1 in 15:00 out 10:00 客28室 子1泊2食付 平日2万4200円～ 休前日2万9700円～ 🚃JR加賀温泉駅から車で8分／北陸自動車道・片山津ICから県道20・39号で約5km P60台 350あり

日帰り湯 なし

3

4

1 露天風呂からは時間帯によって色を変える湖面を一望。何度入っても楽しい
2 北陸の山海の幸で彩る料理も評判。「雅懐石」「能登牛懐石」など豊富なプランを用意
3 眺めの良い客室が揃い、写真の紫水館の角部屋からは湖に加え、白山連峰を望める
4 柴山潟のシンボルである浮御堂の近くに建つ。湖中央にある巨大噴水の眺めも圧巻だ

温泉データ
泉質	ナトリウム・カルシウム-塩化物泉
pH値 6.6　泉温 73.0℃　湧出量 400ℓ/分	
効能	神経痛、冷え性、切り傷など

島根県●松江しんじ湖温泉

皆美館

みなみかん

明治21年(1888)創業。ラウンジに展示された書や絵画が、多くの文人墨客、芸術家の逗留を今に伝える。客室は湖や庭を望む個性あふれる16室。季節の山海の幸の料理や宍道湖を一望する展望風呂、スタッフのもてなしが心身の疲れを癒やしてくれる。

☐ DATA & INFORMATION

☎0852-21-5131 所島根県松江市末次本町14 in 14:00(2階客室15:00) out11:00 室16室 予約1泊2食付 平日2万8420円～ 休前日2万9630円～ 交JR松江駅から徒歩15分／山陰自動車道・松江西ICから国道9号で約5km P20台 送迎なし

日帰り湯 なし

温泉データ

泉質	ナトリウム・カルシウム-塩化物硫酸塩泉
pH値	7.9 泉温 不明
効能	神経痛、関節痛、五十肩など

展望露天風呂で湯浴みを楽しみながら、宍道湖が見渡せる別邸「美文・水の音」

1 メゾネットタイプの客室「水の彩」リビング
2 老舗宿の雰囲気を映すエントランス。枯山水の湖畔庭園も
3 山陰の食材を使った家伝料理の数々。朝食も充実している

絶景広がる湖畔にたたずむ湯宿

高原の湖畔で温泉ステイ

「ニジマス風呂」にはニジマスのオブジェから豊富な湯が注ぐ。水槽では本物のニジマスが泳ぐ

丸沼温泉 環湖荘

まるぬまおんせん かんこそう

日光国立公園内、標高1430mの丸沼湖畔にたたずむ一軒宿。昭和8年(1933)に創業した。美しく静かな湖面に周囲の原生林が映る神秘的な景観と、「ニジマス風呂」など源泉かけ流しの湯に憩える。

🖥 DATA & INFORMATION

📞0278-58-2002 🏠群馬県片品村東小川4658-7 in15:00 out10:00 室16室 予約1泊2食付 平日1万2250円~ 休前日1万2250円~ 🚌東武日光駅から東武バスで1時間17分、湯元温泉で乗り換え関越バスで29分、丸沼温泉環湖荘下車すぐ／関越自動車道・沼田ICから国道120号で約43km P150台 送迎なし

日帰り湯 時15:00~20:00(最終受付) 料1000円 休不定休(要問合せ) 予約不要

※冬季休業あり

1 盛夏でも気温25℃を超えない避暑地。丸沼湖は宿のプライベートレイク
2 客室は丸沼館、湯沢館、離れに分かれ、全室レイクビューの丸沼館がおすすめ

温泉データ

泉質	単純温泉	
pH値	7.1	泉温 48.0℃
湧出量	200ℓ/分	
効能	神経痛、筋肉痛、関節痛など	

神々しい諏訪湖の眺めを独り占め

萃sui-諏訪湖

すいすわこ

諏訪湖東岸の上諏訪温泉は、諏訪大社の女神が湖を渡った際に湧き出たとされる、なめらかな湯が自慢。その名湯を、贅を尽くした全8室の客室露天風呂と展望露天風呂にかけ流す。季節の滋味が詰まった夕食「寛ぎの膳」も格別。

全客室が諏訪湖に面し、主室、寝室、檜露天風呂を備える。風呂は2人でもゆったり入れる広さ

🖥 DATA & INFORMATION

📞0266-58-3434 🏠長野県諏訪市湖岸通り2-5-27 in15:00 out11:00 室8室 予約1泊2食付 平日3万4100円~ 休前日4万2900円~ 🚌JR上諏訪駅から徒歩10分／中央自動車道・諏訪ICから県道50号で約8km P8台 送迎あり

日帰り湯 なし

温泉データ

泉質	単純硫黄温泉
pH値	8.32
泉温	61.5℃
効能	自律神経不安定症、不眠症など

1 インフィニティな展望露天風呂は湯浴み着で入る混浴。家族で一緒に入浴できる
2 「大切な人と集い、自分に還る」をテーマとし、ゲストに寄り添うもてなしも評判

湯めぐりが楽しい温泉街

街並み、文学、美食、歴史
日本の温泉の魅力が満載

城崎温泉

きのさきおんせん

兵庫県豊岡市

開湯から1300年という日本でも屈指の歴史ある温泉で、古くは吉田兼好や松尾芭蕉、さらには『城の崎にて』の志賀直哉など多くの文人墨客に愛されてきた。現在でも、岸辺に桜、柳の並木が連なる大谿川（おおたにがわ）に美しい橋がかかり、老舗旅館が点在する街並みは情緒満点。また、松葉ガニやノドグロ、但馬牛といった美食も勢揃い。もちろん、7つの外湯をはじめとする良質な温泉が素晴らしい。

◻ ACCESS & INFORMATION

🚃 JR城崎温泉駅下車。

🚗 北近畿豊岡自動車道・但馬空港ICから約16km。

城崎温泉観光協会 ☎0796-32-3663

（温泉データ）

泉質	ナトリウム・カルシウム-塩化物・高温泉
pH値 6.9	泉温 42℃
湧出量	不明
効能	神経痛、筋肉痛、打ち身など
宿数 約80	日帰り湯 7　足湯 5

外湯めぐりのついでに温泉街をそぞろ歩くだけでも楽しい

⊗城崎中

❶鴻の湯

⛩鴻野湯神社

温泉寺薬師堂 卍
薬師ポケットパーク足湯 ♨
薬師橋

西村佐兵衛翁銅像●
山麓駅

城崎ロープウェイ
●太田垣士郎資料館
月見橋

9

❷まんだら湯

●極楽寺石庭
卍極楽寺

城崎の源泉、元湯や。周囲にはベンチや足湯が設置され、憩いの場になっている

江戸期には天下第一の温泉を意味する海内第一泉と呼ばれた城崎温泉

温泉街のある山麓と温泉寺、そして見晴らし抜群の山頂を結ぶロープウェイ

消毒や循環していない新鮮な温泉が流れる飲泉場。胃腸を整える効果あり

射的のできるレトロな遊技場や自分で温泉卵が作れる蒸し場を併設する店、但馬牛のコロッケ販売店などもある

湯めぐりが楽しい温泉街 　兵庫県・城崎温泉

城崎温泉

卍本住寺

⛩秋葉大権現

❸御所の湯
⛩四所神社

❹一の湯

❺柳湯

❻地蔵湯

地蔵湯橋
地蔵湯前

北柳通り
大谿川
南柳通り

桃島橋
辨天橋

王橋
厳島橋
柳湯橋

⑨

⛩美保神社

駅通り

ちどり橋

山陰本線

城崎温泉駅

湯の里通り

木屋町通り

〒城崎局

⑨

⛩愛宕神社

駅舎温泉 さとの湯 ❼
城崎温泉ツーリストインフォメーション ℹ️

城崎温泉観光センター ℹ️
但馬空港IC🅿️

N

0　　70m

① 美しい庭園露天風呂を満喫
鴻の湯
こうのゆ

コウノトリが傷を癒やしたという城崎温泉開湯の逸話が残るのがここの湯。玄関のすぐ近くにはコウノトリの人形が置かれている。

📞0796-32-2195 📍兵庫県豊岡市城崎町湯島610 ⏰7:00～23:00 🈳火曜 💴800円 🚃JR城崎温泉駅から徒歩18分 🅿19台(有料)

> 温泉街の最も奥にあるので、比較的静か。街歩きのついでに訪れたい

> 季節ごとに表情を変える庭を眺めながら入る露天風呂は最高

② 唐破風の屋根が立派
まんだらの湯
まんだらのゆ

道智上人が病気に苦しむ人々を救うために曼陀羅一千日行を行い、城崎温泉が開かれたことにちなむ湯。

📞0796-32-2194 📍兵庫県豊岡市城崎町湯島565 ⏰15:00～23:00 🈳水曜 💴800円 🚃JR城崎温泉駅から徒歩15分 🅿なし

> 大谿川に架かる曼陀羅橋の近くに位置。内湯には気泡風呂も用意

> 裏山を背負って建ち、但馬の山に自生する植物を配した庭も見事

③ 温泉蒸気のサウナあり
御所の湯
ごしょのゆ

『増鏡』にある、後堀河天皇の姉、安嘉門院が入られたことに由来する御所風のたたずまいが特徴。

📞0796-32-2230 📍兵庫県豊岡市城崎町湯島448 ⏰7:00～23:00 🈳木曜 💴800円 🚃JR城崎温泉駅から徒歩11分 🅿なし

4 城崎のシンボル、海内第一の温泉
一の湯
いちのゆ

桃山時代の様式で建てられた一の湯は街の中心部、王橋のたもとにあり街なかでもひときわ目立つ。風呂は、天然の岩を掘削して造った洞窟風呂。

📞0796-32-2229 📍兵庫県豊岡市城崎町湯島415-1 ⏰7:00〜23:00 🈲水曜 💴800円 🚃JR城崎温泉駅から徒歩8分 🅿️なし

すぐ外には海内第一泉の碑が立つ。開運招福の湯としても知られる

5 岸辺に建つ子授安産の湯
柳湯
やなぎゆ

中国の西湖から移した柳の下から湧いたという柳湯。湯は熱めで、深めの湯船が特徴。切り傷、腫れ物に効くとされる。

📞0796-32-2097 📍兵庫県豊岡市城崎町湯島647 ⏰15:00〜23:00 🈲木曜 💴800円 🚃JR城崎温泉駅から徒歩7分 🅿️なし

15時からの営業なので、1泊の場合はチェックインの日に訪れたい

6 大きな灯籠が目印
地蔵湯
じぞうゆ

江戸時代から、里人の外湯と呼ばれるほど地元の人々に愛されている。この湯の湧き出るところからお地蔵様が現れたのでこの名がついたという。

📞0796-32-2228 📍兵庫県豊岡市城崎町湯島796 ⏰7:00〜23:00 🈲金曜 💴800円 🚃JR城崎温泉駅から徒歩5分 🅿️なし

外湯には珍しい、家族風呂や畳敷きの休憩所が設けられている

7 施設充実、駅に隣接
駅舎温泉 さとの湯
えきしゃおんせんさとのゆ

駅舎温泉としては日本最大。3階建てで、和・洋2種類の大浴場や露天風呂、ドライサウナなど、城崎で最新かつ多彩な施設が揃う。※料金は変更の予定あり。HPを確認。

📞0796-32-0111 📍兵庫県豊岡市城崎町今津290-36 ⏰13:00〜21:00 🈲月曜 💴800円 🚃JR城崎温泉駅からすぐ 🅿️40台 ※料金変更の可能性あり。HPを要確認

露天風呂からは円山川を望む。温泉だけでなく水音にも癒やされる

和・洋2種類の大浴場は日替わり。多彩なサウナが揃うのも人気の理由

幾世代にもわたって
村の人々が守り継ぐ温泉

野沢温泉
のざわおんせん

長野県野沢温泉村

野沢菜やスキー場で知られる信州、野沢温泉村。外湯と呼ばれる13の共同浴場を有し、代々、共同で管理し大切に守り継いでいる。麻釜と呼ばれる源泉は約90℃と茹でものができるほど高温なため、日常的に住民が食品を持参して調理する、いわば村の台所。周囲の店では麻釜で調理した卵などが味わえる。外湯は旅行者も利用可能で、泉質や趣の異なる施設をハシゴする外湯めぐりが楽しい。

☐ ACCESS & INFORMATION

🚃 JR飯山駅から直行バス野沢温泉ライナーで25分、終点下車。

🚗 上信越自動車道・豊田飯山ICから国道117号、県道38号で約20km。

野沢温泉観光協会 📞0269-85-3155

温泉データ

泉質	単純硫黄泉、含石膏・食塩・硫黄泉など
pH値 7.0	泉温 源泉により異なる
湧出量 不明	
効能	神経痛、慢性皮膚病、切り傷、美肌など
宿数 250	日帰り湯 15	足湯 1

冬はスキーも楽しめる野沢温泉村。最大の魅力は外湯めぐりだが、おみやげには野沢菜漬けが購入必須の名物

1 江戸期の趣を残す村のシンボル
大湯
おおゆ

入口の唐破風が美しい。村の中心地にあり、利用者が多く、夕方などは混雑するので朝や夜などの利用がおすすめ。
📞0269-85-3155 ⊕長野県野沢温泉村豊郷8765 ⊕5:00(11~3月6:00)~23:00 ⊕無休 ⊕寸志 ⊗野沢温泉バス停から徒歩3分 ⊕なし

湯船はあつ湯とぬる湯があるが、ゆっくり浸かりたい旅行者にはぬる湯が人気

2 村人の憩いの湯
新田の湯
しんでんのゆ

村の中心地から離れた住宅街にあるため、旅行者より日常的に訪れる住民の人々で賑わう。
📞0269-85-3155 ⊕長野県野沢温泉村豊郷 ⊕5:00(11~3月6:00)~23:00 ⊕無休 ⊕寸志 ⊗野沢温泉バス停から徒歩4分 ⊕なし

西ノ宮神社の向かいに位置。ほかの外湯同様、100%源泉かけ流し

麻釜の近くにある足湯広場。気軽に利用できて、リラックス効果大

日々の台所として、また工芸品の加工場として活用される釜。慣れないと危険なこともあり、利用は住民のみ

温泉卵を調理できる釜は旅行者も使用可。朝などの混雑時は住民優先で

野沢温泉

N
0　100m

❸ 真湯
❹ 滝の湯
野沢温泉スポーツ公園
御嶽神社
麻釜
遊ロード
麻釜温泉公園ふるさとの湯
上寺湯 ❾
湯沢川 熊の手洗場 ❽
足湯広場「湯らり」
❺ 麻釜の湯
湯澤神社
健命寺
野沢温泉
河原湯 ❼
❶ 大湯
⊗野沢分署
○野沢温泉村役場
横落の湯 ⓭
横落
野沢温泉村駐在所⊗
❿ 松葉の湯
353
役場前
⓬ 十王堂の湯
⊗野沢温泉小
野沢温泉局
❷ 新田の湯
❻ 秋葉の湯
38
秋葉神社
長坂ゴンドラリフト
長坂駅センターハウス
野沢温泉スキー場
野沢温泉スパリーナ
⓫ 中尾の湯
豊田飯山IC

天下乃名湯眞湯と書かれた石碑があり、特筆すべき泉質であることを物語る

③ 天下乃名湯眞湯
真湯
しんゆ

新田の湯同様、開拓は幕末。日によって白く濁ることもあり、浮かぶ湯の花もひときわたっぷり。硫黄の香りが漂う単純硫黄泉。

📞0269-85-3155 🏠長野県野沢温泉村豊郷8278-2 ⏰5:00(11〜3月6:00)〜23:00 🈳無休 💰寸志 🚉野沢温泉バス停から徒歩4分 🅿なし

---

④ 混雑回避ならここ
滝の湯
たきのゆ

源泉は高温で泉質も良いが、麻釜から少し上がった高台にあるためかすいていることが多い。

📞0269-85-3155 🏠長野県野沢温泉村豊郷8217 ⏰5:00(11〜3月6:00)〜23:00 🈳無休 💰寸志 🚉野沢温泉バス停から徒歩7分 🅿なし

外湯のなかでも小さく、こぢんまりとした木造の湯小屋が素朴な印象

---

⑤ オガマ下のアサガマ
麻釜の湯
あさがまのゆ

村の中心ともいえるオガマの下方に位置。石膏・硫黄泉で糖尿病やリウマチ、神経痛に効く。

📞0269-85-3155 🏠長野県野沢温泉村豊郷8759 ⏰5:00(11〜3月6:00)〜23:00 🈳無休 💰寸志 🚉野沢温泉バス停から徒歩2分 🅿なし

漢字ではどちらも麻釜だが、源泉のオガマとは異なり、こちらはアサガマと読む

---

⑥ 冷泉で温度調節
秋葉の湯
あきはのゆ

おぼろ月夜の館、斑山文庫の上に位置。高温の湯を調整する水も冷泉を使うため泉質が抜群。

📞0269-85-3155 🏠長野県野沢温泉村豊郷9687 ⏰5:00(11〜3月6:00)〜23:00 🈳無休 💰寸志 🚉野沢温泉バス停から徒歩5分 🅿なし

高台にあるが、坂を登ってでも訪れる価値あり。泉質の良さが魅力だ

---

⑦ 夏に人気の高温温泉
河原湯
かわはらゆ

かつては渓流沿いにあったため、この名がついた。野沢温泉でもひときわ高温のため、夏に人気。

📞0269-85-3155 🏠長野県野沢温泉村豊郷8684 ⏰5:00(11〜3月6:00)〜23:00 🈳無休 💰寸志 🚉野沢温泉バス停から徒歩2分 🅿なし

あまりの高温に目が覚めると、朝風呂に訪れる人も多い。湯の鮮度も抜群

⑧ 村では希少。源泉そのまま適温の湯

熊の手洗湯
くまのてあらゆ

狩猟中、深傷を負って逃げる熊がこの温泉で傷を癒やす様子を見た猟師が発見。この名がついた。

📞0269-85-3155 🏠長野県野沢温泉村豊郷8955 ⏰5:00(11～3月6:00)～23:00 🈳無休 🈹寸志 🚃野沢温泉バス停から徒歩3分 🅿なし

源泉はすぐ近くの熊の薬師裏手から湧出。43℃の適温で加水の必要がない

⑨ 肌にピリピリするほどの熱さ

上寺湯
かみてらゆ

サイズは小さいが、地元の人に人気の外湯。歴史の古い湯で、麻釜からの源泉をかけ流し。
📞0269-85-3155 🏠長野県野沢温泉村豊郷8961 ⏰5:00(11～3月6:00)～23:00 🈳無休 🈹寸志 🚃野沢温泉バス停から徒歩3分 🅿なし

高温ゆえにギブアップする人も多いが、入浴後はいつまでもほかほか

⑩ 的場転じて松葉の湯

松葉の湯
まつばのゆ

かつての矢場の跡地で、マトバからマツバになまってこの名になったという説がある。
📞0269-85-3155 🏠長野県野沢温泉村豊郷9481 ⏰5:00(11～3月6:00)～23:00 🈳無休 🈹寸志 🚃野沢温泉バス停から徒歩3分 🅿なし

こちらの湯も熱い。外には温泉卵が作れる釜があり、旅行者も利用可能

⑪ 情緒満点の木造建築

中尾の湯
なかおのゆ

野沢温泉の外湯で最大サイズの木造湯屋建築で、温泉らしい情緒いっぱい。源泉は麻釜。
📞0269-85-3155 🏠長野県野沢温泉村豊郷6661 ⏰5:00(11～3月6:00)～23:00 🈳無休 🈹寸志 🚃野沢温泉バス停から徒歩10分 🅿なし

源泉からの距離があるため、自然に冷めた適温の湯に浸かれる

⑫ 地元で人気の外湯

十王堂の湯
じゅうおうどうのゆ

一見アパートのようだが泉質は抜群。1階が女湯、2階が男湯と変わった造り。
📞0269-85-3155 🏠長野県野沢温泉村豊郷9604 ⏰5:00(11～3月6:00)～23:00 🈳無休 🈹寸志 🚃野沢温泉バス停から徒歩3分 🅿なし

外には温泉卵専用の釜があり、朝8時以降は旅行者も利用できる

⑬ 激熱の湯がやみつきに

横落の湯
よこちのゆ

「横落」信号の角に位置し、石を組んだ外壁が目立つ。駐車場のある交差点近くで立ち寄りに便利。
📞0269-85-3155 🏠長野県野沢温泉村豊郷9784 ⏰5:00(11～3月6:00)～23:00 🈳無休 🈹寸志 🚃野沢温泉バス停から徒歩2分 🅿なし

麻釜の源泉から引いた湯で、湯上がりの肌がしっとりすべすべになると評判

松尾芭蕉も浸かった
伝統の外湯をめぐる

飯坂温泉
いいざかおんせん

福島県福島市

　飯坂温泉といえば湯温の高さと湯量の豊富さで有名。自治体が毎年熱さ番付を作るほどで、地元の人は熱くなければ風呂に入った気にならないと話す。温泉としての歴史は古く、東征の際に病に伏した日本武尊がこの温泉で治したとされる。また、付近は果樹栽培が盛んで、サクランボや桃、ブドウ、梨、リンゴなど、初夏から12月半ばにかけて季節のおいしいフルーツが味わえる。

📍 ACCESS & INFORMATION

🚃 JR福島駅から福島交通飯坂線で22〜25分、飯坂温泉駅下車。

🚗 東北自動車道・福島飯坂ICから県道3号、国道13号で約4km。

飯坂温泉観光協会 ☎024-542-4241

【温泉データ】

泉質	アルカリ性低張性温泉、単純温泉
pH値	8.4〜8.6
泉温	48.8〜68.0℃
効能	疲労回復、神経痛など
湧出量	不明

宿数	36	日帰り湯	9	足湯	4

松尾芭蕉や西行、正岡子規、与謝野晶子など多くの歌人、俳人がこの地を訪れて句を残している

① 飯坂温泉のシンボル的外湯
鯖湖湯
さばこゆ

鯖湖とは飯坂温泉の古い呼称で、日本最古の木造建築共同浴場としても知られていたが、平成5年(1993)にかつての面影そのままに改築。

☎024-542-5223 所福島県福島市飯坂町湯沢32 営6:00〜22:00(最終受付21:40) 休月曜 料200円 交福島交通飯坂線・飯坂温泉駅から徒歩5分 P24台(鯖湖湯まで徒歩5分)

ヒバやヒノキ、ケヤキといった木材をふんだんに使用した木造浴場

江戸から続く豪農、豪商、旧堀切邸。県内最古の蔵や庭などが見学できる

縄文時代の人々も利用したという古湯で、鳴子、秋保とともに奥州3名湯のひとつに数えられる

駅から徒歩3分ほどの波来湯公園には、無料で使える足湯がある

飯坂温泉

- ❾天王寺穴原湯
- 旧堀切邸
- 卍八幡寺
- 鳥居八幡神社
- ❶鯖湖湯
- 飯坂温泉発祥の地
- ❻八幡の湯
- 湯町通り
- 東邦8
- 卍西覚寺
- 卍福島8
- ❽仙気の湯
- ❸切湯
- 波来足湯
- 波来湯公園
- パルセいいざか
- 湯沢通り
- ❷波来湯
- ❹導専の湯
- 鳥居飯坂湯殿山神社
- 飯坂城跡
- 飯坂温泉観光協会 ℹ
- 十綱橋
- ❌交番
- 松尾芭蕉像
- 3
- 湯野局 〒
- ❺大門の湯
- 3
- 摺上川
- 飯坂温泉駅
- 399
- 福島交通飯坂線
- ❼十綱の湯
- 福島飯坂IC
- 花水坂駅

N
0 ── 100m

❷ 開湯1200年、飯坂温泉最古の外湯
波来湯
はこゆ

平成23年（2011）に改築。飯坂温泉らしいかけ流しの熱湯のほか、加水して温度を調節したぬるめの湯船があり、飯坂温泉初心者にも利用しやすい。

☎024-542-5223 ⑭福島県福島市飯坂町十綱町30 ⏰6:00～22:00（最終受付21:40）⑭火曜 ⑭300円 ⑭福島交通飯坂線・飯坂温泉駅から徒歩2分 Ⓟ4台・24台（堀切邸・波来湯無料駐車場・波来湯まで徒歩3分）

共同浴場としては飯坂で最古といわれる。飯坂温泉駅のすぐそば

❸ 湯の熱さは横綱級
切湯
きりゆ

毎年発表される飯坂温泉の熱さ番付でも東の横綱を張る切湯。その名のとおり切り傷に効くとされる。

☎024-542-5223 ⑭福島県福島市飯坂町湯野切湯ノ上5 ⏰6:00～22:00（最終受付21:40）⑭月曜 ⑭200円 ⑭福島交通飯坂線・飯坂温泉駅から徒歩4分 Ⓟなし

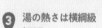

その昔、山伏が傷を癒やしたとされる湯。朝の一番湯は特に熱い

❹ 地元の人々御用達
導専の湯
どうせんのゆ

住宅地にあり、かつて家に内湯を持つのが一般的でなかった時代から地元の人々が日常的に使用。

☎024-542-5223 ⑭福島県福島市飯坂町湯野導専16 ⏰6:00～22:00（最終受付21:40）⑭金曜 ⑭200円 ⑭福島交通飯坂線・飯坂温泉駅から徒歩3分 Ⓟなし

外観のなまこ壁が目印。熱湯とぬる

湯の湯船が並び、交互に入るのも◎

❺ 眺望の良さは随一
大門の湯
だいもんのゆ

その昔、大鳥城の大門があった場所に位置することから命名。高台にあり、市内北部を一望。

☎024-542-0400 ⑭福島県福島市飯坂町大門1 ⏰6:00～22:00（最終受付21:40）⑭木曜 ⑭200円 ⑭福島交通飯坂線・飯坂温泉駅から徒歩8分 Ⓟ4台

昭和37年（1962）完成。源泉の温度は70℃といわれ、熱さ番付では西の横綱

6 無色透明、豊富な湯量
八幡の湯
やはたのゆ

毎年10月初旬に行われる例大祭、けんか祭りで有名な八幡神社の近くに位置。源泉に近いこともあり、湯船にあふれる湯は熱い。

📞024-542-0400 🏠福島市飯坂町馬場20-1 🕕6:00〜22:00（最終受付21:40）🚫火曜 💴200円 🚌福島交通飯坂線・飯坂温泉駅から徒歩7分 🅿4台

源泉かけ流し、鮮度抜群、湧きたての湯が満々と湯船を満たしている

7 花水坂駅から徒歩3分
十綱の湯
とつなのゆ

開湯は昭和43年（1968）と、この地では最も新しい外湯。

📞024-542-0400 🏠福島県福島市飯坂町下川原36-7 🕕6:00〜22:00（最終受付21:40）🚫金曜 💴200円 🚌福島交通飯坂線・花水坂駅から徒歩3分 🅿3台

住宅地に近いこともあり、日常的に利用する地元客が多く、賑わっている

8 湯船のウサギがキュート
仙気の湯
せんきのゆ

江戸の昔、落語などでも「男が苦しむところ」といわれた下腹部痛、疝気には一度の入浴で効くとされた温泉。

📞024-542-5223 🏠福島県福島市飯坂町湯野愛宕前35 🕕6:00〜22:00（最終受付21:40）🚫木曜 💴200円 🚌福島交通飯坂線・飯坂温泉駅から徒歩5分 🅿2台

昭和42年（1967）にこの場所に移転し、遠方からの利用者も増えた

9 自然に恵まれた立地
天王寺穴原湯
てんのうじあなはらゆ

かつて奥十綱川上流にあった天王寺湯が現在の場所に移転。ライオンの湯口から熱い湯が流れる。

📞024-542-0400 🏠福島県福島市飯坂町穴原 🕕6:00〜22:00（最終受付21:40）🚫水曜 💴200円 🚌福島交通飯坂線・飯坂温泉駅から徒歩28分 🅿8台、第二駐車場6台

一見、民家のようなたたずまい。リンゴ畑の真ん中に位置している

山間の清流沿いに広がる
情緒あふれる温泉郷

黒川温泉
くろかわおんせん

熊本県南小国町

熊本県と大分県の県境にあり、清流・田の原川沿いに広がる温泉郷。1980年代の前半までは、その名が広く知られていない秘境の温泉だったが、1986年の各旅館の露天風呂をめぐる「入湯手形」の導入や、地元の人々による情緒に満ちた景観づくりが実を結び、全国区の温泉郷となった。現在は30軒ある旅館をひとつの旅館ととらえ、1泊ごとに宿を変える「転泊」というサービスもある。

■ ACCESS & INFORMATION

🚃 JR由布院駅から九州産交バスで1時間35分、黒川温泉下車、風の舎まで徒歩9分。

🚗 大分自動車道・九重ICから県道40・681号、国道387・442号で約32km。

黒川温泉観光旅館協同組合
☎0967-44-0076

温泉データ
泉質 含鉄泉、硫酸塩泉、塩化物泉、炭酸水素塩泉、硫黄泉、酸性泉、単純泉
pH値 泉温 湧出量 効能 源泉により異なる
宿数 30 日帰り湯 27 足湯 5

旅館街の中を延びる石畳の道を散策すると、あちこちで山里の温泉らしい風情あふれる光景に出会える

黒川温泉

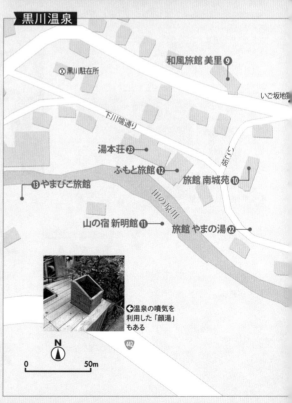

⊗ 黒川駐在所

和風旅館 美里 ⑨

いご坂地獄

下川端通り

湯本荘 ㉓

ふもと旅館 ⑫

旅館 南城苑 ⑩

⑬ やまびこ旅館

山の宿 新明館 ⑪

旅館 やまの湯 ㉒

↩温泉の噴気を利用した「顔湯」もある

N

0   50m

442

例年12月からは温泉郷内をライトアップする「湯あかり」を開催

川向こうの「新明館」へ渡るために架けられた橋。街並みに溶け込むデザイン

温泉郷中心の旅館街は景観がしっかり守られ、温泉情緒に浸りながら散策できる

温泉街にある「風の舎」には各旅館や周辺の観光情報が集まる

◆公衆電話ボックスも景観を考えたしつらえに

❻旅館 こうの湯

❷黒川温泉御処月洸樹 彩もみち

㉑旅館 壱の井

⓰旅館 山河

⓴いやしの里 樹やしき

⑲山みず木

左図

田の原川

㉕深山山荘

⓲源流の宿 帆山亭

くじゅうに

大分県

九重町

N

0 500m

◆小国

黒川温泉

⓮黒川荘

❸旅館 奥の湯

❷里の湯 和らく

①瀬の本高原ホテル

豊後竹田

熊本県

南小国町

⑰お宿 野の花

阿蘇◆

小田川

☎黒川簡易局

お宿 のし湯❽

黒川温泉旅館組合(風の舎)

◆旅館「やまの湯」にある足湯。有料で100円

黒川温泉共同浴場 穴湯

❼歴史の宿 御客屋

湯峡の響き 優彩❹

上川端通り

田の原川

❻旅館 わかば

夢龍胆❺

入湯手形が利用できる 黒川温泉の露天風呂

日帰り利用ができる旅館の露天風呂が、お得に利用できる「入湯手形」1300円。27の露天風呂から好みの3カ所に入浴できる。利用可能な時間は8：30〜21：00。入湯手形は各旅館、風の舎で購入できる。

※営業時間の変更、休業の場合あり。料金は変更の予定あり。

☎0967-44-0076（風の舎）

目の前に阿蘇の大草原が広がる、開放感いっぱいの露天風呂。夜は満天の星

① 瀬の本高原ホテル
せのもとこうげんホテル

絶景 鼻の湯

標高920mの文字どおり高原にある快適でモダンなリゾートホテル。

☎0967-44-0121 ㊟熊本県南小国町満願寺5644 ㊡600円 ㊢風の舎から車で10分 ㋿60台

② 里の湯和らく
さとのゆ わらく

奥のせせらぎ

黒川温泉郷の中心街から離れた山間にひっそりたたずむ夫婦やカップルなどの大人ふたりに向けた宿。

☎0967-44-0690 ㊟熊本県南小国町満願寺6351-1 ㊡600円 ㊢風の舎から車で5分 ㋿11台 ※利用時間11：00〜14：00

周囲を木々で囲まれ、大きな岩で造られた露天風呂。夜の星空も必見

③ 旅館 奥の湯
りょかん おくのゆ

奥の湯

2000坪の自然豊かな敷地に本館、新館、離れがあり、露天風呂をはじめ9種の湯船が点在している。

☎0967-44-0021 ㊟熊本県南小国町満願寺6567 ㊡500円 ㊢風の舎から徒歩10分 ㋿なし ※利用時間8：00（月・金曜15：30）〜20：00（最終受付19：30）

弱アルカリ性の源泉をかけ流し。屋根付き露天風呂で雨天時も利用可能

④ 湯峡の響き 優彩
ゆきょうのひびき ゆさい

樹彩の湯／湯滝の湯

部屋は和モダンが基調の落ち着いた雰囲気。屋上には独自の天文台「そらしるべ」があり、星空観賞が楽しめる。

☎0967-44-0111 ㊟熊本県南小国町満願寺北黒川6554 ㊡500円 ㊢風の舎から徒歩3分 ㋿40台 ※利用時間15：00〜21：00

男女それぞれ専用の大浴場や、せせらぎに癒やされる大露天風呂も魅力

⑤ 夢龍胆
ゆめりんどう

龍胆の湯／天女の湯

50年の時を経た純和風旅館。客室も和室が主体で、ゆっくりくつろげる。四季折々の料理も楽しみ。

☎0967-44-0321 ㊟熊本県南小国町満願寺6430-1 ㊡660円 ㊢風の舎から徒歩6分 ㋿10台

情緒あふれる混浴の露天風呂。川風呂、内湯なども利用可能

露天風呂は屋根付きで天候に関係なく浸かれるのがうれしい。寝湯もあり

⑨ 和風旅館 美里
わふうりょかん みさと

美郷の湯

ゆったり落ち着ける和風旅館。季節を感じる「美里御膳」は品数豊富。熊本名物や郷土料理のメニューもある。
☎0967-44-0331 ㊵熊本県南小国町満願寺6690 ㊟500円 ㊎風の舎から徒歩2分 ㋟13台

露天風呂は無色透明から青みがかった白、乳白色へと変わる硫黄泉

⑥ 旅館 わかば
りょかん わかば

化粧の湯

本館の和洋室や離れの内風呂付き和洋室など、部屋は6タイプあり、本館では部屋食が楽しめる。
☎0967-44-0500 ㊵熊本県南小国町満願寺6431 ㊟550円 ㊎風の舎から徒歩7分 ㋟16台

⑩ 旅館 南城苑
りょかん なんじょうえん

星の湯／月の湯

12室ある部屋は眺めが良く、飲み物が置けるカウンターを広縁に設置。のんびり景色が楽しめる。
☎0967-44-0553 ㊵熊本県南小国町満願寺6612–1 ㊟600円 ㊎風の舎から徒歩1分 ㋟ふれあい広場駐車場利用

露天風呂から宿泊者専用風呂、貸切風呂まで湯船は5つ。顔湯もある

肥後藩主が浸かったという露天風呂など、歴史を偲ぶ湯船がある

⑦ 歴史の宿 御客屋
れきしのやど おきゃくや

代官の湯／古の湯

享保7年(1722)創業の歴史ある宿。宿泊の際は素朴ながら味わい深い里山の食事で、四季折々もてなしてくれる。
☎0967-44-0454 ㊵熊本県南小国町満願寺6546 ㊟600円 ㊎風の舎から徒歩5分 ㋟なし

⑪ 山の宿 新明館
やまのやど しんめいかん

洞窟風呂

手掘りの洞窟風呂で有名な老舗宿。料理は山の幸を使った山菜会席。囲炉裏端でのんびりいただける。
☎0967-44-0916 ㊵熊本県南小国町満願寺6608 ㊟500円 ㊎風の舎から徒歩3分 ㋟なし

洞窟風呂のほか、露天風呂(男性専用)、宿泊者専用の家族風呂などがある

⑧ お宿 のし湯
おやどのしゆ

のし湯

敷地内は緑濃く、木洩れ日が心地いい古民家風の宿。温泉街の中心部にあり、散策や湯めぐりに便利。
☎0967-44-0308 ㊵熊本県南小国町満願寺6591-1 ㊟500円 ㊎風の舎から徒歩2分 ㋟15台(宿泊者専用)

自然林に囲まれた露天風呂は野趣満点。宿泊者専用家族風呂もある

⑫ ふもと旅館
ふもとりょかん

もみじの湯／うえん湯

バリエーション豊かな個性的湯船が自慢。料理はスタンダードプランでも満足できる質と量。
☎0967-44-0918 ㊵熊本県南小国町満願寺6697 ㊟500円 ㊎風の舎から徒歩3分 ㋟15台

川沿いにあるもみじの湯、木立に囲まれたうえん湯と豊かな自然に囲まれている

やまびこ旅館
やまびこりょかん

仙人風呂

大浴場と貸切風呂はリニューアルされており快適に温泉を楽しめる。犬専用の宿泊施設も好評だ。
☎0967-44-0311 ㊟熊本県南小国町満願寺6704 ㊎500円 🚌風の舎から徒歩7分 🅿20台

黒川温泉郷のなかでも最大の広さを誇る露天風呂「仙人風呂」が魅力

黒川荘
くろかわそう

たけ湯／きり湯

4名以下の場合は部屋で食事を提供。心おきなく料理が楽しめる。低温サウナ付き宿泊者専用浴場も。
☎0967-44-0211 ㊟熊本県南小国町満願寺6755-1 ㊎600円 🚌風の舎から徒歩9分 ※利用時間10:30～21:00 🅿17台

自然林に囲まれた2つの露天風呂と風情ある2つの大浴場がある

旅館 こうの湯
りょかんこうのゆ

森の湯

黒川温泉郷の高台にあり、離れを含む全9室に趣の異なる露天風呂か半露天風呂が付いている。
☎0967-48-8700 ㊟熊本県南小国町満願寺6784 ㊎600円 🚌風の舎から徒歩11分 🅿15台

男女ともに立ち湯を備えた露天風呂。男性用の立ち湯は日本最深級

旅館 山河
りょかん さんが

四季の湯／もやいの湯

「日本秘湯を守る会」の宿。温泉街から離れたところにあり、豊かな自然林に囲まれた中にたたずむ。
☎0967-44-0906 ㊟熊本県南小国町満願寺6961-1 ㊎500円 🚌風の舎から車で8分 🅿30台

混浴「もやいの湯」のほか、女性専用の露天風呂「四季の湯」が利用できる

露天の岩風呂「ぎんねずの湯」、肌ざわりのいい石風呂の内湯が自慢

お宿 野の花
おやどののはな

ぎんねずの湯

自然が豊かな奥黒川にある渓流な宿。露天風呂付きの離れ5棟6室と内湯付きの母屋1室がある。
☎0967-44-0595 ㊟熊本県南小国町満願寺6375-2 ㊎500円 🚌風の舎から徒歩6分 🅿10台

源流の宿 帆山亭
げんりゅうのやどほざんてい

天狗の湯／仙女の湯

☎0967-44-0059 ㊟熊本県南小国町満願寺6346 ㊎800円 🚌風の舎から車で6分 ※利用時間11:00～15:00

山みず木
やまみずき

幽谷の湯／森の湯

☎0967-44-0336 ㊟熊本県南小国町満願寺6392-2 ㊎600円 🚌風の舎から車で6分 🅿20台

いやしの里 樹やしき
いやしのさときやしき

満天の湯

☎0967-44-0326 ㊟熊本県南小国町満願寺6403-1 ㊎500円 🚌風の舎から徒歩15分 ※利用時間10:00(日～火曜12:00)～20:30

旅館 壱の井
りょかん いちのい

木立の湯

☎0967-44-0881 ㊟熊本県南小国町満願寺黒川温泉6630-1 ㊎600円 🚌風の舎から徒歩4分 🅿14台

旅館 やまの湯
りょかん やまのゆ

木霊の湯

☎0967-44-0017 ㊟熊本県南小国町満願寺6601-4 ㊎500円 🚌風の舎から徒歩3分 🅿13台

湯本荘
ゆもとそう

あじさいの湯／かじかの湯

☎0967-44-0216 ㊟熊本県南小国町満願寺6700 ㊎600円 🚌風の舎から徒歩3分 🅿なし

黒川温泉御処月洸樹

彩もみぢ
くろかわおんせんごしょげつけいじゅ いろどりもみぢ

彩もみぢ

☎0967-44-0210 ㊟熊本県南小国町満願寺6777 ㊎500円 🚌風の舎から徒歩11分 🅿9台 ※利用時間11:00～15:00 ㊡月～水曜

深山山荘
みやまさんそう

村中の湯たゆたゆ

☎0120-380-154 ㊟熊本県南小国町満願寺6393 ㊎600円 🚌風の舎から車で7分 🅿15台 ※利用時間10:00～15:00

静寂に身を委ねてリフレッシュ

山間の温泉宿

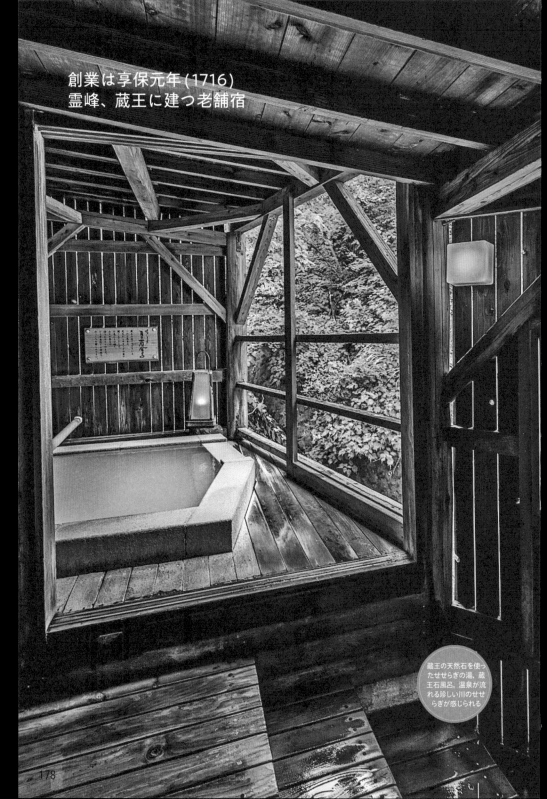

創業は享保元年（1716）
霊峰、蔵王に建つ老舗宿

蔵王の天然石を使ったせせらぎの湯、蔵王石風呂。温泉が流れる珍しい川のせせらぎが感じられる

山形県●蔵王温泉

深山荘高見屋

みやまそうたかみや

藩主や皇族方も泊まられた由緒ある老舗旅館で、江戸時代に発行された旅行ガイドブック『東講商人鑑』にも載る。階段を上ってアプローチする建物は落ち着いた日本家屋で、母屋はもちろん、蔵をリノベーションした離れなど、山里らしいしっとりとしたたたずまい。

1

DATA & INFORMATION

☎023-694-9333 　山形県山形市蔵王温泉54
in15:00 out10:00 　19室 　1泊2食付 平日2万2150円〜 休前日2万3250円〜 　JR山形駅から山交バスで50分、蔵王温泉下車、徒歩10分／東北中央自動車道・山形上山ICから県道21号で約13km 　20台 　あり

日帰り湯 なし

温泉データ
泉質 含硫化水素強酸性明礬緑礬泉
pH値 1.25〜1.6 　泉温 45.0〜66.0℃
湧出量 5700ℓ/分
効能 切り傷、やけど、慢性皮膚病など

2

3

1 泉質は強酸性の硫黄泉。3つの自家源泉を持ち、かけ流しの天然温泉が楽しめる。写真は長寿の湯
2 伝統的な和の建物は外の天気や室内の灯りによっても表情を変え、眺めているだけで楽しい
3 窓の外に源泉が見えるラウンジ。本を読んだり、おしゃべりしたりとくつろげる空間だ

純和風木造建築の風格ある外観

GOURMET
地の日本酒やワインとの相性も最高

山形産の食材と郷土料理の調理法を多用した会席料理。ブランド牛、蔵王牛の陶板ステーキやすきしゃぶ鍋が幅広い世代に人気。

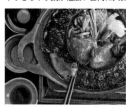

ROOM
全19室、すべて異なる趣としつらえ

源泉かけ流しの客室露天風呂付きの別邸やフェラーリのデザインも手がけた奥山清行氏プロデュースの客室など多彩な客室を用意。

雪の季節はお休み
世界自然遺産の宿

GOURMET

知床の豊かな自然がそのまま卓上に

ウトロ産のカニ、イクラなどの魚介や知床の熊
やエゾジカ等、ジビエを中心に道産の食材がず
らりと並ぶ、素朴にして豪華な料理。

ROOM

知床の森に抱かれたくつろぎの和室

知床に棲む鹿やキツネの毛色をイメージしたと
いう暖かみのある客室は、ベッドを備えた和洋
室を含めて、ゆっくりとくつろげる畳敷。

森を眼前に入浴ができる庭園岩風呂。混浴湯だが、湯浴み着が用意されていて女性も安心

北海道●岩尾別温泉

秘境知床の宿 地の涯

ひきょうしれとこのやどちのはて

手つかずの森、そして流氷の育む豊かな海が互いに関わり合う複雑な生態系と、そこに生きる希少な動植物が評価される知床。その森のただ中に位置する温泉旅館が、この地の涯だ。露天の温泉で、窓のすぐ外に原生林が広がる客室で、体ごとどっぷり自然に浸りたい。

DATA & INFORMATION

☎0152-24-2331 所北海道斜里郡斜里町岩尾別温泉内 in15:00 out10:00 客40室 予算1泊2食付平日1万4300円〜 休前日1万6500円〜 交JR知床斜里駅から斜里バスで1時間、ウトロ温泉バスターミナル下車、車で20分／旭川紋別自動車道・遠軽ICから国道333・39・334号などで約171km P15台 送迎あり

日帰り湯 営11:00〜18:00(最終受付) 料1000円 休無休 予約不要

温泉データ
泉質 ナトリウム・カルシウム-塩化物・炭酸水素塩泉 pH値 7.1 泉温 62.4℃
効能 切り傷、冷え性、皮膚乾燥症、関節痛など

1

2

3

4

1 羅臼岳岩尾別温泉登山口はホテルのすぐ裏手。登山者用宿泊プランもある
2 湯は傷ややけどに効くというナトリウム・カルシウム-塩化物・炭酸水素塩泉
3 北海道の厳しく長い冬のあいだ、11月〜4月半ば過ぎまでは閉館する
4 このホテルを拠点に登山を楽しむ人も多い。少し歩いただけで圧巻の大自然のなかへ

1 大きな窓から宿の周囲に広がる雄大な景色を眺められるロビー
2 ヒノキの香りが漂う内風呂では、寝湯や深湯など、露天風呂とは異なる風情を満喫できる

奥飛騨の大自然と
3つの源泉を楽しむ

岐阜県●平湯温泉

匠の宿 深山桜庵(共立リゾート)

たくみのやどみやまおうあん(きょうりつリゾート)

優れた木工技術を持つ飛騨の匠の技を生かした、この地方ならではの民家を再現した宿。銘木や珪藻土といった自然素材をふんだんに使った客室は、山あいの宿での滞在にふさわしいくつろぎの空間になっている。貸切の露天と内湯は無料で利用可能。

DATA & INFORMATION

📞0578-89-2799 所岐阜県高山市奥飛騨温泉郷平湯229 in15:00 out11:00 客72室 予約1泊2食付平日2万5000円〜 休前日2万7000円〜 交JR松本駅からアルピコ交通バスで1時間30分、平湯温泉下車、徒歩7分／長野自動車道・松本ICから国道158号で約48km P50台 予約制あり

日帰り湯 なし

温泉データ
泉質 単純温泉
pH値 6.4 泉温 34.1℃
湧出量 50ℓ/分
効能 神経痛、筋肉痛、関節痛、五十肩など

北アルプスの山々に囲まれて建つ風情ある建物

岩造りの広々とした露天風呂では北アルプスの山々を眺めながら湯浴みが楽しめる

GOURMET

飛騨ならではの食材をふんだんに

肉の匠が厳選するこだわりの飛騨牛をはじめ、川魚や山菜、郷土料理など、多彩な味覚で飛騨地方の豊かさを感じさせてくれる。

ROOM

裸足で過ごしたくなる木のぬくもり

リビングや廊下の床に天然木を使用。畳の上にローベッドを配した基本客室には半露天風呂が備わり、奥飛騨の景色を独り占めできる。

霊峰、乗鞍岳の山腹で
どっぷりと自然に浸かる

炭酸と硫黄を含んだ白濁湯。機械を使わず、湧き出す湯をそのまま利用している

つり橋の宿 山水観 湯川荘

つりはしのやど さんすいかん ゆかわそう

繰り返し映画化やドラマ化されてきた長編時代小説『大菩薩峠』にも登場する白骨温泉は北アルプスにある山深い温泉。湯川荘はなかでも奥に位置し、私設の吊り橋を渡っていく一軒宿だ。自然のなかで自然に湧く湯に浸かれば日常のこりがゆっくりと溶け出していく。

🗒 DATA & INFORMATION

☎0263-93-2226 所長野県松本市安曇白骨温泉4196 in15:00 out10:00 室10室 予算1泊2食付 平日2万5450円～ 休前日2万9850円～ 交JR松本駅からアルピコ交通バスで1時間11分、さわんどBTで乗り換え15分、白骨温泉下車／長野自動車道・松本ICから国道158号で約38km P20台 送迎なし

日帰り湯 なし

温泉データ

泉質 含硫黄-カルシウム・マグネシウム・ナトリウム-炭酸水素塩泉
pH値 6.5　泉温 49.3℃　湧出量 35.7ℓ/分
効能 胃腸病、腰・肩痛など

窓のすぐ外に自然が広がる。冬は掘りごたつで暖まれる部屋も人気

ROOM

窓からの景色に癒やされる

特別に豪華なしつらえではないが、ほっとくつろげる和室。どの客室も自然が目前。

GOURMET

乳白色の鍋で温泉を食べる

白骨温泉は飲用にもなるため、この湯を使った温泉鍋が名物。食材には山菜や川魚をはじめ、なるべく地の物を使用している。

木製の吊り橋を渡り、湯川荘に向かう。この先は自然のなかにたたずむ一軒宿だ

宝暦5年 (1755) 創建の武尊 (ほたか) 神社を望む武尊乃湯。湯の温度が低めでゆっくり浸かれる

静寂のなかで湯浴みすれば
江戸期の山里にタイムスリップ

群馬県●川場温泉

かやぶきの源泉湯宿 悠湯里庵

かやぶきのげんせんゆやど ゆとりあん

山あいに広がる田んぼを前に茅葺き屋根の本陣や長屋門、宿泊棟などが並び、まるで江戸時代の豊かな田園に飛び込んだよう。別館、悠山の客室へはモノレールでアプローチ。ほかにも、敷地内には江戸〜大正期の古民具ギャラリーや釣り堀など楽しい施設が充実。

DATA & INFORMATION

📞0278-50-1500 所群馬県川場村川場湯原451-1 in15:00 out10:00 室18室 予算1泊2食付 平日2万5300円〜 休前日3万1900円〜 JR沼田駅から川場循環バスで30分、川場温泉下車すぐ／関越自動車道・沼田ICから国道64号で約9km P135台 送迎あり

日帰り湯 営10:30〜20:00 料1200円 休水・木曜 予約不要

温泉データ
泉質 アルカリ性単純泉
pH値 9.2 泉温 38.7℃
湧出量 120ℓ/分
効能 神経痛、筋肉痛、関節痛、五十肩など

泉質はアルカリ性の単純泉で美肌の湯。ほかに宿泊者専用の弘法乃湯、里乃湯がある

2階が展望台兼休憩スペースとなった茅葺きの長屋門

フロントのある本陣は山形から移築。敷地が広いため移動用カートを用意

ROOM

本館の客室は露天風呂を完備

本館、別館ともに天井が高く広々。全客室に置き囲炉裏がある。設備はモダンだが、和箪笥や欄間など、古い調度が美しい。

GOURMET

味、品数、ボリュームと大満足

夕食、朝食どちらも和食のコース。上州牛やニジマスの銀光をはじめ、群馬県産の食材を使った悠湯里会席コースが宿の自慢。

1万坪という広大な庭園がホテルの自慢。ほたるの湯の檜風呂では庭を渡る風がさわやか

信玄公の隠し湯に湧く
2つの源泉に安らぐ

山梨県●下部温泉

下部ホテル

しもべホテル

下部温泉郷は日蓮聖人や家康公、信玄公も入浴したという歴史ある温泉地。この下部ホテルでは、アルカリ性単純泉、単純硫黄泉の2種類の源泉から湧く湯を12もの異なるしつらえの湯船で楽しめる。山梨県産の野菜や果物をふんだんに使った里山料理も好評。

▧ DATA & INFORMATION

📞0556-36-0311 所山梨県身延町上之平1900 in
15:00 out10:00 客92室 予約1泊2食付 平日1万
8850円～ 休前日2万2150円～ 交JR下部温泉駅
から徒歩1分／中部横断自動車道・下部温泉早川
ICから国道300号で約3km P100台 送迎なし

日帰り湯 時11:00～15:00 料1200円 休火曜 予約
不要

温泉データ
泉質 アルカリ性単純泉、単純硫黄泉
pH値 8.8～9.5　泉温 32℃
湧出量 400ℓ/分
効能 神経痛、筋肉痛、関節痛、五十肩など

下部の天然水が用意された水のラウンジ。池を眺めながら足湯でおしゃべりが楽しめる

太鼓ショーや燻製作り体験など、館内では毎日、多彩なイベントやアクティビティを開催

ROOM

庭を望む多彩な客室を用意

基本の和室やベッドを備えたモダンな和室、石原裕次郎ゆかりの別館「裕林亭」など、部屋の広さやスタイルはさまざま。

GOURMET

山梨の山の恵みがたっぷり

甲州牛や甲斐あかね鱒、身延湯葉など山梨の山の幸を使用。夕食は創作会席のほか、次々とできたてが供されるビュッフェも人気。

栃木県 ● 中禅寺温泉

奥日光ホテル四季彩

おくにっこうホテルしきさい

明治以降、欧米各国の外交官をはじめ外国人にも人気のリゾート、奥日光。豊かな自然が魅力のこの土地で、森の中に建つ温泉リゾートホテルとして名高い四季彩では、風呂や客室、ラウンジなどから雄大な緑や新鮮な空気、鳥のさえずりなどが満喫できる。

ROOM

快適な部屋から大自然を満喫

全客室が森に面している。写真はテラスと露天風呂を備えた和室ツイン。

GOURMET

美しく旬の栄養たっぷりな和会席

日光名産の湯波や霧降高原牛や豚、栃木県産こしひかり、フルーツなど季節ごとの食材を多彩に調理。だしが利いたやさしい味わい。

固有の自然が広がるラムサール条約に登録された湿原、戦場ヶ原もほど近い

🔲 DATA & INFORMATION

📞0570-022-251 🏠栃木県日光市中宮祠2485 in 15:00 out 10:00 🛏34室 🈯1泊2食付 平日1万5400円〜 休前日2万4200円〜 🚌JR日光駅から東武バスで45分、奥日光ホテル四季彩入口下車、徒歩15分／東北自動車道・宇都宮ICから日光宇都宮有料道路、国道120号で約45km Ⓟ50台 🚐あり

日帰り湯 🕐15:00〜18:00(最終受付) 💴1000円
🈺不定休 🈯不要

温泉データ
泉質	硫黄泉		
pH値	6.5	泉温	75.1℃
湧出量	4272ℓ/分		
効能	慢性皮膚病、切り傷、やけどなど		

暖炉に炎がゆらめくラウンジ。壁一面の広い窓から奥日光の大自然を望む

避暑地としての歴史も古い
日光の奥座敷、中禅寺温泉

屋根付き、屋根なしと2つの浴槽を備えた露天風呂。森の中で温泉に浸かる贅沢な時間

敷地内に自家源泉3本を所有。豊かな天然温泉と素敵な空間、もてなしに心身がくつろぐ

伝統とモダンが心地よく同居
宮家の別邸跡地に建つ一流宿

強羅花壇

ごうらかだん

旧閑院宮別邸跡地に建つラグジュアリーな宿。伝統美とモダンな快適性を併せ持ち、館内から望む美しく手入れされた広大な庭や箱根の借景も素晴らしい。スパや浴場、プールなどは日帰りでも利用可能。隣接の懐石レストランでは貸切風呂やSPAと食事がセットの日帰りプラン(昼食限定)もある。

📠 DATA & INFORMATION

📞0460-82-3331 所神奈川県箱根町強羅1300 in 15:00 out 11:00 室41室 予約1泊2食付 平日5万8450円～ 休前日5万8450円～ 交箱根登山鉄道・強羅駅から徒歩3分／小田原厚木道路・小田原西ICから国道1号で約13km P30台 送迎あり

日帰り湯 なし ※食事付きプランあり

温泉データ
泉質 弱アルカリ性単純泉
pH値 8.4 泉温 48.8℃
湧出量 69ℓ/分
効能 美肌効果、神経痛、疲労回復など

自然豊かなロケーションに旧閑院宮家別邸の洋館と旅館のエントランスが並ぶ

強羅花壇のシンボルであるガラス張りの柱廊と明神、明星ヶ岳を望む開放的な月見台

ROOM

庭からさわやかな風が吹く

別邸や離れ、貴賓室といった露天風呂を備えた特別な部屋からスタンダードな和室まで、モダンな和のくつろぎに満ちている。

GOURMET

季節を大切にした懐石料理

季節を彩る旬の食材を使用した月替わりの懐石料理を、客室や個室で提供。食材は全国各地から仕入れている。

神奈川県●仙石原温泉

仙郷楼

せんきょうろう

仙石原は箱根エリアの最も奥に位置し、環境に対するルールが厳格なこともあり特に自然が豊かだ。なかでも仙郷楼は広大な庭園で知られ、四季の花、滝、金時山などを眺める散策路が見事。渋沢栄一や原敬をはじめ政財界や芸術分野の歴史的偉人も多く訪れている。

ROOM

木のぬくもりあふれる和の客室

ゆったりと空間を使った客室は、ベッドを備えた客室も含めてすべて和室。

GOURMET

目に美しく舌においしい懐石料理

旬の食材を使った季節の料理が、食べ手のテンポに合わせて1品ずつ運ばれる。一見当たり前のようだが当世、贅沢なスタイルだ。

木曜を除く毎日、陶芸教室を開催。宿泊者は4400円、予約が望ましい

DATA & INFORMATION

☎0460-84-8521 🏠神奈川県箱根町仙石原1284 ㏌15:00 ㏍10:00 🛏33室 予約1泊2食付 平日2万7500円〜 休前日2万9700円〜 🚌箱根登山鉄道・箱根湯本駅から箱根登山バスで30分、仙郷楼前下車すぐ／東名高速道路・御殿場ICから国道138号で約13km Ⓟ40台 送迎なし

日帰り湯 なし

┌─ 温泉データ ─┐
【大涌谷温泉】

| 泉質 | 酸性-カルシウム-硫酸塩・塩化物泉 | pH値 | 2.0 | 泉温 | 64.1℃ |
| 効能 | アトピー性皮膚炎、尋常性乾癬など |

暖かな暖炉のあるロビー。仙石原は夏でも涼しく、落ち着いた雰囲気も素敵

箱根外輪山を望む
1万5000坪の庭が見事

大涌谷から引く酸性・カルシウム・硫黄塩・塩化物泉。湯の花が浮かぶ白濁の湯で、美人の湯としても名高い

信州名産の柴石で造られた湯船。山里の四季や香りが楽しめる心地よい風呂だ

古民家で味わう地の野菜
心身がくつろげる温泉宿

長野県●鹿教湯温泉

信州の秘湯 鹿教湯温泉 三水館

しんしゅうのひとう かけゆおんせん さんすいかん

鹿教湯温泉には、その名のとおり猟師に射掛けられた矢で傷を負った鹿が教えたという逸話が残る。鹿の矢傷を癒やすほどの湯は、人にも効き「杖要らずの湯」とも呼ばれている。三水館は里山に建つ全7室の小さな宿で、素朴かつ心地のよい時間が過ごせる。

目立つ豪華さはないが、素朴ながら行き届いたしつらえともてなしに癒やされる

ROOM
個性豊かな7つの客室

松本の呉服商の蔵座敷を移築した客室やヨーロピアン・アンティークの部屋など、個性的かつ居心地のよい空間が用意されている。

🔲 DATA & INFORMATION

☎0268-44-2731 所長野県上田市西内1866-2 in14:00 out10:30 室7室 予約1泊2食付 平日1万8850円～ 休前日1万8850円～ 交JR松本駅からアルピコ交通バスで50分またはJR上田駅から千曲バスで70分、鹿教湯橋下車、徒歩5分／長野自動車道・松本ICから国道19・254号で約27km、または上信越自動車道・東部湯の丸ICから24km P7台 送迎なし

日帰り湯 なし

温泉データ

泉質	単純温泉(弱アルカリ性)
pH値 7.91	泉温 46.0℃ 湧出量 2100ℓ/分
効能	高血圧、動脈硬化、脳卒中、リウマチなど

GOURMET
野菜中心のヘルシー料理

宿は田舎の家庭料理と謙遜するが、地の野菜をふんだんに使った滋味あふれる食事がいただける。体ばかりか心にも栄養が行き渡る。

シンプルなしつらえにセンスを感じるダイニング。気持ちがゆったりと落ち着く

上高地ホテル

かみこうちホテル

上高地の自然に抱かれた小さな湯宿で、上高地や乗鞍、新穂高、安曇野などを訪ねる拠点としても便利な立地。シンプルかつモダンな建物と天然温泉、地元食材をていねいに調理した絶品和食と十全かつ贅沢な環境、サービスが整う。ことに空気のうまさは格別。

ROOM

いずれの客室も白が基調

しつらえの異なる23室はいずれもスッキリとシンプルで、清潔感があり居心地がいい。

GOURMET

馬刺し、イワナと郷土料理も美味

信州牛や地元で採れる野菜などを使った会席料理が味わえる。旅館の夕食は食べきれないという人には品数少なめのお手ごろ会席がおすすめ。

2020年に一部の客室がリニューアルされ、居住性の良さがさらに向上した

■ DATA & INFORMATION

☎0263-93-2910 ⬛長野県松本市安曇4171 **in**15:00 **out**10:00 ⬛23室 **予約**1泊2食付 平日1万3000円〜 休前日1万6000円〜 ✕アルピコ交通・新島々駅からアルピコ交通バスで39分、さわんど岩見平下車、徒歩1分／長野自動車道・松本ICから国道158号で約33km **P**23台 **送迎**あり

日帰り湯 なし

豊かな木々が生み出すすがすがしい空気が館内をすみずみまで満たす。屋外の足湯も気持ちいい

温泉データ

泉質	単純温泉
pH値 8.2	泉温 66.7℃
湧出量	不明
効能	疲労回復、神経痛など

自家用車が入れるギリギリ
太古の自然が残るさわんど温泉の宿

加水しない源泉100%の天然温泉。露天風呂の湯船のすぐ先にまで大自然が迫る

観松館

かんしょうかん

平泉に逃れる途中の源義経が発見したという潮見温泉は戸沢藩の奥座敷。なかでも観松館は江戸期創業の老舗で、平成14年(2002)には天皇・皇后両陛下もお泊まりになった由緒ある宿で、食、湯、施設、もてなしと申し分ない。春は桜、夏はホタルが、秋は紅葉が、冬は雪景色が美しい。

DATA & INFORMATION

☎0233-42-2311 所山形県最上町瀬見温泉 in15:00 out10:00 室49室 予約1泊2食付 平日1万2100円〜 休前日2万4750円〜 交JR瀬見温泉駅から徒歩7分／東北自動車道・古川ICから国道47号で約61km P150台 送迎あり

日帰り湯 営13:00〜15:00 料600円 休無休 予約不要

ROOM

スタンダードから露天付きまで

露天風呂や掘りごたつ付きなど趣向を凝らした特別な客室も用意。

GOURMET

旬の素材を正統な和食や郷土料理で

自ら「山形の料理旅館」と称する宿だけあって質が高い。野菜、山菜、きのこ、果物、清流の魚と、豊かな地元の食材が味わえる。

周りを囲むように流れる最上小国川は鮎釣りの名所としても知られる清流だ

温泉データ

泉質 ナトリウム・カルシウム- 塩化物・硫酸塩温泉 pH値 7.4 泉温 66.1℃
湧出量 500ℓ/分
効能 切り傷、やけど、神経痛など

ラウンジ、シミュレーションゴルフ、カラオケ、整体など館内施設が充実

良質なお湯で知られる
戸沢藩の奥座敷、潮見温泉

源義経が我が子、亀若丸の産湯を探して見つけたという潮見温泉の湯

かけ流しの天然温泉で満たされた離れの露天風呂は混浴。正面は槍ヶ岳

奥飛騨のなかでも最奥
深山のただ中で過ごす休日

岐阜県●新穂高温泉

山のホテル 穂高荘

やまのホテル ほだかそう

奥飛騨温泉郷、新穂高温泉で唯一のホテル。奥飛騨といえば、その山の深さが魅力だが、なかでもここは最奥。北アルプスの美しい山並みのもとに建つ北欧風の山岳リゾートホテルだ。川のせせらぎを聞き正面に槍ヶ岳を望む露天の温泉でゆったりとくつろぎたい。

DATA & INFORMATION

📞0578-89-2004 🏠岐阜県高山市奥飛騨温泉郷神坂577-13 in15:00 out10:00 客82室 予約1泊2食付 平日1万8000円～ 休前日2万1000円～ 交JR松本駅から濃飛バスで1時間28分、平湯温泉で乗り換え32分、新穂高温泉・山のホテル前下車、徒歩1分／長野自動車道・松本ICから国道158号で約61km P40台 送迎あり

日帰り湯 なし

温泉データ
泉質 単純温泉
pH値 6.61 泉温 42.0℃
効能 疲労回復・健康促進・冷え性など

GOURMET

メインはブランドの飛騨牛

飛騨牛は霜降りが特徴だが、食べてみると脂っぽさと臭み皆無。追加料金なしでも味わえる国産和牛や海鮮も選択可能。

1 離れ露天風呂にはケーブルカーで行く。混浴、貸切、女性専用の露天風呂がある
2 山中に建つ欧風のホテルだが、館内にはこの地に湧く温泉が満喫できる浴場を完備

ROOM

客室のタイプは全部で5種類

旅館らしい和室から足腰に負担をかけずに寝起きができる洋室まで多彩な客室が揃う。北アルプスの眺望が楽しめる部屋も用意。

193

全長50mという秋田杉の梁が見事な大浴場、薬師の湯。床や湯舩の石材は熊本の阿蘇で産出

栗駒岳の麓に位置する
あたたかなもてなしの宿

秋田県●小安峡温泉

旅館 多郎兵衛

りょかん たろべえ

栗駒岳の麓にある小安峡温泉。400年以上の歴史があり、よく効く湯として古くはマタギの人々が利用していたという。多郎兵衛は貸切湯も含めて5つの浴場を備えた立派な規模の宿ながら、雰囲気、もてなし、料理がどれも温かくホッとくつろげるのが魅力。

露天風呂、風の湯。野趣あふれる岩風呂で、寝湯として楽しめる部分が造られている

DATA & INFORMATION

☎0183-47-5016 ㊟秋田県湯沢市皆瀬湯元121-5 in14:30 out10:00 室19室 予約1泊2食付 平日1万5000円〜 休前日1万5000円〜 交JR湯沢駅から車で45分／東北中央自動車道・須川ICから県道307号、国道398号で約25km P40台 送迎あり

日帰り湯 時10:30〜15:00(最終受付14:30)
料500円 休不定休 予約不要

温泉データ
泉質 単純泉
pH値 9.0　泉温 97.8℃
湧出量 270ℓ/分
効能 神経痛、筋肉痛、関節痛、打ち身など

ROOM

近年リニューアル済み客室も

基本的に和室で、ベッドを配した和洋室も選べる。広縁付き、中庭付きなど、客室はどれも広々。檜風呂付きの特別室も用意。

GOURMET

女将さん手作りのごちそう

近くの渓流で採れた魚や山菜、皆瀬牛など、地元の食材を使用。手間を惜しまない料理が特徴で、3年寝かせた自家製味噌が美味。

湯量豊富な郷で浴場の湯はすべて源泉かけ流し

フロントに大きなこけしが鎮座。館内には湯沢に伝わる木地山こけしも数多く飾られている

奥山旅館

おくやまりょかん

その昔、病気治療のため温泉に浸かりたいと思っていた乙女が、透明な湯に入るのを恥ずかしいとためらっていたところ、天狗が現れて乳白色に変えてくれたという泥湯温泉。奥山温泉は、そんな伝説の似合う栗駒国定公園内にあり、山の空気と天然温泉に癒やされる。

DATA & INFORMATION

☎0183-79-3021 所秋田県湯沢市高松泥湯沢25 in15:00 out10:00 室9室 予約1泊2食付 平日1万8850円〜 休前日1万8850円〜 交JR湯沢駅からこまちシャトル（要予約）で45分／湯沢横手道路・須川ICから県道51・310号で約20km P20台 送迎なし

日帰り湯 時10:30〜13:30 料800円 休不定休 予約不要

ROOM

木造家屋ならではのぬくもり

それぞれ山菜の名がつけられた客室。館内着は浴衣のほか作務衣も用意。

GOURMET

メインは皆瀬牛や岩手鴨

地元で採れた旬の山菜やきのこをたっぷり使用した山里ならではの食事が供される。湯沢産のあきたこまちがおいしい。

温泉の成分が電化製品の故障を促すとのことで客室にはテレビなどがなく、静かな雰囲気も魅力

古民家のようなたたずまいの宿。建物のすぐ外にはブナの原生林が広がっている

温泉データ
泉質	単純硫黄温泉、単純温泉	
pH値	3.7	泉温 71.9℃ ほか
湧出量	24ℓ/分 ほか	
効能	疲労回復、高血圧症など	

親切な天狗が濁らせた
乳白色の「泥湯温泉」

自然湧出の天然温泉。館内の各浴槽では泉質の異なる3本の源泉の湯が楽しめる

ホテル森の風 鶯宿

ホテルもりのかぜ おうしゅく

湯に浸かってけがを癒やすウグイスが目印となって発見されたという岩手県雫石の温泉郷、鶯宿。このホテルには2万3191㎡という広大な庭園が併設、昼は美しく手入れされた草花が、夜は33万球もの灯りがつくる華やかなイルミネーションが楽しめる。

ROOM
露天風呂付きの客室が素敵

和室、洋室、和洋室、バリアフリーと多彩。露天風呂付きの客室も用意。

GOURMET
和食で作るフルコース

西洋のフルコースを和食で作るというテーマで生み出された創作日本料理。気の合う仲間との旅には炉端で食す炉端会食もおすすめ。

敷地内の自然散策路でイワナ獲りやキノコ狩り、雪遊びなどが楽しめる

DATA & INFORMATION

☎0120-123-389 所岩手県雫石町鶯宿10-64-1 in14:00 out11:00 室221室 予約1泊2食付 平日1万7050円～ 休前日2万350円～ 交JR盛岡駅から車で30分／東北自動車道・盛岡ICから国道46号で約20km P200台 送迎あり

日帰り湯 営11:00(火曜12:00)～14:00 料1000円 休水曜、ほか不定休 予約不要

大きな窓からの眺めを楽しみながら湯浴みができる室内の大浴場

温泉データ

泉質	アルカリ性単純泉
pH値	8.8
泉温	52.4℃
効能	冷え性、肩こり、腰痛など

花々咲き誇る庭園を散策し
温泉の露天風呂で疲れを癒やす

雫石盆地、岩手山、駒ヶ岳などを一望する和風露天風呂。顔に当たる涼風が心地よい

100％かけ流しの天然温泉と
森のマイナスイオンに癒やされる

昼間は季節ごとに表情を変える奥会津の森が、夜は満天の星が楽しめる露天風呂

福島県●湯野上温泉

こぼうしの湯 洗心亭

こぼうしのゆ せんしんてい

明治時代から湯治場として賑わった湯野上温泉。国内でもほかにはない茅葺き屋根の駅舎前から広がる温泉街を有し、周辺には豊かな森が広がる。4500坪という広大な自然林の中にあり、宿が測ることもできないと話すほど豊富なかけ流し温泉が楽しめる。

🔲 DATA & INFORMATION

📞0241-68-2266 ⑤福島県下郷町高陦寄神乙1614 IN15:00 OUT10:00 ⑧13室 ⑲1泊2食付 平日1万8700円～ 休前日1万8700円～ 🚌会津鉄道・湯野上温泉駅から車で3分／東北自動車道・白河ICから国道289号で約44km Ⓟ50台 送迎あり

日帰り湯 時11:00～14:00(最終受付13:30) 料800円 休水・木曜 予約不要

(温泉データ)
泉質 単純温泉
pH値 8.3 泉温 53.2℃
湧出量 100ℓ/分
効能 美肌、神経痛、筋肉痛、関節痛など

ROOM

森の眺望を楽しむ和の客室

ベッドを置いた部屋もあるが、和室が基本。自然を楽しむ特等席、離れの特別室には露天風呂と檜の内風呂がある。

GOURMET

金賞続出、会津の地酒も美味

畑で作る野菜にブランド牛、森で採れる山菜、キノコと会津の豊かな食材を使った会席スタイルの創作料理が味わえる。

1

2

1 大きなガラス窓のすぐ向こう側に森が広がる大浴場。飲泉も可能
2 ラウンジは森を見るための特等席。木をそのまま切り出したようなテーブルも素敵

館内のお風呂は全部で9種類。露天、内湯、貸し切り湯のほか浴槽の材質、広さ、泉質もそれぞれ異なる

標高1800mの万座温泉
滞在型の湯治もおすすめ

群馬県●万座温泉

日進館

にっしんかん

上信越高原国立公園内万座温泉。軽井沢の奥座敷とも呼ばれるが、季節ごとに表情を変える自然が美しい。日進館では広さや眺望、バスやトイレの有無など多彩な部屋と3泊以上、7泊以上などの連泊プランを用意。週末旅行はもちろん、心身を癒やす湯治も快適。

毎日540万ℓが自然湧出する万座温泉。日進館だけでも毎分700ℓが確保できるという豊富な湯量で、もちろん源泉かけ流し

DATA & INFORMATION

☎0279-97-3131 住群馬県嬬恋村干俣2401 in14:00 out10:00 室144室 予約1泊2食付 平日9000円～ 休前日1万2000円～ 交JR万座・鹿沢口駅から西武観光バスで43分、万座バスターミナル下車／関越自動車道・渋川伊香保ICから県道35号、国道353・145号で約73km P100台 送迎あり

日帰り湯 営10:00～15:00(土・日曜は～14:00) 料1000円 休無休 予約不要

温泉データ
泉質 酸性硫黄泉など
泉温 75.0℃ 湧出量 700ℓ/分
効能 糖尿病、胃腸病、神経痛、膠原病など

ROOM

種類豊富なタイプが揃う

和室、洋室、和洋室とそれぞれにバリエーション豊富で、予算や旅のスタイル、好みなどによって選択できるのがいい。

GOURMET

「まごわやさしい」健康食

和洋中40以上の料理が並ぶビュッフェ。豆、ゴマ、わかめ、野菜、魚、椎茸、芋と健康のために積極的にとるべき食材を使用。

体操教室や音楽ライブなど、心身を健康に保つプログラムが充実している

神奈川県●宮ノ下温泉

富士屋ホテル

ふじやホテル

明治の開国後に創業し日本における西欧式ホテルの先駆けとして営業してきたクラシックホテル。その代表的な1軒がこの富士屋ホテル。ヘレン・ケラーやチャップリン、ジョン・レノン、オノ・ヨーコなど名だたるセレブが宿泊した。食のレベルも一流。

DATA & INFORMATION

☎0460-82-2211 住神奈川県箱根町宮ノ下359 in 15:00 out 11:00 室120室 料金1泊2食付 平日4万6000円〜 休前日5万3000円〜 交箱根登山鉄道・宮ノ下駅から徒歩7分／東名高速道路・厚木ICから小田原厚木道路、国道1号で約42km P112台 送迎なし

日帰り湯 なし　※デイユースプランあり

ROOM

客室で温泉が楽しめる部屋も

洋室でありながら格天井を配するなど、和洋折衷な美しさを持つ花御殿ヘリテージ・ルーム菊。創業当時の面影を宿す。

浴室から箱根外輪山を一望するフォレスト・ウィング最上階のスパ。湯はもちろん、箱根七湯のひとつ宮ノ下の天然温泉

GOURMET

和、仏、洋食ともに一流

フレンチを供するメインダイニングのザ・フジヤ、旧御用邸でいただく和の菊華荘、伝統の洋食が味わえるカスケードがある。

温泉データ

泉質	ナトリウム塩化物泉
pH値 7.6	泉温 55.0℃
湧出量	405ℓ/分
効能	筋肉痛、関節痛、冷え性など

ニッポンを代表する
クラシックホテル

明治11年(1878)に創業した日本初の本格的リゾートホテルで、ほとんどの建物が有形文化財に登録されている

数十年をかけて全国から集めたという銘石がふんだんに配された豪快なデザインの露天風呂

いたるところに配された
銘石や巨岩が目を引く

山梨県●石和温泉

銘石の宿 かげつ

めいせきのやど かげつ

昭和36年(1961)開湯と温泉としては新しいが、湯量が豊富で首都圏に近く、観光のための環境が充実していることから人気の石和温泉。かげつは数々の文化人に愛されてきた宿で6000坪もの敷地に銘石、奇石を配した日本庭園の美しさでも知られている。

好きなときに思う存分湯浴みが楽しめる露天風呂付き客室。庭園を眺めながら、星空を見上げながら、温泉が堪能できる

■ DATA & INFORMATION

☎055-262-4526 ㊟山梨県笛吹市石和町川中島385 ㏌15:00 ㏌10:00 ㊥36室 ㊥1泊2食付平日2万4200円〜 休前日2万6400円〜 ㊧JR石和温泉駅から車で5分／中央自動車道・一宮御坂ICから国道137号、県道314号で約5km ㏘100台 ㊴あり

日帰り湯 なし ※食事付きプランあり

温泉データ
泉質 アルカリ性単純温泉
pH値 9.1 泉温 45.9℃
湧出量 不明
効能 神経痛、筋肉痛、関節痛、五十肩など

GOURMET

目にも美しい季節の料理

旬の食材を使った和食は、器や盛り付けにもこだわった五感で楽しめる料理ばかり。甲州牛や馬刺しなど甲州名物も味わえる。

ROOM

日本庭園を望む和室

数寄屋造りの和室は明るく清潔感にあふれ、36室どの部屋からも造園技術の粋を極めた日本庭園が見える。露天風呂付きの部屋も用意。

8000匹の鯉が泳ぐ日本庭園が見事。渡り廊下から、お風呂から、客室からと見る角度によって景色が変わる

奥飛騨ガーデンホテル焼岳

おくひだガーデンホテルやけだけ

岐阜県と長野県境、2000m級の山々が連なる北アルプスに囲まれた奥飛騨温泉郷のひとつ、新平湯温泉。ガーデンホテル焼岳の自家源泉は湯量豊富で、寝湯、立湯、打たせ湯、屋根付き露天の桧の湯、洞窟のような瀑泉洞など、趣の異なる9つの湯が楽しめる。

DATA & INFORMATION

☎0578-89-2811 所岐阜県高山市奥飛騨温泉郷一重ヶ根2498-1 in15:00 out10:00 室85室 予約1泊2食付 平日1万7600円〜 休前日1万9800円〜 交JR高山駅から濃飛バスで1時間15分、奥飛騨ガーデンホテル焼岳下車すぐ／東海北陸自動車道・飛騨清見ICから国道158号で約62km P50台 送迎あり

日帰り湯 営12:00〜22:00(最終受付21:00) 料900円 休無休 予約不要

ROOM

窓の外には奥飛騨の山々

手入れの行き届いた清潔感ある客室は和室と洋室を用意している。

GOURMET

安全かつ上質な食材を使用

派手ではないが滋味あふれる郷土のご馳走が並ぶ。ホテルが自らスッポンやウナギを養殖するなど厳選食材を使用。

敷地内に4本の自家源泉があり、豊富な湯が湧く

お風呂は男性、女性、混浴ゾーンとあるが、男女ともに湯衣が用意されており安心。さらに深夜は女性専用となる

温泉データ
泉質 ナトリウム-炭酸水素塩・塩化物温泉
pH値 6.8 泉温 57.2℃
湧出量 226ℓ/分
効能 神経痛、筋肉痛、関節痛など

広々とした庭園露天風呂に満ちるエメラルドグリーンの湯は自家源泉の100%天然かけ流し

エメラルド色に輝く庭園露天風呂が素敵

旅館花屋

りょかんはなや

別所温泉は1400年の歴史がある信州最古の湯で、真田幸村の隠し湯や源義経が再建した寺院など武将ゆかりの場所も多い。大正6年(1917)創業の旅館花屋は、この地に多く暮らしていた宮大工の手による日本建築で、ほぼ全館が登録有形文化財に登録されている。

▣ DATA & INFORMATION

📞0268-38-3131 ㊂長野県上田市別所温泉169
㏌15:00 ㏏11:00 ㊟32室 ㊙1泊2食付 平日1万9800円〜 休前日2万2000円〜 ／㊌上田電鉄・別所温泉駅から徒歩5分／上信越自動車道・上田菅平ICから国道143号で約18km Ⓟ30台 ㊛なし

日帰り湯 なし

GOURMET

きれいな料理にうっとり

和の繊細さが際立つ、彩り豊かな本格会席料理。旬の移ろいを堪能できる。

ROOM

部屋ごとに魅力の異なる客室

現存する武家屋敷を移築・改装した貴賓室、和と洋が融合した露天風呂付き特別室など、宮大工の意匠と伝統に魅せられる。

6500坪もの広大な敷地に点在する建物をつなぐ渡り廊下

温泉データ
泉質 単純硫黄泉
pH値 8.8 泉温 50.9℃
効能 神経痛、冷え性、疲労回復など

モザイクタイルやステンドグラスに大正の雰囲気漂う特別室付帯の露天風呂

百年の歴史を紡ぐ
大正浪漫薫る老舗宿

神岡鉱山で使われていた鉄釜を利用した釜湯。冬は雪見風呂が楽しめる

冬は一面の銀世界
夏も涼しい山間の湯宿

1 木造クレ葺きの風呂に満たされるのは地下300mから汲み上げられる自家源泉
2 畳や木の床が素足に心地よく触れる。100年前の飛騨の暮らしが体感できる宿
3 建物は国の有形文化財に登録されている。季節ごとに表情を変える庭も美しい

岐阜県 ● 福地温泉

山里のいおり 草円

やまざとのいおり そうえん

奥飛騨温泉郷のひとつでもある福地温泉は、岐阜と長野の県境に位置。標高1000mという山間の秘湯だ。江戸期、清見村大原に建てられた古民家を当地に移築した母屋は、太い梁や囲炉裏土間など、使い込まれた建物ならではの美しさを醸し出している。

▢ DATA & INFORMATION

☎0578-89-1116 所岐阜県高山市奥飛騨温泉郷福地温泉831 in15:00 out11:00 室15室 料1泊2食付 平日2万1780円～ 休前日2万8380円～ 交JR高山駅から濃飛バスで1時間10分、福地温泉下車、徒歩3分／長野自動車道・松本ICから国道158号で約55km P20台 送迎なし

日帰り湯 営15:00～20:00 料880円 休不定休 予約要予約

ROOM
奥飛騨らしい木のぬくもり

新潟から移築された古民家や、持ち山の木を使った部屋などそれぞれに趣の異なる部屋は、いずれも木のぬくもりが特徴的。

GOURMET
囲炉裏端で食す山里の美味

食材を囲炉裏裏で焼いたり、火に鍋をかけたりと、囲炉裏端ならではの食事が楽しい。釜戸で炊いた地元産コシヒカリが絶品。

温泉データ
泉質 単純温泉
pH値 7.0 泉温 63.5℃
湧出量 53ℓ/分
効能 神経痛、五十肩、冷え性、不眠症など

鉄分をたっぷりと含んだ茶色の温泉は、純土類炭酸鉄泉。寒い季節も体の芯から温まる

標高1026mの山里で
清らかな森と渓流に憩う

岐阜県●秋神温泉

秋神温泉旅館

あきがみおんせんりょかん

高山市からも車で40分という山深い里にある秋神温泉。自然を愛する宿の主人が造った敷地内の自然散策路を歩いたり、冬は氷点下の森を眺めたりと非日常の憩いが体験できる。また、漁業券販売店も兼ねており、秋神川特別漁区での釣り券が購入可能。

冬は「氷点下の森」が大人気。1・2月に催されるイベントで、水を吹き付け凍らせた木々をカラフルにライトアップする

御嶽山のふもとに位置する秋神温泉。夏でも涼しく、木々が放つ清涼な空気のおいしさが心身に染みる

☐ DATA & INFORMATION

📞0577-56-1021 🏠岐阜県高山市朝日町胡桃島355 in15:00 out10:30 客6室 予約1泊2食付 平日1万4000円〜 休前日1万4000円〜 交JR高山駅から濃飛バスで1時間、秋神温泉下車／長野自動車道・松本ICから国道158・361号、県道435号で約107km P20台 送迎なし

日帰り湯 なし

温泉データ
泉質	カルシウム-炭酸水素塩泉
pH値 6.2	泉温 13.3℃
湧出量 70ℓ/分	
効能	腰痛、神経痛、冷え性、関節痛など

GOURMET
美しい山の恵みをいただく

既製品は一切不使用。地元の山で採れたキノコや山菜、イワナやアマゴといった川魚をふんだんに使った素朴にして最高の山里料理。

ROOM
窓のすぐ外に自然が広がる

客室はトイレ付きの2室を含み、全6室、定員15名という小さな宿。部屋はすべて和室で、窓の外に広がる自然の眺望が素晴らしい。

鹿の湯ホテル

しかのゆホテル

およそ1300年前、鹿が傷を癒やしていたと伝わる鹿の湯。鈴鹿連山を一望する絶景と、客室、風呂、料理ともに現代を生きる私たちがゆったりとくつろげるようすみずみまで配慮の行き届いたもてなしが心地よい。湯はラジウム、エマナチオンたっぷりで無色透明。

DATA & INFORMATION

📞059-392-3141 所三重県菰野町湯の山温泉 in15:00 out10:00 室30室 予約1泊2食付 平日1万7600円〜 休前日2万6400円〜 交近畿日本鉄道・湯の山温泉駅から車で5分／新名神高速道路・菰野ICから国道477号、県道577号で約6km P30台 送迎あり

日帰り湯 営11:00〜14:30 料1000円 休不定休 予約不要

ROOM
好みに応じる多彩な客室

和室、和モダン、露天風呂付き、冷蔵庫フリーなど多彩な客室を用意。

GOURMET
地元食材を使ったヘルシー和食

地元食材を多用したモダンかつ豪華な会席料理が絶品。ジビエも好評を博し、猪肉、鹿肉などを使った僧兵鍋が美味。

ペットホテル「ぽちやど」を併設。宿泊中、いつでも様子を見に行けるのがうれしい

湯上がりには、椅子や縁台を備えた月見台で森林浴するのもおすすめ。室内にはマッサージ機が置かれている

温泉データ

泉質	弱アルカリ性単純温泉、弱放射能泉
pH値 8.7	泉温 25.3℃
湧出量	50ℓ/分
効能	神経痛、五十肩、冷え性など

カラオケBOXからペット預かり処まで完備

庭の植栽も目に鮮やかな露天風呂。ほかに内湯の大浴場や2つの貸切風呂もある

旅館 清少納言

りょかんせいしょうなごん

京都からの旅路、伊勢の入口に位置する榊原温泉は天皇が伊勢神宮参拝のために身を清める湯ごりの地。古くは七栗と呼ばれ、『枕草子』では三名泉の筆頭に挙げられている。湯宿、清少納言の和の客室に泊まり、平安貴族に愛された湯でのプチ湯治もおすすめだ。

DATA & INFORMATION

📞059-252-0048 🏠三重県津市榊原町6010 in 15:00 out 10:00 室30室 予約1泊2食付 平日1万5000円〜 休前日2万円〜 交近畿日本鉄道・榊原温泉口駅から車で10分／伊勢自動車道・久居ICから国道165号で約10km ᴘ50台 送迎あり

日帰り湯 営11:00〜20:00 料1000円 休不定休 予約不要

ROOM

和の客室でゆったり休む

ベッドを備えた和洋室もあるが和室が基本。窓の外には榊原川が流れる。

GOURMET

目にも鮮やかな和会席

食材の選定や調理はもちろん素晴らしいが、器、盛り付けの美しさにもうっとり。1人ずつメインが選べる花榊会席も大好評。

鎌倉から室町時代にかけて、数々の歌に詠まれてきた榊原温泉

宿のもうひとつのテーマは文学。芥川龍之介の初版本が閲覧できる

温泉データ

泉質	弱アルカリ性単純温泉
pH値	9.6	泉温	30.0℃
湧出量	100ℓ/分
効能	リウマチ、神経痛、リハビリなど

『枕草子』に挙げられた
三名泉のひとつでくつろぐ

湯治場としても賑わってきた榊原温泉は平安の女房たちにも愛された美肌の湯

湯に浸かりながら庭が眺められる。吉野の隠し湯といわれた秘湯は赤みを帯びた二酸化炭素冷鉱泉

日本一の桜の名所
吉野の山で憩う湯宿

奈良県●吉野温泉

吉野温泉元湯

よしのおんせんもとゆ

桜の名所は全国にあるが第一といえばこの吉野。山を覆う3万本ともいわれる桜は古くから人々を魅了し、西行や松尾芭蕉など多くの文人墨客も訪れている。この宿を訪れたのは島崎藤村。明治26年(1893)のことだが滞在した客室は今も当時のまま残されている。

🗂 DATA & INFORMATION

📞0746-32-3061 📍奈良県吉野町吉野山902-1 in14:00 out10:00 室6室 予約1泊2食付 平日1万6000円〜 休前日1万7000円〜 ✕近畿日本鉄道・吉野駅から徒歩20分／南阪奈道路・葛城ICから国道165・169号で約30km 🅿7台 送迎あり

日帰り湯 ※要問い合わせ

温泉データ
泉質 単純二酸化炭素冷鉱泉
効能 神経痛、筋肉痛、関節痛、五十肩など

ROOM
窓から庭に出られる部屋も

山の傾斜をそのまま利用した吉野建てと呼ばれる、この地域特有の日本建築で、各部屋からの眺望がそれぞれに異なっている。

GOURMET
鴨や猪の鍋も美味

山里らしさいっぱいの会席が好評だが、冬は季節限定ぼたん鍋がおすすめ。クセがなく、脂の甘みたっぷりのお肉が野菜とよく合う。

1 大きな天窓と一面の窓がしつらえられたロビー。すぐ外に吉野の山が広がっている
2 春の桜はもちろん、新緑、紅葉、雪景色と四季折々の表情が美しい

北川村温泉 ゆずの宿

きたがわむらおんせん ゆずのやど

高知県安芸の北川村はゆずが名産。風呂のアメニティや食事にもさわやかなゆずが香り、源泉100％の温泉や川のせせらぎ、窓にまで迫る山の景色とともに滞在者を癒やす。施設はモダンなつくりだが、木材を多用しており清潔感にあふれている。

DATA & INFORMATION

☎0887-30-1526 ㊟高知県北川村小島121 ㏌15:00 ㏕10:00 ㊟14室 ㊟1泊2食付 平日1万5550円～ 休前日1万6650円～ ㊟土佐くろしお鉄道・奈半利駅から北川村営バスで40分、小島下車、徒歩1分／高知自動車道・南国ICから国道55号で約65km ㋺25台 ㊟なし

日帰り湯 ㊟11:00～21:00（最終受付20:30）㊟700円 ㊟火曜 ㊟不要

ROOM

心地よいシンプルな客室

ダブル、ツイン、和室室といずれもベッドを配した客室はモダンな印象。和洋室には展望檜風呂が付いている。

ロビーなど館内はどこも木のぬくもりに満ちている

GOURMET

新鮮な山海の幸を味わう

北川村は食材の豊かな土地でもあり、季節の旬の食材をふんだんに使った和食がおいしい。もちろん、アクセントにはゆずの香り。

四季折々の山景色が美しい、自然に囲まれてたたずむ宿

温泉データ

泉質	ナトリウム-塩化物・炭酸水素塩冷鉱泉	
鉱泉	pH値 8.1	泉温 20.9℃
湧出量	38ℓ/分	
効能	切り傷、末梢循環障害など	

源泉100％の湯に浸かれる内湯と露天風呂。とろみのある温泉は美肌の湯としても知られる

山が放つ新鮮な空気とゆずの香りでリフレッシュ

入れば肌がツルツルに
炭酸水素塩泉の天然温泉

徳島県●祖谷渓温泉

ホテル秘境の湯

ホテルひきょうのゆ

平家の落人伝説の伝わる祖谷温泉は日本3大秘湯のひとつ。温泉は炭酸水素塩泉で、保湿効果が高く、古い角質を分解するため美肌効果も高い。また、大浴場、露天風呂のほか、塩サウナ、薬湯よもぎの湯もある。客室からの眺望からもパワーをもらえると好評。

阿波の青石を使った露天風呂から祖谷渓谷を望む。自然からもエネルギーをチャージ

DATA & INFORMATION

☎0883-87-2300 所徳島県三好市西祖谷山村尾井ノ内401 in15:00 out10:00 室52室 予約1泊2食付 平日1万8700円～ 休前日2万5300円～ 交JR大歩危駅から車で15分／徳島自動車道・井川池田ICから国道319・32号で約34km P120台 送迎あり

日帰り湯 営15:00～20:00 土・日曜、祝日12:00～18:00(最終受付は各1時間前) 料1000円 休火曜 予約不要

温泉データ
泉質 炭酸水素塩泉
pH値 9.0 泉温 19.2℃
湧出量 25.1ℓ/分
効能 神経痛、腰痛、肩こり、冷え性など

GOURMET

地元のブランド食材も豊富

阿波牛や阿波の金時豚、阿波尾鶏といったブランド肉のほか、鮎やアマゴなど地元の清流で採れる川魚などの豪華な郷土料理が自慢。

1大きなガラス窓から祖谷渓谷の原生林が見える。湯は天然の炭酸水素塩泉
2平家の落人の時代からあったとされるかずら橋が近く、絶景とスリルが味わえる

ROOM

バリアフリーの客室も用意

和室、和洋室など多くの旅館が備えるタイプの客室のほか、シングルで使える洋室やバリアフリーの客室も用意されている。

温泉の魅力が3拍子揃う

大浴場、露天風呂のほか、森の中のデッキで浸かる足湯や炭床式低温サウナを備える

日本人なら誰もが懐かしく感じる田園風景のなかの温泉宿は心身ともにくつろげる

温泉データ

泉質	塩化物泉
pH値	6.4
泉温	65.5℃
効能	リウマチ性疾患、運動機能障害など

山形屋

やまがたや

会津、喜多方の熱塩温泉はその名どおりの高温、食塩泉。山を背景に田畑が広がり、清らかな小川が流れる景色はまさにニッポンの原風景といった雰囲気がある。肥沃な土地と豊富な水、四季ごとにはっきりとした気候、一徹な人々が育む米や野菜、日本酒が美味。

■ DATA & INFORMATION

☎0241-36-2288 ㊞福島県喜多方市熱塩加納町熱塩北平田甲347-2 in14:00 out11:00 客33室 予約1泊2食付 平日1万6500円〜 休前日1万9800円〜 交JR喜多方駅から車で20分／磐越自動車道・会津若松ICから国道121号で約25km P70台 送迎あり

日帰り湯 営12:00〜17:00(変動あり、事前に要確認) 料800円 休不定休 予約不要

滝の湯

たきのゆ

会津の深い山の中、滝谷川に面した老舗宿。西山温泉には8つの源泉が湧くが、滝の湯ではうち2本を川の対岸から引き、混浴の露天(19:00〜21:00は女性専用)と男女それぞれの内湯で加熱、加水なしの源泉が楽しめる。

■ DATA & INFORMATION

☎0241-43-2311 ㊞福島県柳津町砂子原長坂829 in15:00 out10:00 客6室 予約1泊2食付 平日1万5550円〜 休前日1万6650円〜 交JR滝谷駅から車で10分／磐越自動車道・会津坂下ICから国道252号で約20km P10台 送迎なし ※冬期休業あり

日帰り湯 営10:00〜16:00 料600円 休不定休 予約不要 ※2023年2月現在、休止中

川のせせらぎが聞こえる新館の客室。素朴な山間の秘湯といった雰囲気がいい

膳には鮎や山菜など地物を使った郷土料理が並ぶ。酒やご飯がおいしい

温泉データ

泉質	含硫黄-ナトリウム-塩化物温泉、ナトリウム-塩化物温泉
pH値	6.5、7.2
泉温	71.0℃、79.4℃
湧出量	183ℓ/分
効能	切り傷、冷え性など

屋号のとおり、露天風呂から滝を望む。眼前の渓流ではヤマメなどの釣りが楽しめる

100％源泉かけ流し

岐阜県●栃尾温泉

温泉民宿 そば処 宝山荘

おんせんみんしゅくそばどころほうざんそう

清流、蒲田川沿いにあり、渓流釣りの聖地としても知られているため、春から秋にかけては釣り人の拠点としても人気。素朴ながら湯船に流れ続けるかけ流しの源泉や郷土料理など、土地の本物が味わえるのが最大の魅力。

清流沿いの温泉郷

貸切露天風呂は、清掃時とほかの宿泊者利用時以外は24時間利用可。宿泊者は無料

飛騨牛、イワナ、山菜、きのこ、熊など奥飛騨の山の恵みが並ぶ夕食

■ DATA & INFORMATION

☎0578-89-2358 所岐阜県高山市奥飛騨温泉郷栃尾457-10 in13:00 out9:30 室7室 予約1泊2食付 平日9500円〜 休前日9500円〜 交JR高山駅から濃飛バスで1時間20分、上栃尾下車、徒歩1分／長野自動車道・松本ICから国道158号で約58km P11台 送迎なし

日帰り湯 なし

温泉データ
泉質	単純温泉
pH値	6.9 泉温 70.0℃
湧出量	90ℓ/分
効能	慢性関節リウマチ、神経痛など

内湯と露天風呂は男女、各1つずつ用意。体の芯からほぐれるような心地がする

古き良き日本の温泉旅館

千年の歴史を持つ名湯「綿の湯」の源泉を引く庭園。まろやかな湯が心地よく、リピーターが多い

温泉データ
泉質	単純温泉
pH値	8.18 泉温 57.5℃
効能	腰痛、肩こりなど

江戸中期に開いた宿。岡本太郎や白洲次郎、正子夫妻、永六輔など本物を知る文化人に愛された。特に庭に面した露天風呂が素敵

長野県●下諏訪温泉

みなとや旅館

みなとやりょかん

諏訪大社の下社、春宮と秋宮の周囲に位置する下諏訪温泉。伝統的なたたずまいの宿が点在する情緒あふれる街だ。なかでもみなとや旅館はアメリカの雑誌『ライフ』で最も日本的な風呂と称された湯宿。懐かしくも上質なしつらえが美しい。

■ DATA & INFORMATION

☎0266-27-8144 所長野県下諏訪町立町3532 in16:00 out10:00 室5室 予約1泊2食付 平日2万2650円〜 休前日2万3150円〜 交JR下諏訪駅から徒歩5分／長野自動車道・岡谷ICから国道20号で約5km P3台 送迎なし

日帰り湯 なし

『雪国』は、越後湯沢のこの宿で執筆された

上越国境の清水トンネルを抜けると越後湯沢。昭和9年(1934)6月から、当時の高半旅館に逗留していた川端は、ここで『雪国』の連作を書き始める。

　川端康成の代表作『雪国』は、昭和9年(1934)から12年(1937)にかけてこの宿のかすみの間で書かれた。『雪国』は東京に妻子を持つ男性、島村が雪国の宿で芸者の駒子と出会い、関係を深めていく物語。川端は否定したこともあったが、島村は川端自身であり、さらに駒子にも実在のモデルがいた。作中で起きた火事も川端が湯沢滞在中に実際起きたことだという。
　冒頭、有名な次の一節から始まる。

国境の長いトンネルを抜けると
雪国であった。夜の底が白くなった。
信号所に汽車が止まった。
向側の座席から娘が立って来て、
島村の前のガラス窓を落した。
雪の冷気が流れこんだ。
娘は窓いっぱいに乗り出して、
遠くへ呼ぶように、
「駅長さあん、駅長さあん」
明りをさげてゆっくり雪を踏んで
来た男は、襟巻で鼻の上まで包み、
耳に帽子の毛皮を垂れていた。

川端康成『雪国』

↑越後湯沢は日本でも有数の多雪地帯。降り積もる雪がほかでは見られない絶景を見せてくれる

川端康成を中心に資料を展示
資料室
さまざまな版の『雪国』をはじめとする資料を展示する文学資料室。与謝野夫妻や北原白秋の書も残る。

作家ゆかりの宿で読書
図書ラウンジ
まるで作家の書斎のような空間で数百冊の本が自由に閲覧できる。映画『雪国』を上映するシアターも用意。

川端康成が滞在していた部屋
かすみの間

川端康成が『雪国』を執筆した部屋。たたずまいは当時のままで、池部良、岸恵子、八千草薫の出演で映画化されたときもこの部屋を再現して撮影を行った。また、与謝野鉄幹、晶子夫妻も北原白秋夫妻も宿泊して歌を詠んでいる。今も投宿者のみ見学できる。

川端康成
かわばたやすなり

明治32年(1899)大阪生まれ。日本人初のノーベル文学賞を受賞した。代表作は『伊豆の踊子』『山の音』『古都』など。新人作家発掘の達人としても知られ、堀辰雄や岡本かの子らが世に出た。

⤴宿の湯は放流式。源泉から直接引いた浴槽の湯が3時間で入れ替わる(上)。極上の地元食材をふんだんに使った食事が大好評(下)

📖 DATA & INFORMATION

📞025-784-3333 🏠新潟県湯沢町湯沢923 in15:00 out10:00 客33室 料金1泊2食付 平日1万6500円〜 休前日2万6950円〜 交JR越後湯沢駅から車で5分／関越自動車道・湯沢ICから国道17号、県道462号で約4km 🅿30台 送迎あり

日帰り湯 なし

温泉データ
泉質 単純硫黄温泉
pH値 9.6 泉温 43.4℃
湧出量 300ℓ/分
効能 慢性皮膚病、慢性婦人病、切り傷、糖尿病など

新潟県●越後湯沢温泉
雪国の宿 高半
ゆきぐにのやどたかはん

湯沢温泉最古の宿。というより約900年前この宿の初代当主・高橋半六が温泉を発見したことが湯沢温泉の始まりだ。だから高半はお湯がいい。さらには特A級の魚沼産コシヒカリや八海山野伏流水が育んだ魚や山菜などの食材がいい。なにより窓越しの風景が美しい。

⤴眺望の素晴らしさも有名な宿で、窓からは谷川連峰や湯沢の街を見渡す

太宰治が『斜陽』を執筆した客室に泊まる

伊豆の山荘に移り住んだ令嬢が主人公の『斜陽』。太宰治は三津浜の海と富士山を望むこの宿の角部屋で執筆を始めた。第1章、第2章の原稿80枚がこの部屋で生まれた。

『斜陽』は、大戦後間もなく華族制度が廃されたことにより没落した令嬢の物語。母とともに都内の屋敷を引き払い、伊豆に移り住んだ主人公が弟を通じて知り合った小説家と恋に落ちる。太宰治は昭和22年(1947)2月末からおよそ半月の間この旅館に逗留したが、当時、宿の人々は夜になると伊豆長岡に飲みに出る太宰を有名な作家とは気づかなかったという。

午後の三時頃で、冬の日が、お庭の芝生にやわらかく当っていて、芝生から石段を降りつくしたあたりに小さいお池があり、梅の木がたくさんあって、お庭の下には蜜柑畑がひろがり、それから村道があって、その向うは水田で、それからずっと向うに松林があって、その松林の向うに、海が見える。海は、こうしてお座敷に坐っていると、ちょうど私のお乳のさきに水平線がさわるくらいの高さに見えた。

太宰治『斜陽』

中庭に作られた資料室

伊豆文庫

太宰治をメインに伊豆ゆかりの作家の作品や資料を集めている。腰を下ろして本などを読むこともできる。

静岡県●湯の花温泉

安田屋旅館
やすだやりょかん

明治20年(1887)、商人宿として創業。数寄屋造りの日本建築が美しく、大正7年(1918)と昭和6年(1931)に建てられた松棟と月棟が国の登録有形文化財に登録されている。天然温泉が楽しめる風呂には、「満願」「富嶽」「桜桃」「思い出」と太宰の小説にちなんだ名がつけられている。

↑竹林の中庭を通り抜ける渡り廊下は風呂へと続く

富士山と海を望む角部屋
月見草

太宰治が滞在し、『斜陽』の第1章、第2章を執筆した部屋。旧名を「松の弐」といったが、「富士には月見草がよく似合う」という『富嶽百景』の一節にちなんで改名された。現在も、太宰治が投宿した当時のまま残されており、宿泊することもできる。

↑2階にしつらえられた野天風呂「満願」。神経痛や関節痛に効く

↑1階の大浴場「桜桃」

太宰 治
だざいおさむ

明治42年(1909)、津軽の大地主の家に生まれる。当時、非合法であった左翼活動での挫折、数々の女性との恋と自殺未遂、薬物中毒など、波乱の生涯を送る。代表作は『人間失格』『走れメロス』など。

↑海の幸に恵まれた土地。伊勢エビや鯛など地元の旬が繊細な会席で味わえる

☐ DATA & INFORMATION

☎055-943-2121 ⌂静岡県沼津市内浦三津19 in14:00 out10:00 室15室 予約1泊2食付 平日1万9950円〜 休前日2万900円〜 交伊豆箱根鉄道・伊豆長岡駅から伊豆箱根バスで27分、伊豆・三津シーパラダイス前下車、徒歩1分／東名高速道路・沼津ICから伊豆縦貫自動車道、国道136号、県道130号で約27km Ｐ20台 送迎なし

日帰り湯 ⏰12:00〜14:00(最終受付) 18:00〜20:00(最終受付) ¥1000円 休不定休 予約不要

温泉データ
泉質 アルカリ性単純温泉
効能 疲労回復、神経痛、病後・手術後の静養など

天空の露天風呂

ランプの宿高峰温泉

ランプのやどたかみねおんせん

上信越高原国立公園内、標高2000m
の高峰高原にたたずむ。自家源泉の「高
峰温泉」が標高1700mに湧き、24時間
ポンプアップして、野天風呂、ランプ
の湯、ヒノキの展望風呂に引き湯する。
浴槽に乳白色の湯が注ぐ野天風呂では、
雲上に浮くような入浴体験が叶う。

🛁 DATA & INFORMATION

☎0267-25-2000 所長野県小諸市高峰高原 in
13:00 out10:00 室21室 予約1泊2食付 平日1万
7750円〜 休前日1万7750円〜 交しなの鉄道・小
諸駅からJRバスで45分、高峰温泉下車／上信越
自動車道・小諸ICから県道94号で約24km P20
台 送迎あり

日帰り湯 営11:00〜16:00 料700円 休無休 予約
不要

温泉データ
泉質 含硫黄-カルシウム・ナトリウム・マグネ
シウム-炭酸水素塩泉
pH値 7.0 泉温 36.0℃ 湧出量 50ℓ/分
効能 神経痛、筋肉痛、リウマチなど

1

2

3

標高2000mの高原で雲上の野天風呂に浮遊

天空の露天風呂●長野県・高峰温泉

標高2000mの野天風呂はまさに別天地。高峰渓谷を眼下に望み、日本アルプスを遠望できる

5

6

1 野鳥教室や星空観察など体験プランも充実。夜はランプの灯りが心地いい
2 客室はシンプルで機能的な和室が中心となり、和室ベッドルームもある
3 三方がガラス張りの食事処「雲表」では、四季折々の山の幸を楽しめる
4 乳白色の源泉と加熱泉の2つの湯船があり、交互に入ると血行促進の効果が
5 ロビーの暖炉は、温泉を汲み上げるときに出る天然ガスを燃料として利用
6 かつては渓谷にあったが、昭和後期に現在の高地に移転、天空の湯宿に

四季の大自然と溶け合う
北海道で空にいちばん近い湯

露天岩風呂では、新緑、夏木立、紅葉、冬の銀世界など十勝岳連峰の四季の絶景を堪能

北海道●十勝岳温泉

湯元 凌雲閣

ゆもと りょううんかく

十勝岳中腹、標高1280mに建つ、北海道で最も高い場所にある湯宿。この地で温泉を発見した初代当主・會田久左エ門が昭和38年(1963)に創業した。空に手が届きそうな露天風呂、大岩と小岩の2つの内風呂で、鉄分が多い茶褐色の湯と低温酸性湯の2種の源泉を楽しめる。

DATA & INFORMATION

📞0167-39-4111 🏠北海道上富良野町十勝岳温泉 in15:00 out10:00 客14室 予算1泊2食付 平日1万1650円〜 休前日1万2750円〜 JR上富良野駅から町営バスで45分、十勝岳温泉凌雲閣下車すぐ／旭川空港から国道237号、道道291号で約48km P14台 送迎なし

日帰り湯 営8:00〜18:30(最終受付) 料1000円 休不定休 予約不要

温泉データ
泉質 酸性・含鉄(Ⅱ)-アルミニウム・カルシウム-硫酸塩泉 pH値 6.2 泉温 53.0℃
湧出量 不明 効能 切り傷、やけどなど

1 宿の名は「雲を凌ぐ宿」という意味。山登りやスキーの拠点にもなる温泉宿
2 6畳、10畳、12畳の和室、和室ツインを用意。洗面・トイレは共同の部屋が多い
3 地元の銘柄豚「かみふらのポーク」や季節野菜たっぷりの食事をレストランで提供
4 自然の大岩をそのまま利用した内湯「大岩の湯」も野趣あふれる圧巻のスケール

徳島県●新祖谷温泉

ホテルかずら橋

ホテルかずらばし

日本三大秘境に数えられる祖谷渓谷の最奥部、かずら橋近くの一軒宿。「新祖谷温泉」の湯元として良質な硫黄泉を所有し、天空に広がる露天風呂や大浴場に源泉をかけ流す。天空露天風呂へは宿のケーブルカーで一直線。深山幽谷、空、温泉しかない異世界が待つ。

1

🔲 DATA & INFORMATION

📞0883-87-2171 🏠徳島県徳島三好市西祖谷山村善徳33-1 in15:00 out10:00 🛏25室 🈁1泊2食付 平日2万350円～ 休前日2万3650円～ 🚗JR大歩危駅から四国交通バスで20分、ホテルかずら橋前下車すぐ／徳島自動車道・井川池田ICから国道319・32号で約36km 🅿22台 送迎なし

2

3

日帰り湯 ⏰10:30～16:00 💴1200円 休無休 予約不要

温泉データ
泉質	単純硫黄泉
pH値	8.9
泉温	19.5℃
効能	関節痛、筋肉痛、五十肩など

1 客室は和室と和洋室があり、露天風呂付きや展望風呂付き特別室も用意
2 徳島の銘柄肉や祖谷の食材を満喫できる郷土料理を囲炉裏端などで提供
3 昔、平家の落人たちが隠れ住んだと伝わる祖谷渓谷奥地の温泉ホテル

雲海を見下ろし、星空を仰ぐ
祖谷渓谷の天空の隠し湯

天空露天風呂は男湯「雲海の湯」と女湯「樹海の湯」に加え、広い貸切露天風呂「筍の湯」も

花桃と星降る里の隠れ宿

ホテル富貴の森

ホテルふうきのもり

木曽路の静かな森にたたずむ温泉ホテル。富貴畑高原を望む総檜造りの露天風呂が自慢で、天然温泉のジャクジーもある贅沢さ。静寂に包まれる貸切露天風呂は、天上の湯のような趣だ。木曽の食材で彩る料理にも癒やされる。

森の中に浮くように造られた露天風呂は360度が緑。日中は澄んだ空、夜は満天の星が美しい

🗒 DATA & INFORMATION

📞0264-58-2288 🏠長野県南木曽町吾妻4644-7 in15:00 out10:00 室12室 予料1泊2食付 平日2万1000円〜 休前日2万4000円〜 JR南木曽駅から車で20分／中央自動車道・飯田山本ICから国道256号で約25km P12台 送迎あり

日帰り湯 営11:00〜20:00(最終受付) 料900円 休無休 予約不要

1木曽産木材をふんだんに使った客室はぬくもりに満ちる。和室、和洋室、洋室を用意
2木曽の山々に囲まれ、近くには春に可憐な花桃が咲く「花桃の里」や渓流釣りの名所もある

(温泉データ)
泉質 アルカリ性単純硫黄冷鉱泉
pH値 8.78 泉温 18.7℃
効能 慢性皮膚炎、慢性婦人病、切り傷など

源泉も風呂も高所日本一

みくりが池温泉

みくりがいけおんせん

立山黒部アルペンルートの室堂駅の近く。標高2300mにある日本最高所の源泉・地獄谷に湧く薄乳白色の酸性泉を、日本一高所にある標高2410mの温泉宿に引き、無加水・無加温で展望内湯にかけ流す。大日連山の雄姿も見事。

日本一の「雲上の温泉」。男女別の展望内湯に泉温45℃の源泉をかけ流し、通年オープン

1刻々と表情を変える立山連峰の景観も楽しみ。特に朝焼けと日没の美しさは一生の思い出に
2標高2410mの山中に建つ。客室は個室と相部屋があり、食事は館内のレストランで

🗒 DATA & INFORMATION

📞076-463-1441 🏠富山県立山町室堂平 in14:00 out9:00 室29室 予料1泊2食付 平日1万3000円〜 休前日1万6500円〜 富山地方鉄道・立山駅から立山ケーブルカー、立山高原バスで1時間、室堂下車、徒歩15分／北陸自動車道・立山ICから県道6号で立山駅まで約33km ※立山駅〜扇沢駅はマイカー規制あり Pなし 送迎なし

日帰り湯 営9:00〜16:00 料1000円 休無休 予約不要 ※冬季休業あり

(温泉データ)
泉質 単純酸性泉
pH値 2.28 泉温 45.0℃
湧出量 60ℓ/分
効能 慢性皮膚病など

日本三古湯・三名泉

道後温泉
どうごおんせん

古代の白鷺伝説から開湯 3000 年以上
明治期に夏目漱石も通った日本最古の湯

　神代の昔、傷を負った白鷺がこの地に湧く温泉に数日浸かったところ、完治。それを見た人々が入浴するようになったのが道後温泉の起源とされる。飛鳥時代には聖徳太子が来浴しての効用湯を讃え、斉明天皇が行幸したとの記録も残る。

　平安時代には「伊予の湯桁」として『源氏物語』に登場する湯が、本格的な温泉施設になったのは江戸時代。寛永15年(1638)に松山藩主・松平定行の命により、男女別や用途別の浴槽が造られ、士農工商すべての人が楽しめる湯屋として賑わった。

　明治期に入ると、施設が老朽化。初代の道後湯之町町長・伊佐庭如矢が「100年の後まで」を見据えた改築に取り組み、明治27年(1894)に現在の道後温泉本館が完成した。翌年、夏目漱石が中学校教師として松山に赴任。当時の道後温泉の風情を、代表作のひとつ『坊っちゃん』に描いている。

　明治以降、湯の街としてさらに発展。なめらかなアルカリ性単純泉は「美人の湯」と呼ばれ、湯治や美肌づくりに向く。湧泉と源泉をブレンドした、無加温・無加水の源泉かけ流しを貫く。

■ ACCESS & INFORMATION

JR松山駅から伊予鉄道で25分、道後温泉電停下車、徒歩5分／松山自動車道・松山ICから国道33・379号、松山環状線で約8km

道後温泉事務所(冠山事務所) ☎089-921-5141

[温泉データ]
[泉質] アルカリ性単純温泉
[pH値] 9.1　[泉温] 20〜55℃　[湧出量] 1400ℓ/分
[効能] 神経痛、筋肉痛、慢性消化器病など

❶　湯の街、道後のシンボル

道後温泉本館
どうごおんせんほんかん

明治27年(1894)の改築時に誕生した木造3階建ての温泉施設。平成期に国の重要文化財に指定されたが、現役の浴場に徹する。「霊の湯」と「神の湯」の2種の男女別浴槽と趣の異なる休憩室がある。

☎089-921-5141　[所]愛媛県松山市道後湯之町5-6　[営]6:00〜23:00(最終受付22:30)　[休]無休　[料]420円　[交]伊予鉄道・道後温泉電停から徒歩5分　[P]あり

➡保存修理工事中(後期)は「霊の湯」での入浴可

本館は「刻太鼓（ときだいこ）」の音とともに毎朝6時に開館。夜のライトアップも風情がある

↑館内は愛媛の伝統工芸を用いたしつらえ。湯は本館と同じく、無加温・無加水の源泉かけ流し

② 飛鳥時代がテーマの湯屋
道後温泉別館 飛鳥乃湯泉
どうごおんせんべっかん あすかのゆ

街の新たな湯殿として、平成29年(2017)にオープン。聖徳太子の来浴などの逸話にちなみ、飛鳥時代の建築様式を再現。露天風呂や特別浴室、大広間休憩室などで憩える。
☎089-932-1126（道後温泉コンソーシアム）所愛媛県松山市道後湯之町19-22 営6:00〜23:00（最終受付22:30）休無休 料610円 交伊予鉄道・道後温泉電停から徒歩5分 Pあり

③ 蔵屋敷風の公衆浴場
道後温泉 椿の湯
どうごおんせん つばきのゆ

昭和28年(1953)に本館の姉妹館として開業以来、地元の人の公衆浴場として愛されている。湯釜がある花崗岩の広い浴槽、高い天井など、館内は広々ゆったり。
☎089-935-6586 所愛媛県松山市道後湯之町19-22 営6:30〜23:00（最終受付22:30）休無休 料400円 交伊予鉄道・道後温泉電停から徒歩5分 Pあり

↑回廊で飛鳥乃湯泉とつながる。湯は本館と同じ源泉かけ流し

道後温泉の名宿

道後温泉本館を囲むように老舗旅館や注目の宿が点在。なかでも指折りの名宿をご紹介。

❹ 客室露天風呂も名湯 「現代湯治」に憩える

道後御湯
どうごみゆ

老舗の「宝荘ホテル」が平成30年(2018)に新築リニューアルし、「現代湯治」をテーマに生まれ変わった。全客室の露天風呂に道後温泉を引き湯し、かけ流しする贅沢な湯が楽しめる。

📞089-931-7111 📍愛媛県松山市道後鷺谷町2-20 🕒15:00 🕚11:00 🛏30室 📅1泊2食付 平日3万8700円〜 休前日4万4200円〜 🚃伊予鉄道・道後温泉電停から徒歩5分 🅿24台 🚐なし

| 日帰り湯 | なし |

温泉データ
風呂数 露天風呂:2／内湯:2／貸切風呂:0
※全客室に露天風呂完備
泉質 アルカリ性単純温泉

1 18階の展望露天風呂は玄昌石と十和田石のシックな造り。風情ある松山の街を一望できる
2 和の情緒とミニマルな機能性が融合した客室には、露天風呂とテラスが付く
3 夕食は瀬戸内海の幸や伊予の大地の恵みのコース

❺ 風雅な露天風呂が自慢 数寄屋造りの隠れ宿

別邸 朧月夜
べってい おぼろづきよ

温泉街の奥、緑豊かな敷地に露天風呂付きスイートルームがゆったり並ぶ。渡り廊下を歩いて赴く、離れの露天風呂も格別の風情。温泉は道後最大級の湯量を誇る。

📞089-915-2222 📍愛媛県松山市道後鷺谷町4-4 🕒14:00 🕚11:00 🛏19室 📅1泊2食付 平日4万5250円〜 休前日5万750円〜 🚃伊予鉄道・道後温泉電停から徒歩8分 🅿19台 🚐あり

| 日帰り湯 | なし |

温泉データ
風呂数 露天風呂:2／内湯:0／貸切風呂:0
※全客室に露天風呂完備
泉質 アルカリ性単純温泉

1 離れの露天風呂「道後御茶屋」にはヒノキと岩の2つがあり、朝夕の男女入替制
2 客室はすべてスイート。全室に露天風呂が付く
3 愛媛の旬食材で彩る月替わり献立を1階の料亭「二十三夜」で

6 木と「生湯」にこだわり
極上の癒やしでもてなす

道後温泉 琴の庭

どうごおんせんことのにわ

2020年に老舗旅館「葛城」が「道後温泉の次の100年」を見据えてオープンした湯宿。木の香りに包まれたハイグレードな客室の露天風呂で、源泉かけ流しの「生湯」を堪能できる。

☎089-931-5141 ㊟愛媛県松山市道後湯月町4-16
[in]15:00 [out]11:00 [室]10室 [予約]1泊2食付 平日4万700円～ 休前日4万7300円～ [交]伊予鉄道・道後温泉電停から徒歩5分 [P]20台(1台800円) [送迎]なし

[日帰り湯] なし

[温泉データ]
[風呂数] 露天風呂:0/内湯:0/
貸切風呂:0
※全客室に露天・半露天風呂完備
[泉質] 弱アルカリ性単純温泉

1 全10室すべてに広い露天風呂が付き、源泉を24時間楽しめる
2 緑に囲まれたウッドデッキで極上のひとときを過ごせる
3 ヴィラタイプの客室「琥珀」
4 道後温泉本館の東向かい
5 旬の食材を生かした夕食は、庭園のレストランで

道後温泉

N
0 100m

道後喜多町

道後hakuro H
道後館 H
道後やや H
大和屋本店 H
道後グランド H
熟田津の道
セキ美術館
道後温泉 椿の湯 ③
道後温泉別館 飛鳥乃湯泉 ②
道後ハイカラ通り
観光案内所 i
からくり時計
手づくり工房 道後製陶社 S
道後温泉電停
松山市立子規記念博物館
道後公園
(湯築城跡前)電停
フジ道後店 S
湯築城資料館

5 別邸 朧月夜
4 道後御湯 H椿舘
6 道後温泉 琴の庭
1 道後温泉本館
湯神社 ✝
ふなや
伊佐爾波神社 H
メルパルク松山 H
松山市
湯月公園
道後彩朝楽 H
卍義安寺
道後プリンス H
道後公園
湯築城跡
20
187

日本の三古湯／三名泉

有馬温泉
ありまおんせん

豊臣秀吉が庇護し、文豪たちが心酔
霊験あらたかな金泉と銀泉２つの名湯

　日本の三古湯と三名泉の両方に名を連ねる唯一の温泉。その歴史は波瀾万丈で、泉質も極めて独特だ。

　湯の発見は神代に遡り、大己貴命と少彦名命が3羽のカラスが傷を癒やす様子に接し、温泉を見つけたと伝わる。開湯は1400年以上前で、7世紀には舒明天皇や孝徳天皇が行幸した。その後、災害により荒廃するが、8世紀に高僧・行基が再興。11世紀には洪水により衰退し、12世紀に奈良の僧・仁西が復活させた。

　戦国時代に入り、再び荒廃した有馬に、天正11年(1583)、豊臣秀吉が来訪。その湯に惚れ込み、泉源の改修工事を行うなど、長年にわたって庇護。江戸時代には湯治場として栄え、明治期以降は「関西の奥座敷」として文化人に愛され、谷崎潤一郎、吉川英治らが足しげく通った。

　泉質は世界的にも珍しく、環境省が療養泉として指定する主成分のほとんどを含み、「金泉」と「銀泉」に大別される。金泉は有馬古来の温泉で、鉄分と塩分を含んだ赤褐色の湯。銀泉は透明で、炭酸泉とラドン泉がある。泉源から噴き上がる湯けむりも圧巻で、湯の力を実感する。

点在する7泉源のひとつ、天神泉源。地下206mから湧く金泉

御所泉源は昭和26年(1951)に掘削した比較的新しい泉源

ACCESS & INFORMATION

各線・三宮駅から神戸市営地下鉄で11分、谷上駅で乗り換え、神戸電鉄で11分、有馬口駅で乗り換えて4分、有馬温泉駅下車。／阪神高速・有馬口ICから有馬街道で約2km

有馬温泉観光総合案内所 ☎078-904-0708

温泉データ
泉質 単純温泉、二酸化炭素泉、炭酸水素塩泉、塩化物泉、硫酸塩泉、含鉄泉 　pH値 6.5
泉温 【金泉】83.5〜98.2℃ 【銀泉】18.6〜42.3℃
効能 冷え性、腰痛、筋肉痛、関節痛など
湧出量 不明

① 26種類の風呂と岩盤浴が楽しめる

有馬温泉 太閤の湯
ありまおんせんたいこうのゆ

太閤秀吉の「黄金の茶室」をイメージした金泉と銀泉の蒸気浴「黄金の蒸し風呂」をはじめ、26種類の風呂と岩盤浴で、金泉・銀泉・炭酸泉(人工)が満喫できる。

☎078-904-2291　所兵庫県神戸市北区有馬町池の尻292-2　営10:00〜22:00(最終受付21:00)　休不定休　料2750円(土・日曜、祝日は2970円、特定日は3300円)入湯税75円別途必要　交神戸電鉄・有馬温泉駅から徒歩7分　Pあり

↩阪神淡路大震災をきっかけに発見された湯山御殿の岩風呂を復元。貴重な金泉を源泉かけ流しで堪能できる「太閤の岩風呂」

歴史が薫る外湯
めぐりに加え、
石畳が続くレトロな
温泉街の散策や食べ
歩きも楽しい

↑赤茶色の湯が体に染み
わたる。竹をイメージした
一の湯

② 金泉はとろり濃厚な赤茶色

有馬本温泉 金の湯
ありまほんおんせん きんのゆ

有馬本温泉・金の湯(金泉)が楽しめる。効
能は神経痛や関節痛、筋肉痛など多様。「一
の湯」「二の湯」の浴場があり、館外には「太
閣の足湯」も。
☎078-904-0680 ㉷兵庫県神戸市北区有
馬町833 ㉕8:00〜22:00(最終受付21:30)
㉹第2・4火曜(祝日の場合は翌日) ㉺650
円、2館券(金の湯・銀の湯)850円、3館券(金
の湯・銀の湯・太閣の湯殿館)1000円 ㉸神
戸電鉄・有馬温泉駅から徒歩5分 Ｐなし
※「太閣の湯殿館」は発掘資料館です。

③ 銀泉はさらさらと無色透明

有馬温泉 銀の湯
ありまおんせん ぎんのゆ

銀の湯(銀泉)は無色透明の炭酸泉とラジウ
ム泉の混合でやさしい湯ざわり。多様な効
能があるが、美肌効果が女性に人気。打た
せ湯やスチーム式サウナもある。
☎078-904-0256 ㉷兵庫県神戸市北区有
馬町1039-1 ㉕9:00〜21:00(最終受付20:
30) ㉹第1・3火曜(祝日の場合は翌日) ㉺
550円、2館券(金の湯・銀の湯)850円、3館券
(金の湯・銀の湯・太閣の湯殿館)1000円 ㉸
神戸電鉄・有馬温泉駅から徒歩10分 Ｐなし

↑太閣秀吉が好んだ
岩風呂をイメージした
浴室

有馬温泉の名宿

三古湯であり三名湯でもある有馬温泉は老舗旅館の宝庫。宿でも歴史と名湯を堪能したい。

❹ 金泉の自家源泉が自慢 6万坪の温泉リゾート

有馬温泉 元湯 古泉閣
ありまおんせん もとゆ こせんかく

高台の広大な森にたたずみ、温泉旅館の風情とリゾートの開放感を併せ持つ。有馬屈指の湧出量を誇る金泉が岩風呂や展望風呂を満たし、1日2回新鮮な湯に入れ替えられる。客室は落ち着いた和室が中心。

☎078-904-0731 ㊟兵庫県神戸市北区有馬町1455-1 ㏌15:00 ㏁11:00 ㊷62室 予約1泊2食付 平日2万7540円〜 休前日3万3840円〜 ㊚神戸電鉄・有馬温泉駅から徒歩10分 ㋺70台 送迎あり

| 日帰り湯 | なし ※食事付きプランのみ |

温泉データ
風呂数 露天風呂:0／内湯:4／貸切風呂:0
※客室風呂は除く
泉質 含鉄-ナトリウム-塩化物強塩高温泉

1 野趣満点の岩風呂は、昭和31年(1956)の創業以来、自家源泉の金泉をかけ流し
2 展望風呂「八角堂」は全面ガラス張りで、眺めも楽しみ
3 京風懐石料理、創作西洋料理、精進料理のプランを用意

❺ 秀吉が命名した老舗旅館で 有馬随一の浴場を楽しむ

兵衛向陽閣
ひょうえこうようかく

創業約700年の歴史と伝統が息づく宿。有馬温泉を愛した太閤秀吉に「兵衛」の名をいただいたと伝えられる。眺望が素晴らしい純和風の「一の湯」、ローマ風の「二の湯」、山あいの湯治場のような「三の湯」と、有馬最大級の3つの大浴場がある。

☎078-904-0501 ㊟兵庫県神戸市北区有馬町1904 ㏌14:30 ㏁11:00 ㊷129室 予約1泊2食付(夕食・バイキング)平日2万2990円〜 休前日3万2340円〜 ㊚神戸電鉄・有馬温泉駅から徒歩6分 ㋺150台 送迎あり

| 日帰り湯 | なし ※食事付きプランあり |

温泉データ
風呂数 露天風呂:4／内湯:6／貸切風呂:2
※客室風呂は除く
泉質 含鉄-ナトリウム-塩化物強塩高温泉

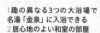

1 趣の異なる3つの大浴場で名湯「金泉」に入浴できる
2 居心地のよい和室の部屋

6 異なる2つの温泉を貸切家族風呂で

竹取亭円山
たけとりていまるやま

有馬温泉の旅館約30軒のなかで最も高台にあり、趣ある雰囲気で人気の老舗宿。金泉・銀泉を貸切家族風呂で体験できる。なかでも山に面してそれぞれ趣が異なる8つの貸切風呂は、森林浴もできると家族やカップルに好評だ。

☎078-904-0631 所兵庫県神戸市北区有馬町1364-1 in15:00 out11:00 室30室 予算1泊2食付 平日4万7850円～ 休前日5万2250円～ 交神戸電鉄・有馬温泉駅から徒歩15分 P20台 送迎あり

日帰り湯 なし

温泉データ

風呂数 露天風呂:0／内湯:0／貸切風呂:8
※客室風呂は除く

泉質 【金泉】含鉄-ナトリウム-塩化物強塩高温泉 【銀泉】単純放射能泉

1

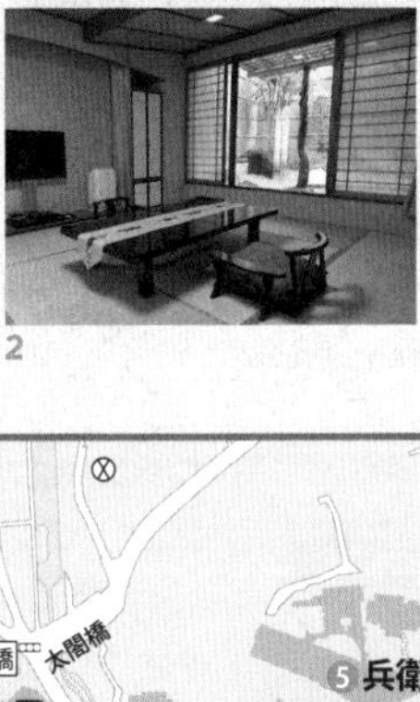

2

3

1 金泉・銀泉を、貸切家族風呂のさまざまな湯船で楽しめる
2 竹取亭スイート#403は銀泉露天風呂付きの客室
3 食事は専用食事処で。四季の旬を生かした創作会席料理が美しい

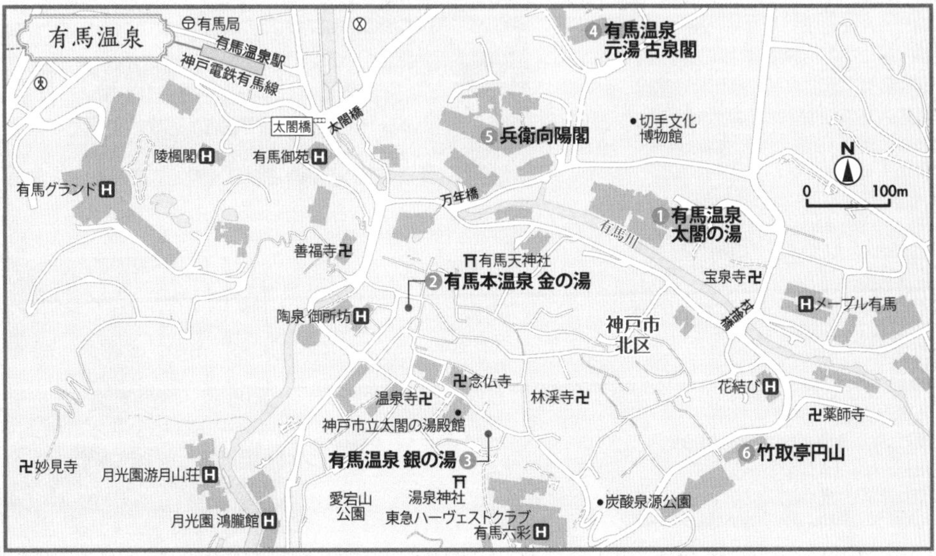
有馬温泉
有馬局
有馬温泉駅
神戸電鉄有馬線
4 有馬温泉 元湯 古泉閣
太閤橋
太閤橋
5 兵衛向陽閣
切手文化博物館
陵楓閣
有馬御苑
有馬グランド
N
0 100m
万年橋
1 有馬温泉 太閤の湯
有馬川
善福寺
有馬天神社
2 有馬本温泉 金の湯
宝泉寺
メープル有馬
陶泉 御所坊
神戸市北区
杖捨橋
念仏寺
温泉寺
林渓寺
花結び
薬師寺
神戸市立太閤の湯殿館
有馬温泉 銀の湯 3
6 竹取亭円山
妙見寺
月光園游月山荘
愛宕山公園
湯泉神社
炭酸泉源公園
東急ハーヴェストクラブ有馬六彩
月光園 鴻朧館

白浜温泉
しらはまおんせん

万葉の時代に歴代天皇が温泉行幸
大正以降、海辺の温泉リゾートに進化

　紀伊半島南部、雄大な太平洋を望む白浜温泉の開湯は1400年ほど前。飛鳥時代に都が置かれた奈良に近く、歴代の天皇や皇族が湯治に訪れていた記録や歌が『日本書紀』や『万葉集』などに残る。当時は「牟婁温湯」「紀温湯」と呼ばれ、斉明天皇、持統天皇、文武天皇らが海辺の湯に癒やされた。皇位継承争いのなか、19歳で亡くなった有間皇子もこの湯を愛でたという。

　平安時代には、熊野詣の折に京の都から天皇や貴族たちが来泉。江戸時代になると、武士や文人らが憩う湯治場として発展した。明治期には外国人も訪れ、オランダ人ヘールツはその著書『日本温泉獨案内』で、「湯崎七湯」を讃えている。往時は地名にちなんで「湯崎温泉」と呼ばれ、海岸沿いに7つの湯船があったが、現在は「崎の湯」が唯一残る。

　大正期、湯崎地区の北側にある白良浜海岸近くで源泉が新たに発掘され、それを契機に「白浜温泉」の名でリゾート開発が進展。時代に応じた進化を今も続ける。源泉は15カ所もあり、泉質も多様。宿の温泉に加え、外湯めぐりも楽しみたい。

■ ACCESS & INFORMATION

JR白浜駅から明光バスで15分、各バス停で下車／紀勢自動車道・南紀白浜ICから車で約10km

白浜町観光課 ☎0739-43-6588

温泉データ
泉質	含硫黄-ナトリウム-塩化物強塩温泉
pH値	7.2　泉温 74℃
湧出量	190ℓ/分
効能	切り傷、冷え性、アトピー性皮膚炎など

① 2つの源泉を湯くらべ
牟婁の湯
むろのゆ
行幸湯と砿湯の2つの源泉を一度に楽しめる。
☎0739-43-0686 ⓐ和歌山県白浜町1665 ⓣ7:00〜11:00 16:00〜21:30(最終受付は各30分前) ⓡ火曜 ⓨ420円 ⓧ湯崎バス停から徒歩2分 ⓟ5台

↑2つの源泉をそれぞれ楽しめる湯船。砿湯は塩気のあるのが特徴

「崎の湯」は湯船と海がまるで一体化。万葉ロマンを感じながら、海辺の古湯を堪能できる

2 歴代天皇も入った名湯

崎の湯
さきのゆ

万葉の時代から知られた湯崎七湯でひとつだけ残った歴史ある湯壺。間近に海が迫る岩場に造られ、野趣を満喫できる。

☎0739-42-3016 ㊟和歌山県白浜町1668 ㊟8:00～17:00(4～6月・9月は～18:00) 7・8月7:00～19:00 ㊡無休(荒天時は休業) ㊎500円(3歳以上) ㊚湯崎バス停から徒歩5分 ㊟15台

↑岩場に造られた「崎の湯」の女湯にある檜風呂からは青い海を遠くまで見渡せる

3 湯船から白良浜を眺める

白良湯
しららゆ

白良浜に面して建つレトロな木造建築の2階にある浴場。早朝から地元の人で賑わい、昔ながらの銭湯の雰囲気が好評。

☎0739-43-2614 ㊟和歌山県白浜町3313-1 ㊟7:00～11:00 16:00～21:30(最終受付は各30分前) ㊡木曜 ㊎420円 ㊚白浜バス停からすぐ ㊟6台

↑どこか懐かしいつくりの浴室の窓の向こうに、白良浜の青い海と白い砂浜が広がる

白浜温泉の名宿

三古湯と三名泉のなかで唯一、大海原を望む温泉郷。海と一体となる休日が叶う。

④ 雄大な景観と 由緒ある源泉を満喫

INFINITO HOTEL & SPA 南紀白浜
インフィニート ホテル&スパ なんきしらはま

白浜の高台に位置し、眼下には白浜の街並みや太平洋が広がる。源泉かけ流しの温泉は、白浜で最も古い源泉といわれる「行幸源泉」を引いている。スパリゾートとしてエステルームやジム、プライベートプールも完備。(プールOPEN:4月末〜10月末頃)
☎0739-42-2733 所和歌山県白浜町2018 in15:00 out11:00 室74室 予約1泊2食付 平日2万7500円〜 休前日3万800円〜 交新湯崎バス停から徒歩20分(JR白浜駅、白浜空港へ送迎あり、要予約) P90台

1 大浴場「空」は、海と一体化したような景色が満喫できる、開放感抜群のインフィニティ風呂
2 温泉露天風呂付きの客室「ラナイスイート」。温泉に浸かり絶景を独り占め
3 地元の海の幸、山の恵みを本場イタリアンシェフが奏でる南紀イタリアン

| 日帰り湯 | なし |

温泉データ
風呂数 露天風呂:2/内湯:2/貸切風呂:0 ※客室風呂は除く
泉質 ナトリウム-塩化物泉

⑤ 黒潮を感じる露天風呂 天然温泉プールが人気

湯快リゾートプレミアム ホテル千畳
ゆかいリゾート プレミアム ホテルせんじょう

南紀白浜の名勝、千畳敷近くの高台に建つ温泉リゾート。インフィニティ露天風呂「千寿の湯」、露天風呂「黒潮の湯」に加え、一年中楽しめる温泉プールも評判だ。
☎0570-550-078 所和歌山県白浜町1680-1 in15:00 out12:00 室112室 予約1泊2食付1万4410円〜 交千畳口バス停から徒歩1分 P80台

1 露天風呂「黒潮の湯」からは大海原を一望。自家源泉の湯が豊富に注ぐ
2 客室は和室、和洋室、洋室などがあり、幅広いニーズに対応
3 夕食は地元の海鮮などを豪快に楽しめるバイキング

| 日帰り湯 | 時9:00〜11:00 15:00〜23:00 料800円(土・日曜、祝日、繁忙期は1200円) 休無休 予約不要 |

温泉データ
風呂数 男女それぞれ露天風呂:2/内湯:1／貸切風呂:0 ※客室風呂は除く
泉質 ナトリウム-塩化物・炭酸水素塩泉

⑥ 岬全体が純和風の高級旅館
紺碧の海を望む混浴露天風呂

浜千鳥の湯 海舟
（共立リゾート）
はまちどりのゆ かいしゅう（きょうりつリゾート）

空と海が広がる岬に建つ。岬の突端には専用の湯浴み着で入る混浴露天風呂があり、絶景を望む最高のロケーション。ほかにも3つの貸切風呂や露天風呂付き客室があり、館内のほとんどの場所から大海原が望める。

☎0739-82-2220　⚐和歌山県白浜町1698-1　in15:00　out11:00　客109室　予約1泊2食付 平日2万3000円～ 休前日2万8000円～　⚏草原の湯バス停からすぐ Ⓟ80台

日帰り湯 なし

温泉データ
風呂数 露天風呂：2／内湯：2／貸切風呂：3
※客室風呂は除く
泉質 ナトリウム-塩化物・炭酸水素塩泉

1 夕日の色が映える海を眺められる露天風呂付き和洋室客室「波の抄」
2 家族やカップルで入浴できる、広々とした絶景の混浴露天風呂

1

---

⑦ 白浜の海が目の前に広がる
インフィニティ風呂を満喫

SHIRAHAMA KEY TERRACE
HOTEL SEAMORE
シラハマキー テラス ホテル シーモア

太平洋に面して建つ絶好のロケーションで、露天風呂や足湯からの眺望は圧巻。客室も大海原を望み、波音が響く癒やしの空間だ。新たに設けられたテラスやベーカリーなどは、観光客や地元の人々が集う場になっている。

☎0739-43-1000　⚐和歌山県白浜町1821　in15:00　out11:00　客160室　予約1泊2食付 平日1万2000円（税別）～ 休前日1万5000円～　⚏新湯崎バス停からすぐ Ⓟ100台

日帰り湯 ⌚13:00～20:00 料1000円 休無休

温泉データ
風呂数 露天風呂：1／内湯：2／貸切風呂：0
※客室風呂は除く
泉質 ナトリウム-塩化物・炭酸水素塩泉

2

1 立ち湯の露天風呂「三段の湯」。眼下に広がる海の景色とともに温泉を堪能
2 美しい白浜の街や海を望むコーナースイートルーム

白浜温泉

N
0　400m

常喜院
白浜局
馬見崎　長崎の鼻
熊野三所神社
権現崎
白良湯 ③
白良浜
白浜はまゆう病院
鉛山湾
牟婁の湯 ①
SHIRAHAMA KEY TERRACE HOTEL SEAMORE ⑦
崎の湯 ②
白浜温泉局
湯崎
金徳寺
来迎寺
白浜第二小
山神社
白光寺
④ INFINITO HOTEL&SPA南紀白浜
白浜中
白浜小

児病院
霊泉橋
白浜町
太刀ヶ谷神社
白浜金閣寺
大島
瀬戸崎
⑥ 浜千鳥の湯 海舟（共立リゾート）
⑤ 湯快リゾートプレミアムホテル千畳
横島
南紀白浜IC
平草原公園
南紀白浜空港
アドベンチャーワールド

日本の三名泉

草津温泉
くさつおんせん

毎分3万ℓ以上の天然温泉が自噴
源泉の湯畑を中心に広がる天下の名湯

「お医者様でも草津の湯でも恋の病は治りゃせぬよ」と、恋の病以外の万病に効くと謳われる。その中心地、湯畑の発見は諸伝説があるが、室町時代に高僧らが入湯したのが草津治湯の記録としては最古。安土桃山時代には武家の湯治場となった。

江戸時代、湯の効能は広く知れ渡り、儒学者・林羅山は「天下の三名泉」のひとつに草津を挙げた。8代将軍・徳川吉宗は、江戸城まで湯を運ばせて入浴したほど。明治期にはドイツ人医師ベルツが温泉と環境に心酔し、草津を世界に紹介した。

代表する源泉は6つ。すべて酸性泉だが、酸性度や成分は幅広い。湯畑は硫酸塩泉、万代は塩化物泉。すべての湧出量をあわせると毎分3万2300ℓ以上が自噴し、自然湧出量日本一だ。泉温は50℃前後が多く、源泉かけ流しを貫くための工夫も特徴。湯を冷ます「湯もみ」、湯客が一斉に入浴する「時間湯」が江戸時代に生まれ、共同浴場の一部にその伝統が残る。

温泉街は湯畑を囲むように広がり、名湯を愛でられる外湯が点在。浴衣を着て散策しながら、湯めぐりを楽しむ古来の温泉文化を満喫できる。

湯畑近くの観光施設「熱乃湯」では伝統の「湯もみと踊り」ショーを毎日開催

ACCESS & INFORMATION

JR長野原草津口駅からJRバスで25分、草津温泉バスターミナル下車／関越自動車道・渋川伊香保ICから国道17・353・145・292号で約60km

草津温泉観光協会　☎0279-88-0800

温泉データ
【湯畑源泉】
|泉質| 酸性-含硫黄-アルミニウム-硫酸塩・塩化物温泉　|pH値| 2.1　|泉温| 52.7℃
|湧出量| 4000ℓ/分
|効能| 神経痛、筋肉痛、関節痛など

---

① 大自然に抱かれて名湯を堪能
西の河原露天風呂
さいのかわらろてんぶろ

代表する6つの源泉のなかで最大の湧出量の万代源泉を引く。湧出温度は約95℃、pH1.6の強い酸性泉で、殺菌・抗炎症作用に優れる。男女の露天風呂の総面積は500㎡にも及び、毎週金曜の夕方以降は男性風呂が混浴に。四季折々の自然に包まれ、特に冬の雪見風呂は別世界の趣だ。

☎0279-88-6167　⏢群馬県草津町草津521-3　🕐7:00(12〜3月9:00)〜20:00(最終受付19:30)　休無休　料700円　交草津温泉バスターミナルから徒歩20分　Ｐ天狗山第一駐車場を利用(300台)

夕方以降、湯畑は
ライトアップされ、
湯けむりと光の渦
で幻想的な雰囲気
に。夜の散歩も
おすすめ

↷煮川源泉を引く温泉旅館
はなく、観光客がこの泉質を
体験できるのは大滝乃湯のみ

2 草津名物「合わせ湯」を体験
大滝乃湯
おおたきのゆ

「美人の湯」と呼ばれるpH2.1の酸性泉（含硫黄）の煮川源泉をかけ流し。ぬる湯から順次、高めの湯に入る独自の入浴法「合わせ湯」を楽しんでから、大浴場と露天風呂に浸かるストーリー性が人気。貸切風呂もある。

☎0279-88-2600 ⚑群馬県草津町草津596-13 ⏰9:00～21:00（最終受付20:00）⚫無休 💴980円 🚌草津温泉バスターミナルから徒歩8分 🅿100台

3 湯畑と万代、2種の源泉を楽しむ
御座之湯
ござのゆ

江戸～明治期に湯畑近くにあった共同浴場のひとつ「御座之湯」を往時の趣のまま、平成25年(2013)に再建。2つの浴槽に湯畑と万代の2つの源泉を引き、日替わりの男女入替制で提供。

☎0279-88-9000 ⚑群馬県草津町草津421 ⏰7:00(12～3月8:00)～21:00（最終受付20:30）⚫無休 💴700円 🚌草津温泉バスターミナルから徒歩5分 🅿湯畑観光駐車場利用(有料)

↑ヒノキの浴槽の「木之湯」、御影石造りの「石之湯」がある

宿によって、引く源泉はさまざま。泉質や肌ざわりの違いを感じるのも草津での楽しみだ。

④ 草津最古の白旗源泉を「湯守」が守る老舗旅館

奈良屋
（ならや）

明治10年(1877)創業。草津最古とされる白旗源泉を引き、宿の「湯守」が湯もみしたやさしくなめらかな湯が評判。湯畑を望む、半露天風呂付き客室もある。

☎0279-88-2311 ⓐ群馬県草津町草津396 in15:00 out11:00 室35室 予1泊2食付 平日3万2450円～ 休前日3万5750円～ 交草津温泉バスターミナルから徒歩4分 Ｐ西の河原公園有料駐車場を利用 返なし

日帰り湯 ⏰12:30～14:00 料1200円 休メンテナンス休あり 予不要

温泉データ
風呂数 露天風呂:3／内湯:3／貸切風呂:3 ※客室風呂は除く
泉質 酸性・含硫黄-アルミニウム-硫酸塩・塩化物温泉

1 源泉を湯小屋で一晩寝かせ、最適な温度と肌ざわりに湯もみ。大浴場は24時間源泉かけ流し
2 風格のあるエントランス
3 多彩な客室が揃い、特別室を配した「泉游亭」が人気
4 夕食は個室食事処で季節の会席料理が楽しめる

⑤ 多くの文化人が愛したかけ流しの源泉を湯比べ

草津温泉 望雲
（くさつおんせん ぼううん）

創業は慶長4年(1599)。江戸後期に小林一茶や十返舎一九が訪れ、近代には高村光太郎と妻・智恵子が逗留。万代鉱源泉と西の河原源泉を引き、2つの浴槽が並ぶ「遊山の湯」では2種の源泉を比べられる。

☎0279-88-3251 ⓐ群馬県草津町草津433 in14:00 out10:00 室43室 予1泊2食付 平日1万6650円～ 休前日1万9950円～ 交草津温泉バスターミナルから徒歩6分 Ｐ50台 返あり

日帰り湯 ⏰14:00～18:00(最終受付) 料1000円 休不定休 予不要

1 客室は和室、和洋室、洋室を用意。広い日本庭園もあり、初夏のしゃくなげが見事
2 2つの源泉を6つの湯船にかけ流しで注ぐ

温泉データ
風呂数 露天風呂:3／内湯:3／貸切風呂:0 ※客室風呂は除く
泉質 酸性・含硫黄-アルミニウム-硫酸塩・塩化物温泉

⑥ 草津最大級の大浴場と 3つの源泉を堪能できる

ホテル櫻井
ホテルさくらい

長さ約30mの大浴場は、万代源泉と西の河原源泉の混合泉。露天風呂には薄乳白色の綿の湯源泉を引く。毎日開催している「湯もみショー・太鼓ショー」も人気を博している。

☎0279-88-3211 🏠群馬県草津町草津465-4 📍15:00 📍10:00 🏠179室 📍1泊2食付 平日1万3200円～ 休前日1万9800円～ 🚌草津温泉バスターミナルから徒歩5分 🅿300台 📷あり

日帰り湯 なし

温泉データ

風呂数 露天風呂:2／内湯:4／貸切風呂:0
※客室風呂は除く

泉質 酸性・含硫黄・アルミニウム-硫酸塩・塩化物温泉

1. 本客殿と新客殿があり、新客殿は坪庭付き数寄屋造り
2. 露天風呂の綿の湯源泉は、草津の源泉のうち、湯の花の成分の含有量が豊富
3. 食事は群馬県産の旬の食材を生かした料理を提供
4. 湯もみショーなど館内で開催されるイベントも楽しみ

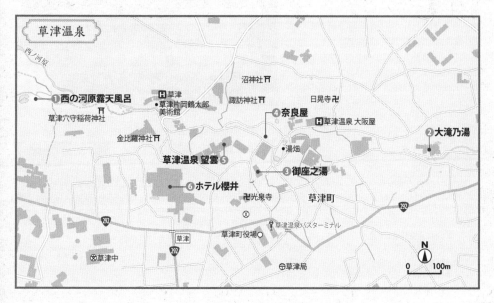

草津温泉

① 西の河原露天風呂
草津穴守稲荷神社
H 草津
・草津片岡鶴太郎美術館
諏訪神社
沼神社
日晃寺卍
④ 奈良屋
H 草津温泉 大阪屋
② 大滝乃湯
金比羅神社
湯畑
草津温泉 望雲 ⑤
③ 御座之湯
⑥ ホテル櫻井
卍光泉寺
草津町
292
草津温泉バスターミナル
草津町役場
草津
292
⊗草津中
草津局
N
0 100m

下呂温泉
げろおんせん

鎌倉時代に白鷺が見つけたと伝わる名泉
飛騨川沿いの風情あふれる温泉郷

なだらかな山々に囲まれた飛騨の山里、下呂。その東にそびえる山、湯ヶ峰の頂上近くで、平安中期に湧泉が発見されたのが温泉地としての始まり。後代に湯の噴出が突然止まるが、鎌倉時代に飛騨川の河原で温泉が再発見される。そのとき、1羽の白鷺が湯で傷を癒やしていたという白鷺伝説が、街のシンボルのひとつ、「しらさぎ橋」の名の由来だ。

源泉地が山中から平地に移ったことで、遠来の湯治客が増加。室町時代には京都五山の僧・万里集九が「三名泉」のひとつに挙げ、江戸時代には儒学者・林羅山が「天下の三名泉」に数えた。

泉質はアルカリ性単純温泉1種。無色透明でほのかな香りがあり、美容液のようなとろみと効能から「美人の湯」と呼ばれる。未来に名湯をつなぐため、地元の旅館組合が温泉を集中管理しているのも特徴。源泉を混合して湯質と湯温を最適化し、宿や共同浴場に安定供給している。

大正〜昭和期の風情が漂うレトロな街並みも魅力で、鷺の足湯、河川敷の噴泉池など個性豊かな足湯が点在。「白鷺の湯」をはじめとする外湯も情趣に富む。

ACCESS & INFORMATION

JR下呂駅下車／東海環状自動車道・富加関ICから県道58号、国道41号で約60km

下呂温泉観光協会 ☎0576-24-1000

温泉データ
泉質 アルカリ性単純温泉
pH値 9.2 泉温 55℃
湧出量 1250ℓ/分
効能 運動機能障害、リウマチ、神経麻痺など

浴衣での散策が楽しい、こぢんまりとした温泉街。名物の足湯めぐりも楽しみたい

① 温泉熱を生かしたスイーツ
足湯の里 ゆあみ屋
あしゆのさと ゆあみや

カフェと足湯コーナーのほか、温泉コスメなどの下呂みやげが揃うショップも併設している。ソフトクリームに自家製温泉卵をのせた温玉ソフト470円も人気だ。

☎0576-25-6040 ⌂岐阜県下呂市湯之島801-2 ◷9:00〜18:30(変動あり)、足湯は24時間 休不定休 ◉JR下呂駅から徒歩6分 Ⓟなし

⬆誰でも24時間無料で利用できる足湯。足湯に浸かりながらカフェメニューが楽しめる

江戸中期〜末期の温泉番付といった珍しい文化的資料も

2 温泉資料を展示解説

下呂発温泉博物館

げろはつおんせんはくぶつかん

温泉を科学と文化の両面から紹介する温泉専門博物館。温泉が湧き出す仕組みや泉質などの解説、温泉の発見伝説といった温泉文化の紹介も。

☎0576-25-3400 ㊟岐阜県下呂市湯之島543-2 ㊋9:00〜16:30 ㊡木曜(祝日の場合は翌日) ㊂400円 ㊩JR下呂駅から徒歩10分 Ⓟ18台(1時間以内は無料)

3 大正ロマンが漂う公衆浴場

白鷺の湯

しらさぎのゆ

大正15年(1926)の開業以来、地元の人に愛される共同浴場。檜造りの内湯からの眺めが良く、飛騨川の景色を一望できる。休憩室も完備。

☎0576-25-2462 ㊟岐阜県下呂市湯之島856-1 ㊋10:00〜21:00(最終受付20:15) ㊡水曜 ㊂430円 ㊩JR下呂駅から徒歩10分 Ⓟ7台

↑入口にはビーナスの足湯があり、無料で利用可

下呂温泉の名宿

宿の湯の泉質は同じ。風呂の趣や眺め、料理や施設から、目的に合う一軒を選びたい。

④ 下呂屈指の規模を誇る 豪華なリゾート空間

水明館
すいめいかん

JR下呂駅からすぐの飛騨川沿いに建つ、昭和7年(1932)創業の老舗旅館。山水閣、飛泉閣、臨川閣のそれぞれに趣の異なる大浴場を擁する。温泉プールや能舞台、茶室といった多彩な施設が揃う。
☎0576-25-2800 住岐阜県下呂市幸田1268 in14:00 out11:00 室264室 予約1泊2食付平日1万9800円〜 休前日2万4200円〜 交JR下呂駅から徒歩3分 P200台 送迎あり

日帰り湯 営11:00〜14:00 料1100円 休年1日休みあり 予約不要

温泉データ
風呂数 露天風呂:2／内湯:6／貸切風呂:2
※客室風呂は除く
泉質 アルカリ性単純温泉

1 巨岩に囲まれた野天風呂「龍神の湯」。とろみのある下呂の名湯を堪能できる
2 美しい日本庭園が眺められる山水閣特別室
3 約1万坪の敷地に4つの宿泊棟が並ぶ

⑤ 総檜、美濃石造り、 畳風呂で名湯を満喫

下呂ロイヤルホテル雅亭
げろロイヤルホテルみやびてい

温泉街の中心部にあり、多彩な風呂と客室が人気。総檜展望露天風呂、美濃石露天風呂、畳敷き展望大浴場などに名湯が湧き、3つの貸切露天風呂も格別の風情。
☎0576-24-1001 住岐阜県下呂市湯之島758-15 in15:00 out10:00 室32室 予約1泊2食付 平日1万6800円〜 休前日2万3800円〜 交JR下呂駅から徒歩9分 P40台 送迎あり

日帰り湯 なし

温泉データ
風呂数 露天風呂:2／内湯:1／貸切風呂:3
※客室風呂は除く
泉質 アルカリ性単純温泉

1 展望風呂からは温泉街と周囲の山並みを一望。澄んだ空気もすがすがしい
2 アンティーク露天風呂付き客室や古民家風客室など、部屋でも飛騨の文化に憩える
3 温泉街の散策に格好の立地。楽しい趣向の足湯も2つある

⑥ 飛騨川河畔の竹林にたたずむ 数寄屋造りの純和風旅館

川上屋花水亭
かわかみやかすいてい

温泉街の中心部から少し離れたところに建つ閑静な湯宿。約1000坪の広大な敷地にあるわずか16室の客室はどれも季節感と和の風情が感じられる。飛騨の食材を生かした会席料理は、ボリューム、カロリーに配慮したやさしい味。

☎0576-25-5500 所岐阜県下呂市湯之島30 in14:00 out11:00 室16室 予約可 1泊2食付 平日2万9700円〜 休前日3万3000円〜 交JR下呂駅から徒歩20分 P20台 送迎あり

温泉データ
風呂数 露天風呂:2／内湯:2／貸切風呂:1 ※客室風呂は除く
泉質 アルカリ性単純温泉

日帰り湯 なし

1

1 11〜13品が供される月替わりの献立
2 露天風呂「河原の湯」。四季ごとに刻々と表情を変える飛騨の山並みが美しい

⑦ 温泉街を一望できる露天風呂 リゾート感満載の空間が自慢

ホテルくさかべアルメリア
ホテルくさかべアルメリア

飛騨川の西側にそびえる大型リゾートホテル。温泉街と山々を望める総檜造りの展望露天風呂、クアタイプの「湯の森」で名湯を満喫できる。エンターテインメント施設も充実。

☎0576-24-2020 所岐阜県下呂市幸田1811 in15:00 out10:00 室125室 予約可 1泊2食付 平日1万3500円〜 休前日1万8500円〜 交JR下呂駅から徒歩10分 P150台 送迎あり

温泉データ
風呂数 露天風呂:4／内湯:6／貸切風呂:0 ※客室風呂は除く
泉質 アルカリ性単純温泉

2

日帰り湯 営12:00〜19:00(最終受付) 料1500円 休無休 予約不要

1 露天風呂からの夕景は感動的
2 スタンダードな和室に加え、アジアンリゾートタイプの客室も用意

下呂温泉

⑥ 川上屋花水亭
下呂トンネル
温泉寺卍
88 下呂発温泉博物館 ② ③ 白鷺の湯
神明神社 ⑤ 下呂ロイヤルホテル 雅亭
足湯の里 ゆあみ屋 ① 下呂温泉合掌村
⑦ ホテルくさかべ アルメリア 下呂温泉病院
下呂大橋 森 卍飛騨信貴山 山王坊 下呂交流会館
水無八幡神社
下呂駅 下呂市役所 257
下呂局
水明館 ④ 飛騨川 下呂市
卍泰心寺
N
0 200m 高山本線 卍本光坊 卍稲荷社 下呂ふるさと歴史記念館
六見橋

『千曲川旅情の歌』を綴った宿

明治32年(1899)からの7年を教師として小諸で過ごした島崎藤村。詩から散文へと作品を変えつつある時期でもあり、地域の人々の暮らしや千曲川の自然と親しみながら思索を深めたという。

失恋し、兄が不正の嫌疑で投獄され、父とも慕う作家・北村透谷が自殺するなど、次々と苦難に見舞われた島村藤村がやっと手に入れた穏やかな日々がこの小諸時代。当時、中棚鉱泉と呼ばれた中棚荘の大正館には何度となく宿泊し、『千曲川旅情の歌』を執筆した。大正館の客室「浅間の間」「草枕の間」「淡雪の間」などは詩の言葉から命名。代表作『破戒』に取りかかったのもこの時期。

「千曲川旅情の歌」
千曲川いざよふ波の　岸近き宿に
のぼりつ　濁り酒濁れる飲みて
草枕しばし慰む
島崎藤村『落梅集』

「初恋」
まだあげ初めし前髪の　林檎のもと
に見えしとき　前にさしたる花櫛の
花ある君と思ひけり
島崎藤村『若菜集』

水明楼へ来るたびに私は先生の好く整理した書斎を見るのを楽しみにする。
そればかりではない、千曲川の眺望はその楼上の欄によりそいながらほしいままに賞することができる
島崎藤村『千曲川のスケッチ』

藤村の詩や小説を閲覧
ラウンジと藤村ライブラリー
7:00～21:00には温泉水を使ってサイフォンで淹れたコーヒーや庭の完熟梅で作ったジュースなどが味わえる。

早めの予約が必須
藤村の間
藤村が『千曲川旅情の歌』を執筆した部屋を復元。実際に泊まれるが大人気なので早めに予約したい。

水明楼

藤村が深夜まで恩師と語りあった書斎

島崎藤村が教鞭をとった小諸義塾の塾長であり、恩師でもあった木村熊二の書斎。『千曲川のスケッチ』で「水明楼へ来るたびに私は先生の好く整理した書斎を見るのを楽しみにする。」と書かれた書斎だ。今も当時のまま残されている。
※2023年3月現在、見学不可

島崎藤村
しまざきとうそん

明治5年(1872)、中山道馬籠に誕生。明治学院卒業後、雑誌『文学界』の創刊に加わり、教師のかたわらエッセイや詩を発表する。次第に小説を執筆するようになり、『破戒』『夜明け前』などを刊行。

↑藤村の「初恋」をモチーフにした初恋りんご風呂は寒い季節の宿の名物(上)。トイレ、洗面台の付いた平成館の和室。窓辺には文机があり、文豪気分が味わえる(下)

長野県●中棚温泉

中棚荘
なかだなそう

↑島崎藤村のほか、種田山頭火も滞在したという大正館

和洋室などを備えた平成館もあるが、大木の茂る庭に面した大正館は藤村が訪れた当時のまま。京料理の名店で研鑽を積んだ料理長が地元の食材を用いて作る食事や、自社で栽培するブドウを使って醸造するワインと、食のクオリティも高い。手斧で削った巨木を配した浴場も素敵。

☐ DATA & INFORMATION

☎0267-22-1511 ㊟長野県小諸市古城中棚 in14:00 out11:00 客室27室 宿料1泊2食付平日2万900円〜 休前日2万4200円〜 交JR小諸駅から徒歩20分／上信越自動車道・小諸ICから旧北国街道、県道142号で約5km ℗30台 送迎なし

日帰り湯 営11:30〜14:00(最終受付) 料1100円 休月2回不定休 予約不要

温泉データ
泉質 アルカリ性単純温泉
pH値 8.6 泉温 38.2℃
湧出量 252ℓ/分
効能 疲労回復、神経痛など

初期の短編『海の鳴る時』に登場

貸本に読みふけるうち、鏡花が小説家を志すようになったのが辰口温泉。滞在したまつさき旅館は、執筆した小説『海の鳴る時』に「松屋」と名を変えて登場する。

泉鏡花は辰口温泉に暮らす叔母、田中千代に甘え、また大変かわいがられたらしい。自筆の年譜にも「貸本代はもっぱら母亡き我をいとおしむ叔母の小遣い」とある。小説家を志すきっかけとなり、のちに弟子入りする尾崎紅葉の作品に出会ったのも千代の家でのこと。『海の鳴る時』では「辰の口へ行かしやりや、叔母様が又抱いて寝て暖めさつしやるべい」と主人公をからかう場面がある。

叔母の家に急用があつて、故郷から六里来た。此処までは小松、動橋、大聖寺、牛首等を経て、越前に通ずる加賀の本街道で、これから田圃道を一里半、開発といふ山を一ツ越すと、辰の口と言つて温泉があつて、叔母なる人は其処に居る。
……大分晩いしの、何うして雪が降る時分にや夜中裏山から猿が来て、行水をしようといふ温泉だものを。彼の三階建の恐しい、広い松屋が寝静まつて、廊下の火と言やあ湯殿の前の洋灯一個。

泉 鏡花『海の鳴る時』

⬆『由縁の女』の中で竜宮へ行くようだと描かれた明治期の辰口

⬆「買初に雪の山家の絵本かな」と書かれた泉鏡花直筆の短冊

⬅大勢の客や芸妓で賑わった泉鏡花の時代の宿の様子

石川県●辰口温泉

まつさき
まつさき

天保7年(1836)、「松崎旅館」として創業した老舗。1500坪の日本庭園を望む客室、極上の出汁を使った和食、庭に湧く源泉を使用した温泉が揃う格式の高い宿。部屋付きの係りの行き届いたもてなしにも心身がくつろぐ。温泉の露天風呂や内湯を備えた客室も充実している。

文人が愛した温泉宿——泉 鏡花

泉鏡花が好んで滞在した客室
雲井の間

泉鏡花が好んで泊まったという雲井の間。火事で焼失したのち忠実に再現されて人気を博していたが、残念ながら2022年春、老朽化のため取り壊された。

⬆ロビーには泉鏡花が愛用していた硯箱が飾られている

泉 鏡花
いずみきょうか

明治6年(1873)金沢生まれ。尾崎紅葉に師事し、生涯尊敬し続けた。また、極度の潔癖症としても有名で、もらい物の菓子などはランプで炙って食したという。代表作は『高野聖』『婦系図』など。

⬆野鳥も訪れるという日本庭園。エントランスへはこの庭の池を渡る回廊を歩いてアクセス(上)。地元でも入手困難だという能登牛を味わう鳳凰特撰能登牛会席(下)

☐ DATA & INFORMATION

📞0761-51-3111 🏠石川県能美市辰口町3-1 in15:00 out10:00 客38室 予約1泊2食付平日2万5000円〜 休前日3万円〜 交JR松任駅から車で20分／北陸自動車道・美川ICから県道58・22号で約12km P100台 送迎あり

日帰り湯 なし

温泉データ
泉質 ナトリウム-硫酸塩・塩化物泉
pH値 7.7 泉温 36.5℃
湧出量 210ℓ/分
効能 糖尿病、肥満症、冷え性、婦人病、健康増進など

⬆温泉の露天風呂を完備した客室「鳳凰」。いつでも湯に浸かれる贅沢

⬆新館最上階の展望露天風呂、玉龍からは霊峰白山が見える

温泉の基本知識

日本には約2900カ所の温泉地と約2万8000の源泉があり、泉質などの特徴は多種多様。
温泉の効用をアップするために知っておきたい基本知識を紹介しよう。

温泉とは?

**環境省所管の「温泉法」で定義
療養に適すると「療養泉」に**

　温泉は、昭和23年(1948)に制定された温泉法によって、「地中からゆう出する温水、鉱水及び水蒸気その他のガス(炭化水素を主成分とする天然ガスを除く。)」と定義され、右の表の①または②どちらかの条件を満たせばよい。

　つまり、湧出時の温度が25℃以上、もしくは、19種の物質のいずれかひとつ以上を規定以上含むと「温泉」となるわけだ。

　さらに、療養に役立つ泉質を持つ温泉は「療養泉」と呼ばれ、環境省が基準を定めている(環境省ホームページ「温泉の定義」療養泉 表2)。療養泉には必ず泉質名がつき、泉質ごとに適応症が定められている。泉質名と特徴、適応症について知っておくと、目的に合う温泉地や宿を見つけやすいだろう。

⬆地表から湧き出る噴気にエネルギーを感じる「雲仙地獄」

⬆街なかに点在する有馬温泉の源泉のひとつ「天神泉源」

温泉の定義

①**温度**(温泉源から採取されるときの温度)摂氏25度以上
②**物質**(以下に掲げるもののうち、いずれかひとつ)

物質名	含有量(1kg中)
溶存物質 (ガス性のものを除く)	総量1000mg以上
遊離炭酸	250mg以上
リチウムイオン	1mg以上
ストロンチウムイオン	10mg以上
バリウムイオン	5mg以上
フェロ又はフェリイオン	10mg以上
第一マンガンイオン	10mg以上
水素イオン	1mg以上
臭素イオン	5mg以上
沃素イオン	1mg以上
ふっ素イオン	2mg以上
ヒドロひ酸イオン	1.3mg以上
メタ亜ひ酸	1mg以上
総硫黄	1mg以上
メタほう酸	5mg以上
メタけい酸	50mg以上
重炭酸そうだ	340mg以上
ラドン	20(百億分の1キュリー単位)以上
ラジウム塩	1億分の1mg以上

資料:環境省「温泉の定義」

温泉が湧き出るメカニズム

**地上に再び出てきた「循環水」
火山性と非火山性がある**

　地球では水が常に循環しており、温泉も同様のメカニズムで生まれる。雨や雪が地中に染み込んで地下水となり、長い歳月を経て、成分や温度を伴って湧き出した「循環水」が温泉の大半を占める。熱源により、以下の2つに大別できる。

■火山性温泉
　地球の深部から上昇したマグマが火山地帯の地中にマグマ溜まりをつくり、地下水に熱と成分を与えて温泉ができる。

■非火山性温泉
　地下の温度は通常、100m深くなるごとに約3℃上昇するとされる。地下水が地熱で温められると、温泉となる。

温泉分析書はどう見る?

温泉の来歴や特徴、入浴効果を高める情報の宝庫

　温泉施設には、温泉分析書の掲示が義務づけられている。内容がわかると、入浴の楽しさや効果が変わってくる。

ⓐ 申請者
温泉分析を依頼した申請者の氏名と住所。

ⓑ 源泉名・湧出地
温泉が湧き出す源(＝源泉)の名称と場所、温泉利用施設名。名称は申請者が決められる。

ⓒ 泉質
含有成分による泉質名。浸透圧・液性・泉温の分類が併記されることが多い。[→P.248・249]

ⓓ 温泉の成分
温泉1kg中の含有成分の詳細と知覚的試験による色、清濁、臭いなど。湧出量(ℓ/分)や湧出状態(自然湧出、自噴、掘削、動力揚湯)が記載される場合もある。

ⓔ 適応症・禁忌症
下記参照。

● その他
分析機関名、分析年月日などが記される。加水・加温、循環・濾過などを行っている場合、その旨と理由も掲示。入浴時の注意も記載されることが多い。下記参照。

知っておきたい温泉用語

源泉かけ流し
湧出した新しい温泉を常に浴槽に注ぎ、あふれ出す湯を再利用せず、成分を損なわない源泉が浴槽を満たしている状態。この表示を用いる場合、加水・加温に制限がかかる。

自家源泉・共同源泉
自家源泉は、施設が源泉を所有している場合の呼び方。自家源泉を持たない施設では、共同源泉を引き湯している。共同源泉の管理は地域の温泉組合などが行っている。

加水・加温
温泉に水を加えて浴槽に注ぐことを「加水」、湧出温度以上に温めて注ぐことを「加温」と呼ぶ。行っている場合は、状況と理由を温泉分析書に明示しなければならない。

循環濾過式
浴槽内の湯を再利用する方法。吸引等で浴槽外に出した湯の不純物を濾過器などで取り除き、再び浴槽に戻す(＝循環)。かけ流しと循環濾過式を併用する場合もある。

飲泉
温泉水を飲むこと。成分が直接体内に入るため、利用は保健所の許可を得た施設に限られる。事前に、温泉分析書の飲泉についての適応症・禁忌症と注意点を確認しよう。

適応症・禁忌症
適応症は、入浴によって効果が期待できる疾患や症状。禁忌症は、入浴を控えたほうがよい疾患や症状。どちらも「一般的」と「泉質別」に分けて記載されることが多い。

温泉情報を読み解くコツ

泉温、pH値、浸透圧と療養泉の特徴がポイントに

　温泉地や湯宿のガイド、温泉分析書には温泉情報が記載されている。その表現や数値の意味合いを知っていると、旅の目的に叶う場所や宿を見つけやすい。

① 泉温

　源泉が湧出したとき、または汲み上げたときの温度が「泉温」。P246に記述したように25℃以上が温泉だが、25℃未満でも所定成分を規定量含んでいると温泉とされ、「冷鉱泉」と呼ばれる。

② pH値（水素イオン濃度指数）

　「強アルカリの湯だから美肌づくりに向く」「強酸性なので刺激が強め」などの案内の基準となるのがこれ。温泉の液性（酸性、中性、アルカリ性）を湯の中の水素イオンの濃度「pH値」で表す。効能に加え、湯ざわりにも関わるので、好みの温泉を探すポイントになる。

■ pH値による温泉の分類

酸性	pH3未満
弱酸性	pH3以上〜6未満
中性	pH6以上〜7.5未満
弱アルカリ性	pH7.5以上〜8.5未満
アルカリ性	pH8.5以上

■ 酸性の温泉の特徴
・殺菌力が高い
・ピリピリとした刺激を感じる
・皮膚病の緩和に効果を期待できる

■ アルカリ性の温泉の特徴
・皮膚の皮脂や角質を落とす
・ぬるぬる、とろとろとした湯ざわり
・入浴後、肌のすべすべ感や爽快感がある

■ 酸性・アルカリ性共通
・強酸性、強アルカリ性の場合は肌に刺激を与えるので、長湯を控え、入浴後はシャワーで上がり湯をするとよい

■ 泉温による温泉の分類

25℃以上の温泉は
3つの泉温に分類される

高温泉（42℃以上）
短時間の入浴に向く

温泉（34℃以上42℃未満）
一般的な湯温

低温泉（25℃以上34℃未満）
長めの入浴に向く

25℃未満の温泉

冷鉱泉（鉱泉）
所定成分を規定量含んでいる

③ 浸透圧

　泉温と液性（pH値）の分類とともに、泉質名の後ろに併記されるのが浸透圧分類。温泉は溶存物質総量などによって3つに分類される。数値はともかく、3つの特徴を知っておくと、入浴時間などの指標になる。

■ 温泉の浸透圧分類
※人間の細胞液は約8.8g/kg

浸透圧	溶存物資総量	特徴
低張性	8g/kg未満	人間の細胞液より濃度が低い。作用がやさしく、長湯に向く温泉もある
等張性	8g/kg以上〜10g/kg未満	人間の細胞液と濃度が等しく、体への負担が少ない。等張性の温泉は珍しい
高張性	10g/kg以上	人間の細胞液より濃度が高い。成分が体に浸透しやすいので、湯あたりに注意を

⬆美肌の湯として名高いおごと温泉「湯元館」の湯はpH値9.0

❹ 泉質

どんな成分を含むかによって、湯ざわりや効能は違ってくる。環境省が「療養泉」として定めた10の泉質とその特徴を紹介しよう。

単純温泉

泉温が25℃以上で、含有成分がほかの療養泉の規定量に満たない温泉。無味無臭で刺激はマイルド。日本で最も多い泉質で、幅広い人に向く。

㊟自律神経不安定症、不眠症、うつ状態

塩化物泉

温泉に含まれる塩分が皮膚を覆い、保温効果や循環効果がある。入浴後、ぽかぽか感が続くため、「熱の湯」と呼ばれることが多い。

㊟切り傷、末梢循環障害、冷え性、うつ状態、皮膚乾燥症

炭酸水素塩泉

アルカリ性の泉質が皮膚の角質を軟化し、入浴後には爽快感と肌がすべすべと潤う感触がある。「美肌の湯」「美人の湯」などと呼ばれる。

㊟切り傷、末梢循環障害、冷え性、皮膚乾燥症

硫酸塩泉

傷の治癒を促す作用があり、「傷の湯」と呼ばれる。飲用が可能な温泉は腸のぜん動を活発化し、便秘の解消に効果を期待できる。

㊟切り傷、末梢循環障害、冷え性、うつ状態、皮膚乾燥症

二酸化炭素泉

炭酸ガスが小さな気泡となって体に付着し、シュワシュワ感が心地よい。皮膚から炭酸ガスが吸収されると、保温効果や循環効果が得られる。

㊟切り傷、末梢循環障害、冷え性、自律神経不安定症

含鉄泉

鉄を含む泉質で刺激は強め。湧出時は無色だが、空気に触れると金色や茶褐色に変化する。温熱作用で体が温まり、冷え性の緩和などに効く。

㊟環境省が定める浴用の泉質別適応症はなく、飲用可能な場合は鉄欠乏性貧血

↑「霧島湯之谷山荘」の3つの浴槽は、それぞれ硫黄泉、炭酸硫黄泉、2つの混合泉の湯が満たされており、泉質の違いを体感できる

酸性泉

ピリピリとした刺激を感じる強い泉質。殺菌力が強く、肌の活性をサポート。刺激が強いので、肌が弱い人はシャワーで上がり湯をするとよい。

㊟アトピー性皮膚炎、尋常性乾癬、表皮化膿症、耐糖能異常（糖尿病）

含よう素泉

平成26年（2014）の温泉法の改訂によって加わった泉質。非火山性の温泉源が多く、ヨード液のような茶褐色の湯で、臭いもヨード特有の薬臭がする。

㊟環境省が定める浴用の泉質別適応症はなく、飲用可能な場合は高コレステロール血症

硫黄泉

硫化水素ガスが古い卵のような臭いを放ち、硫黄が結晶化した「湯の花」が見られる。強い殺菌力でアトピー原因物質などを除去する。

㊟アトピー性皮膚炎、尋常性乾癬、慢性湿疹、表皮化膿症

放射能泉

「ラドン泉」「ラジウム泉」とも呼ばれ、数が少なく貴重な温泉。湯に含まれる微量の放射能が炎症を緩和する。血行促進にもよい。

㊟高尿酸血症（痛風）、関節リウマチ、強直性脊椎炎など

㊟＝環境省が定める泉質別適応症（浴用）

温泉の豆知識Q&A

知れば知るほど、温泉は楽しく奥深い。温泉天国、日本にいる幸運に感謝し、いろいろな温泉地をめぐり、多種多様な泉質を体感したい。温泉の楽しみを広げる豆知識をQ&Aでご紹介!

Q 正式な温泉マークの 3本線には意味がある!?

A 湯けむりを模した3本線がある温泉マークの発祥は意外と古く、江戸初期の万治4年(1661)。江戸幕府発行の公式文書にこのマークが記され、群馬県の磯部温泉を示したものと伝わる。歴史あるマークに意味付けが加えられたのは、昭和23年(1948)の温泉法制定時。正式な温泉マークは3本線の長さが異なり、効果を高める入浴法を表現している。

中くらいの長さ
最初の入浴時間5分

一番長い
2回目の入浴時間8分

一番短い
最後の入浴時間3分

Q 温泉の色から成分はわかる?

A 温泉が色付く大きな要因は、温泉中の水に溶けない成分によるとされる。時間による化学変化、光の反射や屈折、湿度などの要因も加わる。よくある温泉の色について見ておこう。
○乳白色・黄白色　硫黄泉中の硫黄化合物が白濁の要因とされる。
●赤色・赤褐色・黄金色　鉄分を含んだ温泉は、湧出時は無色透明に近いが、空気に触れると赤色系に変化する。
●水色・青色・青白色　水色や青色はメタ珪酸の含有量が多く、それに硫黄化合物が加わると乳白色になるとされる。
●緑色・黄緑色　酸性の含鉄泉は薄い緑色、アルカリ性から中性の硫黄泉で硫化水素を含むと黄緑色になることが多い。

Q 「湯の花(華)」って何?

A 湧き出た温泉に含まれる成分の一部が沈澱・固形化したもの。「温泉華」などとも呼ばれる。泉質に応じて主成分が変わり、硫黄、石灰、珪酸などがある。温泉地などでおみやげとして販売している湯の花は天然の入浴剤といえるが、市販の一般的な入浴剤のようにすぐには溶けない。家庭で使うときは、説明書の案内に従って楽しもう。

Q 混合泉と加水はどう違う?

A 加水はP.247で見たように、冷却・希釈・増量などのため、温泉に水を加えて浴槽に注ぐこと。混合泉は、泉質・温度などが異なる源泉を混ぜ合わせて使う純粋な温泉で、多様な成分が絡み合うことで個性豊かな湯となる。2つ以上の泉質を混合した場合、適応症はそれらすべてが該当するものとなる。

Q 「外湯」「総湯」って どんなところ?

A 温泉地の共同浴場のこと。源泉数・湧出量ともに豊富な温泉地では、「外湯」「総湯」「本館」「元湯」などの呼び方で公衆浴場を構えるところが多い。素晴らしい泉質と建築空間をリーズナブルに楽しめるので、ぜひ利用したい。湯宿の「内湯」との湯ざわりの違いを体感したり、地元客の会話に旅情を感じたりと、温泉旅がさらに充実する。

⬆鉄分が多い茶褐色の湯が楽しめる「湯元 凌雲閣」の露天岩風呂

⬆湯の花を採取するために設けられた草津温泉の湯畑

Q 混浴ってハードルが高い?

A 湯治文化が育んだ名湯や自然のなかの露天風呂には、男女混浴の風呂が多い。近年は男女別脱衣所を設けたり、湯浴み着での入浴を基本とするなど、初心者も気兼ねなく混浴を楽しめる温泉が多くなっている。湯の特徴としては、乳白色や黄褐色などの「にごり湯」から始めるといいだろう。また、女性専用時間帯を設けている施設も多い。

Q 案内用図記号の温泉マークは2種類ある!?

A 3本線の長さが同じ温泉マークも見かけるが、これは案内用図記号(ピクトグラム)。もともとは国内規格のJIS記号のみだったが、外国人観光客から「温かい料理に見える」との声が多く、2010年代半ばから見直しが始まった。そうして誕生したのが、人が温泉に浸かっている様子を加えたISO(国際規格)の温泉マーク。どちらを使うかは、状況に応じた選択制になっている(2023年現在)。

JISの温泉マーク　　ISOの温泉マーク

Q 「現代湯治」とは?

A 現代風の気軽に楽しめる湯治を指し、ストレス解消や心のケアを主な目的とする。従来の湯治は、温泉地に長期滞在して病気やけがなど体の不調を改善することが主な目的だが、それに対して、現代の生活に合う温泉療養を湯治文化にふれながら楽しむスタイルといえる。期間は2泊3日や3泊4日が一般的で、自炊または食事付きを選べる湯宿が増えている。また、体の内側からも元気をチャージできる養生食を提供する宿もある。

◐長期滞在のための設備が整う「酸ヶ湯温泉旅館」。名物の「ヒバ千人風呂」は160畳の広さを誇る

◐現代にマッチした多彩な湯治プランを提供する「百年ゆ宿 旅館大沼」の「薬師千人風呂」

いろいろな温泉入浴法

温泉の利用法は大きく分けると、湯に浸かる「入浴」と飲む「飲泉」の2種。
入浴はさらに分けられ、楽しみ方や効能はさまざま。主な入浴法をご案内。

全身浴	部分浴	特別な入浴法

全身浴

半座位浴
一般的な入浴法

寝湯
浅い浴槽に横たわって入浴する方法。リラックス効果が高い

部分浴

打たせ湯
高所から落下する湯を体に当てる。水圧と温度で筋肉がほぐれ、肩こりや腰痛などの緩和に効く

足湯・腰湯
足や腰下のみを温泉に浸ける。入浴部位の血流を改善し、冷え性緩和などに効く

特別な入浴法

泥湯
鉱泥などの天然泥が温泉に含まれており、その中に入浴する。保温効果が高く、温泉成分を含んだ泥で肌をパックすると、美肌効果も期待できる

蒸し湯
温泉の蒸気を利用する「箱蒸し風呂」などの入浴法。体に水圧の負荷をかけずに保温効果を得られる

砂湯
海岸や川岸に湧出する温泉で温まった砂に体を埋める。砂の重みで新陳代謝が高まる

日本の温泉史

火山列島で全国各地に温泉が湧出する日本では、古来から温泉を活用し楽しむ文化が育まれてきた。

↑玉造温泉街の中心にある勾玉橋は勾玉のオブジェが目印

●奈良～平安時代

**古代の文献に登場する「日本三古湯」
開湯伝説が伝わる各地の歴史の湯**

日本の温泉文化はいつから始まったのだろうか。

奈良時代に編纂された日本最古の書物である『古事記』と『日本書紀』には、すでに温泉の記述が見られ、都のあった奈良や京都に近い西日本地域の温泉が多く登場してくる。

初めて登場するのは道後温泉(愛媛)で、『古事記』の5世紀後半の記述に「伊余の湯」の名で登場する。続いて登場するのは、有馬温泉(兵庫)、白浜温泉(和歌山)で、合わせて「日本三古湯」と呼ばれる。これらの温泉には、天皇が温泉行幸をしたことが『日本書紀』に綴られている。湯河原温泉(神奈川)も『万葉集』に登場している。

各地で編纂された風土記にも温泉が登場している。天平5年(733)に成立した『出雲国風土記』には玉造温泉(島根)が万病に効く湯と紹介され、湯村温泉(兵庫)とともに老若男女が集い賑わっていたと記されている。

歴史ある温泉には、開湯にまつわる伝説の残るところが多い。日本神話では大国主命と少彦名命によ

るものが多く、日本各地の温泉神社に祀られている。

高僧が開いたと伝わる温泉も数多い。高僧のなかでも、布教や社会事業のために諸国を巡り、民衆の崇敬を集めた行基と空海の開湯伝説が突出している。行基発見の湯では山中温泉(石川)や渋温泉(長野)が知られており、修善寺温泉(静岡)や法師温泉(群馬)、湯村温泉(山梨)は空海が杖を突いて温泉を開いたと伝えられる。

動物にまつわる開湯伝説も各地にある。下呂温泉(岐阜)は「白鷺が舞い降りた川原に湯が湧いていた」と伝えられ、鹿教湯温泉(長野)は「文殊菩薩が鹿に化身して猟師を温泉に導いた」との伝説が残る。ほかにも猿やツル、コウノトリ、ヘビなどさまざまな動物が開湯伝説に登場している。

王朝文化が花開いた平安時代には、物語や日記、和歌などに温泉が語られている。当時、公家や僧侶、武家などの階層に湯治が広まっていたことがうかがえる。

↑近年改修を終えた道後温泉本館は道後温泉のシンボル的存在

↑レトロな雰囲気が漂う有馬温泉の街並み

↑渋温泉にほど近い地獄谷では猿が入浴

↑開放感があふれる白浜温泉の露天風呂

●鎌倉時代

頼朝が走湯権現に源氏再興を祈願
伊豆や箱根、草津や伊香保温泉も人気

　鎌倉幕府が誕生して政治の中心が京都から関東へ移ると、東日本の温泉地が広く知られるようになる。

　伊豆半島にある伊豆山温泉(静岡)は、源泉が山腹から海岸へ湯滝のように流れ落ちることから走り湯とも呼ばれる。役行者が発見したと伝わる走り湯は、走湯権現として神格化され、鎌倉時代には伊豆山が一大温泉霊場に発展する。

　伊豆で流人生活を送った源頼朝も走湯権現を崇敬。頼朝が平氏追討のため挙兵した際には、伊豆山の僧の支援が鎌倉幕府誕生を後押ししたといわれている。

　頼朝が鷹狩りで付近を訪れた際に源泉を発見し、湯に浸かったとの伝説が残るのは草津温泉(群馬)だ。室町時代には高僧や歌人が訪れる人気の湯であったともいう。箱根最古の湯である箱根湯本温泉(神奈川)や伊香保温泉(群馬)も、鎌倉時代には湯宿の建つ湯治場が開かれていた。

⊕日本でも珍しい横穴式の泉源、伊豆山の走り湯

⊕有馬温泉の街なかには御所泉源など7つの泉源が点在

⊕湯の花を採取するために設けられた湯畑は草津温泉の観光名所

⊕草津温泉の湧出量は日本でも最大級

●戦国時代

戦国武将が地方の温泉を整備
湯治場が負傷兵の療養センターに

　戦国時代になると、負傷兵を癒やす療養施設として温泉が活躍した。戦国武将たちは戦乱に備えて自領や戦地に温泉を整備し、既存の温泉地も療養の場に転用した。特に甲信越地方には、武田信玄や上杉謙信、真田氏などが人里離れた地に整備した「隠し湯」が数多くある。

　なかでも多くの隠し湯を持つのが甲斐の武田信玄だ。上州での上杉謙信との攻防の際には草津温泉を統治し、湯治客で賑わう夏場に一般の利用を禁止して負傷兵に独占的に利用させている。信玄の隠し湯としてはほかに、湯村温泉や渋温泉、中川温泉(神奈川)などが知られる。

　豊臣秀吉が好んで利用した湯は有馬温泉だ。火災や震災に見舞われた折には、温泉地の復興に尽力したという。秀吉の湯殿御殿とされる遺跡の一部も発見されている。

　この頃には湯治という言葉も定着し始めており、湯治場として発展をみせていく。

●江戸前期

御汲湯を楽しんだ徳川将軍
大名の湯殿も各地に設けられた

徳川家康が江戸幕府を開いて天下泰平の世が訪れると、将軍や大名だけでなく、市井の江戸の庶民までもが湯治を楽しむようになった。戦乱が終わって領土や職を失った家臣や土豪、地侍たちのなかには、地方に土着して温泉地の開発や湯宿の経営に乗り出す者も現れた。

熱海温泉(静岡)は、徳川将軍御用達の湯として江戸時代に発展した。徳川家康は、征夷大将軍となった翌年の慶長9年(1604)に熱海で7日間の湯治を楽しんでいる。熱海の湯が気に入り、大名や家臣たちにも熱海での湯治をすすめていたという。

将軍が熱海へ湯治に訪れるばかりではなく、江戸城まで熱海の源泉を運ぶ「御汲湯」が頻繁に行われることにもなった。当初は陸路をたどってリレー形式で運ばれ、のちに海上輸送に切り替えられている。8代将軍・吉宗は、8年間で3643個の湯桶を運ばせている。熱海では現在、「湯汲み道中」の様子を再現した献湯祭が年に2回催される。

将軍御用達となって、熱海温泉の人気は高まり、大名たちも湯治願いを申し出て熱海の湯を楽しんだ。道中で狩猟を楽しんだり、熱海で間欠泉を見学したり、みやげ物を買い求めたりと、物見遊山の湯治旅であったという。

↑武雄温泉の共同浴場

各地の藩主たちは自身の領内でも温泉を楽しんでいた。温泉地に藩主専用の屋敷や湯殿も造らせた。武雄温泉(佐賀)には、鍋島藩主専用風呂が造られ、「殿様湯」として現在も名物となっている。

かみのやま温泉(山形)は上山藩の城下町に湧く湯で、江戸時代に町民専用の共同湯も整備。現在も下大湯共同浴場として歴史を受け継いでいる。大鰐温泉(青森)は参勤交代の道筋にあることから弘前藩主が湯治場に利用した。藩主の御仮屋が建てられ、殿様の湯治場として賑わいが生まれたという。

各藩では藩の財政を潤すために入湯料を徴収し、温泉地を保護するところもしだいに増えて、温泉地も栄えていった。

←←熱海の街なかに点在する自噴の温泉、熱海七湯。大湯間欠泉(左)は現在は人工的に噴出する間欠泉だが、かつては湯と蒸気が勢いよく噴出していたという。「目の湯」(下)は塩分が少なく眼病によく効くといわれる

●江戸中〜後期

江戸で流行した「温泉番付」
湯治場から温泉リゾートへ

　江戸中期になると、旅関連の浮世絵や版本が数多く出版され、遠方の秘湯を含めた各地の温泉が広く紹介されるようになった。大相撲の番付に見立てて温泉地を格付けした「温泉番付」も登場して評判を呼んだ。温泉地を東西に分け、効能や歴史を重視してランキングを掲載し、それぞれの温泉の江戸からの距離や効能などの温泉情報も記されていた。

　文化14年(1817)に発行された現存最古の「温泉番付」には、当時の相撲では最高位だった大関には東が草津温泉、西には有馬温泉が選ばれている。東では那須温泉(栃木)や諏訪温泉(長野)、西は城崎温泉(兵庫)や道後温泉が上位を占めた。

　旅のマニュアル本も登場している。江戸後期に出版された『旅行用心集』には、旅の心得や諸国の温泉地とその効能などがイラスト入りで詳しく紹介され、実践的な旅行本として評判となった。

　江戸後期には、庶民の旅が活発に行われるようになっていた。当時、一般に許されていた旅は寺社へ詣でる信仰目的のみだったが、伊勢神宮や金毘羅などへ団体で参詣し、ついでに景勝地や温泉に立ち寄る物見遊山の旅がブームを呼んだ。

　東海道に近い箱根湯本温泉は、団体客が立ち寄る人気の湯治場だった。湯治は最低7日から3週間かけて行うべきとされてきたが、箱根湯本では1泊だけ温泉を楽しむ「一夜湯治」と称して客を呼び込んだ。あまりの人気ぶりに、客をとられた周辺の宿場が道中奉行に苦情を申し出る「一夜湯治事件」まで起きている。

　時間に余裕のある旅人は、箱根湯本から塔ノ沢や堂ヶ島、宮ノ下、木賀、底倉、芦之湯と「箱根七湯めぐ

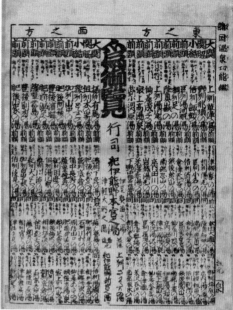

●江戸時代後期に流行った温泉番付のひとつ。作成した場所によって内容は異なるが西の有馬温泉、東の草津温泉は常に最強。『諸国温泉功能鑑』(東京都立図書館所蔵)

り」も楽しんでいる。歌川広重が嘉永5年(1852)に発表した浮世絵『箱根七湯図会』には、箱根七湯の湯治場の楽しげな様子が描かれている。

　温泉は疾病のために長期療養する湯治場から、気軽に物見遊山や保養を楽しむ場へと大きく変貌を遂げていく。

●歌川広重が嘉永5年(1852)、箱根七湯をめぐって描いた『箱根七湯図会』の宮ノ下(国立国会図書館所蔵)

255

●明治～大正時代

自然湧出から掘削の時代へ
鉄道の発達で温泉地開発が進む

　文明開化により日本が急激な近代化を遂げた明治時代に、温泉地も大きな変革が起きている。欧米を中心に多くの外国人が来日し、温泉地へも訪れるようになる。明治11年(1878)には箱根の宮ノ下温泉に外国人向けの日本初の本格的リゾートホテルの「富士屋ホテル」が開業する。

　温泉地に最大の変化をもたらしたのは、上総掘りと呼ばれる掘削(ボーリング)技術の普及だ。それまで自然湧出に頼っていた源泉資源が、掘削によって人工的に増やすことが可能となった。今まで温泉の湧いていなかった地域に新しい温泉地が誕生し、既存の温泉地も源泉数を激増させた。現在約2500と国内トップクラスの源泉数を誇る別府温泉は、明治12年(1879)に掘削を開始。明治44年(1911)には自然湧出の源泉17カ所に対して、掘削泉は576カ所にのぼった。掘削によって、自然湧出泉の湯量が減少するところも増えたため、認可制などの湯量減少を抑える対策が各地で取られるようになった。

　明治期のもうひとつの大変革は鉄道などの交通網の発達だ。熱海温泉へ行くには、明治中期までは海岸線に続く険しい熱海街道を徒歩や駕籠などで行くしかなかったが、明治41年(1908)には小型鉄道の軽便鉄道が開通してアクセスが抜群に良くなった。

↑明治24年(1891)に竣工した箱根宮ノ下の「富士屋ホテル」本館。斬新なデザインで、火力発電による電灯を設置した最先端のホテルだった

駕籠で約6時間かかった小田原～熱海間は約3時間に短縮された。

　明治期に12湯まで増えた箱根温泉でも、鉄道やケーブルカーが開通。昭和前期には東京から箱根山上の温泉まで直結された。鉄道整備と温泉地の開発も各地で同時期に進められ、地方の温泉地へ首都圏から大量の観光客が訪れる時代を迎えた。

　掘削源泉で湯量を増やし、観光客も増加した各地の温泉では、大型旅館が次々に建設された。銀山温泉(山形)に見られるような木造3～4階の旅館も明治～昭和前期に数多く建てられている。江戸時代までは、入浴は共同浴場で楽しむものだったが、豊富な湯量を得たことで館内に内湯を設ける旅館も増えていった。

↑湯けむりが上がる別府の街並み

⬆貸切風呂でくつろぐスタイルが人気だ(土湯別邸 里の湯)

⬅海岸沿いに大型の観光ホテルが建ち並ぶ熱海の温泉街

●昭和～現代

温泉観光客が激増した高度成長期 「現代湯治」に癒やされる時代へ

⬆温泉露天を備えたラグジュアリーな客室(よしが浦温泉 ランプの宿)

太平洋戦争末期に国内各地が空襲に見舞われるなか、小さな地方都市や山間などにあった多くの温泉地が被害を免れた。温泉旅館のなかには、学童らの集団疎開先となったところも少なくない。終戦直後の一時期には、富士屋ホテルや雲仙温泉(長崎)のホテルなどがGHQに接収され、米軍の保養施設に利用された。

昭和30年代からの高度経済成長期には観光ブームが到来。温泉地は湯治から観光や保養中心の施設に大きくシフトした。会社の慰安旅行や団体旅行、新婚旅行先に温泉地が選ばれ、旅行会社は乗り物や宿がセットになったパック旅行を販売して、温泉地の観光客数は激増した。

当時を代表する3大温泉観光エリアの別府、箱根、熱海は特に賑わいをみせた。環境省が発表した「温泉利用状況」によると、別府の観光客数は昭和32年(1957)の約250万人から、昭和44年(1969)には1000万人を超えた。温泉旅館は大型近代ホテルが軒並み増え、新築や増改築する旅館も後を絶たなかった。

温泉地の延べ宿泊利用人数は昭和43年(1968)に1億人を突破している。温泉観光客の増加傾向は、バブル崩壊後の1990年代まで続いた。

バブルが崩壊して長い景気低迷の時代を迎えると、日本人の志向は大量消費や高級志向から節約志向、ミニマムな暮らしへと価値観を変え、心の充実や癒やしを求める時代になったといわれている。温泉旅行の形にも変化が見られ、団体慰安旅行が激減して女性客や家族・友人連れの小グループの旅行が主流となった。

昨今は、美しい自然環境に恵まれた静かな温泉地で上質の湯に癒やされ、露天風呂付きのゆったりした客室や館内のエステ、ライブラリーなどでくつろぐ、現代版湯治ともいえる過ごし方が人気を博している。温泉地や宿泊施設のなかには、2～3日滞在して温泉や健康的な食事、体験などで癒やされるプチ湯治プランを推奨するところも増えている。

会津藩士が骨休めした
伝統の湯宿に泊まる

会津の奥座敷●福島県・東山温泉

向瀧

むかいたき

東山温泉は鶴ヶ城から約3km。幕藩時代には藩御用達の湯として栄え、今でも芸妓が行き交う会津の奥座敷だ。向瀧は上級藩士の保養所だったという歴史ある宿で、建物は国の登録文化財に登録。地元の食材を用い、化学調味料なしで作る郷土料理も好評を博す。

📷 DATA & INFORMATION

📞0242-27-7501 所福島県会津若松市東山町湯本川向200 in15:00 out10:00 客24室 予約1泊2食付 平日2万4350円～ 休前日2万6550円～ 交JR会津若松駅からまちなか周遊バス「あかべぇ」で16分、東山温泉下車、徒歩2分／磐越自動車道・会津若松ICから国道121・49号で約9km P40台 送迎なし

日帰り湯 なし

温泉データ
泉質 ナトリウム・カルシウム-硫酸塩・塩化物泉 pH値 7.7 泉温 56.2℃
湧出量 27.4ℓ/分
効能 切り傷、やけど、慢性皮膚病など

雪深い冬には、竹筒から透けるろうそくの灯が幾何学模様を描く雪見ろうそくが見られる

2

3

4

1

1 客室はすべて伝統の和室だが温水洗浄トイレやWi-Fiも完備
2 木造の宿と湯川に架かる赤い擬宝珠の橋は東山温泉のシンボル
3 窓が大きく開放的な雰囲気のさるの湯。温度は少しぬるめ
4 室内から見える庭の木々や花、山、川の自然が美しい

仙台の奥座敷 ● 宮城県・秋保温泉

伝承千年の宿 佐勘

でんしょうせんねんのやどさかん

秋保の湯守役を代々務め、江戸時代には仙台藩主・伊達政宗公の湯浴み御殿として栄えた老舗宿。伝統を守りながらもリニューアルを重ねてきた。客室は「飛天館」「山翠館」「花月館」の3つの館から選択。広々とした空間と、歴史の名湯めぐり、旬の食材を使った会席料理を楽しみたい。

■ DATA & INFORMATION

📞022-398-2233 🏠宮城県仙台市太白区秋保町湯元薬師28 in15:00 out11:00 客173室 予約1泊2食付 平日1万9950円～ 休前日2万3250円～ 🚌JR仙台駅から宮城交通バスで56分、秋保温泉湯元下車、徒歩1分／東北自動車道・仙台南ICから国道286号で約10km P500台 送迎あり

日帰り湯 なし ※食事付きプランあり

温泉データ
泉質 ナトリウム-塩化物泉
pH値 6.4～8.2 泉温 28～78℃
効能 神経痛、疲労回復など

1 飛天館にある客室、HITEN ROOM 738は、専用の庭園、ビューバスが付く贅沢なつくり
2 ビュッフェ形式で楽しめるプレミアムモーニングは、料理人がその場で調理して提供する
3 露天風呂付き客室(333号室)、ゆとりあるベッドが配された和洋室
4 格子は伊達政宗公が湯浴みする際に外敵から身を守るために設置したものを再現

名取川が目の前に迫る露天風呂「河原の湯」。せせらぎの水音を聞きながら湯浴みが楽しめる

緑豊かな川のほとりで
趣向を凝らした露天風呂を満喫

敷地内に湧く自家源泉と
日本海の海の幸を楽しむ

露天、内湯のほか、1人用の湯船が並んだ寝湯まで備えた大浴場、陽だまりの湯

関西の奥座敷●福井県・あわら温泉

伝統旅館のぬくもり 灰屋

でんとうりょかんのぬくもり はいや

日本の原風景ともいえる手入れの行き届いた水田に囲まれたあわら温泉。明治の開湯以来、多くの文人にも愛されてきた華やかな温泉街だ。灰屋は、日本庭園や伝統的な日本建築を備えつつ、モダンな居住性と細部まで行き届いた温かなもてなしが魅力。

1

2

3

📷 DATA & INFORMATION

📞0776-78-5555 🏠福井県あわら市温泉2-205
in15:00 out10:00 🛏50室 🈯1泊2食付 平日2万2000円～ 休前日2万6400円～ 🚃JR芦原温泉駅から京福バスで13分、セントピアあわら下車、徒歩1分／北陸自動車道・金津ICから坂井丘陵フルーツラインで約8km 🅿100台 🚌あり

日帰り湯 🕐18:00～20:00(最終受付) 💴800円
🈺不定休 予約不要

4

温泉データ

泉質	ナトリウム塩化物泉		
pH値	7.9	泉温	37.0℃	湧出量	40.9ℓ/分
効能	神経痛、リウマチ、外傷骨折、やけどなど		

1 美肌効果が高いあわらの湯。飲用可能で飲めば胃腸にも効くという
2 田畑や山の幸のほか、ふんだんかつ上質な海の幸が味わえる
3 数寄屋造りの露天風呂付き離れからバリアフリーの和洋室まで、しつらえの異なる客室が揃う
4 宮大工の手により、創業時の姿に再現された玄関。さりげない贅が感じられる

湯上がりの素肌に大満足！

美肌の湯が評判の温泉宿

せせらぎの音が心を癒やす
静かな時が流れる山あいの湯

1 宿泊者専用の「山の湯」の露天風呂は渓流沿いにあり、
自然と一体になったような感覚に
2 木のぬくもりが肌にやさしい「山の湯」。広々とした湯
船と窓の外に広がる緑が心地よい

262

佐賀県●嬉野温泉

嬉野温泉旅館 大正屋 椎葉山荘

うれしのおんせんりょかん たいしょうや しいばさんそう

嬉野の温泉街の賑わいから離れた椎葉山の麓にある温泉宿。客室は山あいを流れる椎葉川の清流沿いにまるで飛石のように建つ離れで、豊かな森と清流が望める。せせらぎの音を聞きながら、美肌の湯と名高い温泉をゆっくり堪能できるのがなによりうれしい。

🗋 DATA & INFORMATION

☎0954-42-3600 📍佐賀県嬉野市嬉野町岩屋川内乙1586 in15:00 out11:00 客20室 料金1泊2食付 平日2万2150円〜 休前日2万9850円〜 交JR嬉野温泉駅から車で10分／長崎自動車道・嬉野ICから県道6号で約5km P100台 送迎あり

日帰り湯 営11:00〜21:00 料1100円 休無休 予約不要

温泉データ
泉質 ナトリウム-炭酸水素泉・塩化物塩泉
pH値 7.0　泉温 48.3℃
湧出量 120ℓ/分
効能 神経痛、筋肉痛、関節炎、疲労回復など

椎葉山の緑と茶畑に囲まれた環境にあり、夜は静寂に包まれる

嬉野温泉一の広さを誇る大露天風呂「しいばの湯」。清流を望むロケーションは開放的

GOURMET
嬉野の幸と佐賀のうまいものを存分に

夕食は大正屋特選牛をメインに、ヤマメや鮎、山菜や地元の旬の野菜をふんだんに使った「椎葉会席」。贅沢ななかにも体にやさしい滋味を感じる。

ロビーなどのパブリックスペースも開放感にあふれ、窓外に広がる自然が眺められる

ROOM
離れにはメゾネット形式のものも

20室ある客室はプライベート感あふれる離れ形式で、風情ある内湯付き。メゾネット形式やバリアフリー仕様など1室ごとに趣が異なる。

1 大露天風呂にある寝湯で手足を伸ばしてリラックス
2 大露天風呂の「三寿の湯」。美肌に加え、神経痛や筋肉痛の緩和などの効能がある

"美人の湯"が豊富に湧く
渓谷沿いの温泉リゾート

愛媛県●奥道後温泉

奥道後 壱湯の守

おくどうご いちゆのもり

道後温泉の北東、石手川の渓谷沿いに
建つ。単純泉の道後温泉と異なり、愛
媛では珍しい硫黄泉が毎分400ℓも湧
出。pH9.4のなめらかな湯は"美人の湯"
と呼ばれ、肌を美しく整えると評判だ。
西日本最大級の大露天風呂など、バラ
エティに富む浴槽も圧巻のスケール。

🔲 DATA & INFORMATION

📞089-977-1111 所愛媛県松山市末町乙267-1 in
15:00 out10:00 室160室 予料1泊2食付 平日1万
4300円～ 休前日1万7600円～ 交JR松山駅から
伊予鉄道で25分、道後温泉電停で乗り換え、伊予
鉄バスで15分、湯之元下車、徒歩3分／松山自動
車道・松山ICから国道33号、松山環状線で約15km
P300台 送迎あり(要予約)

日帰り湯 時15:00～20:00(最終受付19:00) 料
1100円 休無休 予約不要

温泉データ
泉質 アルカリ性単純硫黄泉
pH値 9.4 泉温 38.0℃
湧出量 400ℓ/分
効能 神経痛、筋肉痛、関節痛など

「道後の奥座敷」
とも呼ばれている
温泉宿。春の桜、
初夏の新緑、秋の
紅葉などの景色も
楽しめる

大露天風呂は約
1000畳もの広さ。
「岩湯」「玉肌の湯」
など7種の源泉かけ
流しの風呂を
めぐれる

GOURMET

瀬戸内海の山海の幸で彩るバイキング

瀬戸内の旬食材を使用した80品のバイキングが
自慢。愛媛の鯛や伊予牛など、厳選食材を使った
会席料理を雅な食事処「三軒茶家」で楽しめる。

ROOM

気ままに名湯に浸かれる客室も

渓谷を望む多彩な客室があり、源泉かけ流しの
露天風呂付きの部屋が人気だ。

全室離れの風雅な隠れ宿
渓谷の名湯でおこもり美容

1

2

1 2021年に登場した貸切岩盤浴も好評。体が芯から温
まり、冷え性改善やリラクゼーション効果が
2 貸切サウナは、薪サウナとフィンランドサウナの2種。
セルフロウリュを楽しめ、水風呂も完備

ROOM
全10室が渓流に面する離れタイプ

全室に温泉が注ぐ露天風呂か半露天風呂、専用
庭、マッサージチェアがある。間取りはメゾネ
ット、特別室、和洋室、洋室の4タイプ。

栃木県●塩原温泉

離れの宿 楓音

はなれのやどかのん

箒川の渓谷に連なる塩原温泉は、多様な泉質の温泉が湧く開湯1200年の湯の里。その上流に平成29年(2017)に創業し、2021年にリニューアル。全室が露天風呂と専用庭付きの離れ客室という贅沢さはそのままに、2つの大浴場が誕生。美肌効果を誇る湯が豊富に注ぐ。

DATA & INFORMATION

☎0287-32-5555 所栃木県那須塩原市上塩原23 in15:00 out11:00 室10室 予約1泊2食付 平日3万5500円〜 休前日4万500円〜 交JR那須塩原駅からJRバスで68分、塩原温泉BTでゆ〜バス(那須塩原市地域バス)に乗り換えて7分、宮島下車、徒歩1分／東北自動車道・西那須野塩原ICから国道400号で約15km P12台 送迎あり

日帰り湯 なし

温泉データ
泉質 弱アルカリ単純泉
pH値 7.7 泉温 58.9℃
湧出量 533ℓ/分
効能 運動機能障害、美肌効果、婦人病など

立ち湯の露天風呂もある大浴場は閑雅な雰囲気。温泉は保湿効果が高いメタケイ酸が多い混合泉

宿名はカエデやモミジの花言葉「美しい変化」「大切な思い出」に由来

GOURMET

産直の鮮魚、和牛で織りなす創作懐石

海がない山里の心意気として、各地の旬魚介を産地直送で調達。とちぎ和牛などの地元食材とともに、現代的なセンスが輝く懐石仕立てに。

ロビーラウンジは渓流や空とつながる開放的な造り。デッキの水盤が四季の景色を映し出す

大浴場"とろとろの湯"は一面ガラス張り。つるつるした肌ざわりの湯が肌を整え、温める

"とろとろの湯"に浸かり
肌と体をリフレッシュ

岩手県●花巻温泉

佳松園

かしょうえん

大正12年(1923)に誕生した岩手県屈指の規模を誇る花巻温泉郷。その最奥の南部赤松の森に建ち、pH9.0の高濃度アルカリ性の自家源泉が自慢。肌ざわりがよくやさしい湯は「美肌の湯」と称され、広々とした大浴場と露天風呂に加え、温泉付き客室でも楽しめる。

ヒノキの露天風呂にも自慢の湯が湧く。無色透明・無味無臭なので、ヒノキの香りがさらなる心地よさ

DATA & INFORMATION

📞0198-37-2111 所岩手県花巻市湯本1-125 in15:00 out11:00 室51室 料1泊2食付 平日3万2600円〜 交JR花巻駅から岩交バスで20分、花巻温泉下車、徒歩9分／東北自動車道・花巻ICから県道37号で約5km P花巻温泉駐車場600台 洗あり

日帰り湯 なし

温泉データ
泉質 ナトリウム-硫酸塩・塩化物泉
pH値 9.0 泉温 59.9℃
湧出量 40ℓ/分
効能 関節リウマチ、変形性関節症、腰痛症など

ROOM
温泉付き客室でも源泉を堪能

多彩なタイプの和室と洋室が揃い、温泉付き客室も充実。露天風呂、半露天風呂、ヒノキの内風呂など多様で、2つの風呂が付く客室も。

GOURMET
旬を映す会席料理を部屋食で

岩手の新鮮な旬食材で織りなす会席料理は、味わいはもとより、彩りや香り、盛り付けの妙も格別。洋室以外は部屋食なのもうれしい。

館内全体の夜のライトアップの風情も評判。白砂の中庭には、かがり火が焚かれる

秋田県●奥角館温泉

角館山荘 侘桜

かくのだてさんそう わびざくら

小京都・角館の奥座敷、西木町門屋は日本の原風景が残る里山。築200年の茅葺き古民家を移築し、平成23年（2011）に開業した。美肌効果を謳われる、pH9.6のやわらかい湯は敷地内から噴出している。客室の半露天風呂で源泉かけ流しの湯に心ゆくまで浸れる。

宿泊客は貸切露天風呂「離れ露天風呂」を予約すれば、無料で利用できる

茅葺き古民家の宿で 21世紀噴出の湯を愛でる

DATA & INFORMATION

📞0187-47-3511 所秋田県仙北市西木町門屋笹山2-8 in15:00 out11:00 室10室 予約1泊2食付 平日4万8000円〜 休前日4万8000円〜 交JR角館駅から車で15分／秋田自動車道・大曲ICから国道105号で約35km P10台 送迎なし

日帰り湯 なし

角館の伝統と美意識が随所に漂う。星空も素晴らしく、一角に星見台を設置

母屋には角館の旧家の意匠を伝える囲炉裏ラウンジや大広間などがあり、自由にくつろげる

GOURMET

名料理人プロデュースの月替わり献立

東京のミシュラン星付き日本料理店「分とく山」の総料理長、野崎洋光氏企画の献立を地元食材を使って提供。夕朝食とも個室ダイニングで。

温泉データ

泉質	アルカリ性単純温泉
pH値 9.6	泉温 38.7℃
湧出量	230ℓ/分
効能	神経痛、筋肉痛、関節痛など

ROOM

全10室、源泉かけ流しの温泉付き

和室、和洋室、ダイニング付き和洋室の3タイプ。全室に半露天の温泉がある。

季譜の里

きふのさと

開湯1200年の湯治場、湯郷温泉の名宿。世界的にも希少な窒素ガスを含んだ微弱アルカリ性ナトリウム・カルシウム-塩化物泉が源泉100%で浴槽に満ち、美肌を促進し、冷え性や筋肉痛などを緩和。「花を楽しむ、なごみの宿」をコンセプトとしており、館内の季節の生け花にも心が和む。

🗌 DATA & INFORMATION

📞0868-72-1523 所岡山県美作市湯郷180 in15:00 out11:00 室32室 予算1泊2食付 平日2万9130円～ 休前日3万2980円～ 交JR岡山駅から宇野バスで1時間40分、湯郷温泉上下車、徒歩3分／中国自動車道・美作ICから県道51号、国道179・374号で約5km P30台 送迎あり

日帰り湯 なし

ROOM

源泉100%を楽しめるスイートも

客室でも名湯を満喫できるスイートと露天風呂付き客室、和室、和洋室がある。

GOURMET

岡山の名産品で紡ぐ多彩な会席や御膳

季節の花会席、量より質の御膳、贅の御膳、岡山の銘柄肉「千屋牛」会席など豊富な食事プランを用意。5つの食事処か部屋食で。

岡山が誇る「美作三湯」のひとつ。大浴場と露天風呂のほか、広い貸切露天風呂も備える

温泉データ

泉質	ナトリウム・カルシウム-塩化物泉
pH値	8.5
泉温	40.5℃
効能	消化器病、神経痛、リウマチなど

庭園の四季折々の趣も評判。風呂や休み処、食事処などから眺めを楽しめる

小さな泡が体を包む源泉で
お肌つるつる、心もぽっかぽか

庭園を望むサンルームのような大浴場、露天風呂、薬石蒸し風呂があり、各々男女別で広い

「蔵の湯」からは維新の志士が集った旧瓦屋の庭園を眺められる。ほかにヒノキや岩の大浴場も

歴史ロマンに包まれて
美肌づくりの湯を堪能

山口県●湯田温泉

松田屋ホテル

まつだやホテル

延宝3年(1675)に創業。江戸末期には坂本龍馬や高杉晋作らが逗留し、討幕を策動した。維新の志士らも浸かった湯は往時と変わらず豊富に湧き、やわらかな湯は肌なじみがよく、すべすべに。昭和初期の蔵を移築したなかにある「蔵の湯」など、風情も格別だ。

湯田温泉屈指の老舗旅館。坂本龍馬が浸かった「維新の湯」は家族風呂として今も現役

ROOM

大正期の本館と6階建て新館

庭園を望む数寄屋風造りの本館と、湯田温泉郷を一望できる新館がある。それぞれ和室がベースで、露天風呂付きやツインベッドの部屋も。

DATA & INFORMATION

☎083-922-0125 所山口県山口市湯田温泉3-6-7 in16:00 out10:00 室31室 予算1泊2食付 平日2万5450円～ 休前日2万7650円～ 交JR湯田温泉駅から徒歩10分／中国自動車道・小郡ICから県道204号で約7km P20台 送迎なし

日帰り湯 なし

温泉データ
泉質 アルカリ性単純温泉
pH値 9.14 泉温 63.6℃
湧出量 1400ℓ/分
効能 神経痛、筋肉痛、関節痛など

GOURMET

長州の四季の味覚を楽しめる3種の会席

「卓越した技能者(現代の名工)」に選出された料理長が山口の逸品食材を用いた月替わり会席で魅了。

かど半旅館

かどはんりょかん

吾妻渓谷温泉郷のひとつ、川中温泉の一軒宿。名のとおり、宿の前を流れる雁ヶ沢川の中から源泉が湧き出す。ぬるめの硫酸塩泉は「日本三大美人湯」に数えられ、長めに入浴すると、美肌づくりや冷え性解消の効果を期待できる。渓流沿いの露天風呂は眺めも抜群。

▢ DATA & INFORMATION

☎0279-67-3314 ⓐ群馬県東吾妻町松谷2432 ⓘ15:00 ⓞⓤⓣ10:00 ⓡ10室 ⓟ1泊2食付 平日1万2800円〜 休前日1万2800円〜 ⓣJR群馬原町駅から関越交通バスで51分、川中温泉口下車、徒歩20分、またはJR川原湯温泉駅から車で15分／関越自動車道・渋川伊香保ICから県道35号、国道353・145号で約35km Ⓟ5台 Ⓢⓔⓝⓓあり(要予約)

日帰り湯 なし

GOURMET

郷土食「おっきりこみ」が評判

地元の野菜や山菜、イワナや鯉などの淡水魚を使った山里料理に和める。夕食では味噌仕立ての名物麺料理「おっきりこみ」が楽しみ。

宿の創業は昭和22年(1947)。開湯は中世以前とされ、湯治場の風情が残る

ROOM

畳敷きの純和風客室でくつろげる

昭和期建造の本館と新館があり、ともに落ち着いた和室を備える。1人部屋も用意。

温泉データ	
泉質	カルシウム-硫酸塩泉
pH値 8.7	泉温 34.6℃
湧出量	65ℓ/分
効能	冷え性、美肌効果など

肌をすべすべに整える
名湯が川底から自然湧出

露天風呂や大湯など4つの風呂があり、自然湧出の源泉「美人の湯」をかけ流す

大浴場は「ら・ふらんすの湯」「さくらんぼの湯」の2つ。開放的な空間に多彩な湯船が並ぶ

室町時代開湯の由緒ある湯
肌がしっとり潤い気分爽快

山形県●かみのやま温泉

仙渓園月岡ホテル

せんけいえんつきおかホテル

かみのやま温泉は15世紀に開湯。江戸時代には羽州街道沿いの宿場の湯として栄え、奥羽三楽郷に数えられた。正保元年(1644)創業のこの宿は近くの赤湯温泉で歴史を紡ぎ、大正期に今の地に移転。美肌・保湿効果とリラックス効果を備えた「美しの湯」が評判だ。

ROOM

日本庭園の眺めに和む

「本丸」と「北の丸」、離れの特別室「仙渓園」に美しい意匠の和室と和洋室をしつらえ。ピクチャーウインドーを配した、眺めの良い部屋が多い。

GOURMET

季節のこだわりバイキング

夕食には季節のバイキングを提供。旬の食材を使用した地産にこだわった料理、手打ちそばなどライブキッチンで作る料理も楽しめる。

DATA & INFORMATION

📞023-672-1212 🏠山形県上山市新湯1-33 in15:00 out10:00 🏠102室 予約1泊2食付 平日1万7200円～ 休前日2万500円～ 🚃JRかみのやま温泉駅から車で5分／東北中央自動車道・かみのやま温泉ICから国道458号で約5km 🅿200台 送迎あり

日帰り湯 🕐14:00～21:00(最終受付) 🉐1000円 休無休 予約不要 ※営業時間は変動あり

温泉データ
泉質 ナトリウム・カルシウム-塩化物・硫酸塩泉
pH値 7.8 泉温 69.0℃
湧出量 400ℓ/分
効能 切り傷、やけど、動脈硬化症など

1 昭和期に復元された上山城(月岡城)の近くに建ち、城下町の情緒が漂う
2 敷地内の見事な日本庭園は、お城の外濠跡の庭園を継承した貴重な空間

美肌づくりの湯が豊富に注ぐ露天風呂「川せみの湯」は、家族風呂として少人数で楽しめる

天然ラドン温泉と豆腐料理で
体も心もべっぴんさんに！

佐賀県●熊の川温泉

お宿 夢千鳥

おやど ゆめちどり

佐賀市郊外、嘉瀬川沿いにたたずむ小さな宿。弘法大師が諸国行脚の折、弘仁12年(821)に発見したと伝わる熊の川温泉が、内湯「べっぴんの湯」と家族風呂に湧く。肌を包むようなやわらかな湯は日本有数のラドン含有量を誇り、湯上がり後は肌がしっとり。

男女別大浴場「べっぴんの湯」は内湯ながら、開放感があり、大きな窓からの眺めや涼やかな風が心地いい

DATA & INFORMATION

☎0952-51-0155 所佐賀県佐賀市富士町上熊川288 in16:00 out10:00 客5室 予約1泊2食付 平日1万5400円〜 休前日1万8700円〜 交JR佐賀駅から昭和バスで38分、熊の川温泉前下車、徒歩2分／長崎自動車道・佐賀大和ICから国道263・323号で約8km P20台 送迎あり

日帰り湯 時10:00〜21:00 料880円 休第1・3水曜(不定) 予不要 ※料金変更の予定あり

温泉データ
泉質 単純弱放射能温泉
pH値 9.55 泉温 37.2℃
湧出量 225ℓ/分
効能 痛風、動脈硬化症、高血圧症など

ROOM

2〜5人に向く2タイプの客室

広縁付きの和室を5部屋用意。「つつじ」客室は6畳2間続きで、4〜5人の宿泊も快適。プランによっては部屋食も可能だ。

GOURMET

2種類の手作り豆腐にうっとり

宿の当主が朝5時から豆腐を手作り。佐賀産大豆と北海道産黒大豆、地元の名水を使い、白と黒2種の豆腐を披露。季節食材もたっぷり用いて、御膳仕立てに。

何もしない休日が似合う山あいの静かな湯宿。温泉と食事の両面から、心身をリフレッシュできる

さくら湯（共同浴場）

さくらゆ

平安時代開湯の熊本屈指の古湯。昔から肌を整える効能で名高く、江戸初期には、ここに細川藩主の休泊所「御茶屋」が建てられた。明治期に市民温泉となり、町湯として愛され続ける。現在の建物は平成後期の再建。九州最大級の木造温泉で、至福の湯浴みに浸れる。

一角には貴賓のために造られた展示用の風呂「龍の湯」があり、見学が可能。市松模様の大理石の床、天井の龍の絵が見事だ

☑ DATA & INFORMATION

☎0968-43-3326 🏠熊本県山鹿市山鹿1-1
🕐6:00〜24:00 🈳第3水曜（祝日の場合は翌平日）🈯350円 🈳不要 🚌JR新玉名駅から九州産交バスで50分、山鹿バスセンター下車、徒歩8分／九州縦貫自動車道・菊水ICから県道16号で約10km ㋓近隣駐車場利用 ♨あり

昭和期にはビルの浴場になったが、伝統建築の復活を望む市民の声を原動力に平成後期に再建。正面玄関は道後温泉本館と同様の唐破風

休憩室は昔懐かしいちゃぶ台が並ぶ畳敷き。湯上り後に利用でき、飲食も可能
※2023年2月現在、休憩室は閉鎖中

温泉データ
泉質	アルカリ性単純温泉
pH値	9.62
泉温	40.0℃
効能	神経痛、疲労回復、筋肉痛など

江戸期の伝統建築を再現
美肌湯三昧が叶う共同湯

大浴場はダイナミックな吹き抜けがあるつくり。なめらかな肌ざわりの源泉をかけ流す

2つの露天風呂「花」「月」は男女入替制。空気に触れていない源泉が豊富に注ぐ。写真は「花」

元気とキレイを整える
おとぎの森の温泉と会席

福島県●須賀川温泉

おとぎの宿 米屋

おとぎのやどよねや

福島県中部の田園の中にたたずむ宿。自家源泉の開湯と宿の創業は平成4年(1992)。「おとぎ」をテーマにした温泉、客室、料理でもてなし、大人客を癒やす。なめらかな源泉をかけ流す湯は、化粧水を肌にまとうような心地よさ。源泉100%のミストサウナもある。

DATA & INFORMATION

☎0248-62-7200 ㊟福島県須賀川市岩渕笠木168-2 ㏌15:00 ㏇11:00 ㊟18室 ㊟1泊2食付 平日3万1900円～ 休前日3万5200円～ ㊟JR須賀川駅から車で10分／東北自動車道・須賀川ICから県道67号、国道118号で約6km ㊟25台 ㊟あり(要予約)

日帰り湯 なし

温泉データ
泉質	アルカリ性単純温泉
pH値	8.9	泉温	51.6℃
湧出量	550ℓ/分
効能	神経痛、筋肉痛、関節痛、冷え性など

露天風呂「月」は岩風呂とヒバ風呂が階段状になった造り。満天の星と月が輝く夜は幻想的な雰囲気に

ROOM
「おとぎの丘」と「離れ88」

やさしい空間が人気の本館「おとぎの丘」と2021年誕生の「離れ88」がある。離れは自家源泉かけ流し温泉付きのプライベートスイート。

GOURMET
春夏秋冬の「おとぎ会席」

おとぎ話をモチーフにした季節の会席が好評。無肥料無農薬・有機栽培の野菜、岩手産短角牛、旬の活魚など食材もこだわりの逸品揃い。

温泉宿でのトータルな癒やしを提供し、リピーターを増やす。オートクチュールのスパトリートメントも用意

神奈川県●芦之湯温泉

箱根の名湯 松坂屋本店

はこねのめいとうまつざかやほんてん

創業は江戸初期の寛文2年(1662)。往時から箱根七湯に数えられた名湯、芦之湯温泉を100%源泉かけ流しで、湯処と客室内の風呂に注ぐ。美肌づくりに向く硫黄泉、硫酸塩泉、炭酸水素塩泉の3成分を含む源泉は極めて貴重。貸切源泉露天風呂も充実している。

DATA & INFORMATION

📞0460-83-6511　🏠神奈川県箱根町芦之湯57　in15:00　out11:00　室22室　予算1泊2食付 平日2万7500円〜 休前日3万250円〜　交箱根登山鉄道・箱根湯本駅から箱根登山バスで25分、東芦の湯下車、徒歩3分／東名高速道路・厚木ICから小田原厚木道路、国道1号で約55km　P22台　送迎なし

日帰り湯 なし

ROOM

由緒ある館で歴史ロマンに浸る

明治〜昭和期建造の6つの館を平成〜令和期にリニューアル。純和風のしつらえ。

GOURMET

箱根宿をイメージした「宿場会席」

夕食は江戸期と文明開化の趣向で彩る「宿場会席」でもてなし。朝食は体にやさしい料理が揃う「旅人朝食」。食事処の半個室か個室で楽しめる。

約4000坪の敷地に客室棟と湯処が点在。各所から2000坪の庭を眺められる

男女別大浴場「権現の湯」は時間入替制で、2つの風呂を楽しめる。広大な庭園を眺められる休憩処も完備

温泉データ

泉質　含硫黄・カルシウム・ナトリウム・マグネシウム-硫酸塩・炭酸水素塩泉
pH値　8.1　泉温　58.6℃
湧出量　200〜250ℓ/分
効能　美肌効果、神経痛、リウマチなど

箱根屈指の老舗旅館で神秘的な美肌温泉を堪能

大正期建造の元皇室別荘を令和期に改築した離れの館「仰光荘」の客室は広い露天風呂付き

丸井旅館

まるいりょかん

弘法大師の開湯伝説がある龍神温泉郷で昭和2年(1927)に創業。肌がうるおうと評判の「龍神小又川温泉」が日高川沿いの大浴場に注ぎ、清流と山々の景色に癒やされながら、名湯を満喫できる。アットホームなもてなしと郷土料理も、心身の活力チャージに効く。

☐ DATA & INFORMATION

☎0739-78-0018 所和歌山県田辺市龍神村西9-2 in15:00 out10:00 客13室 予約1泊2食付 平日1万3750円～ 休前日1万5950円～ 交JR紀伊田辺駅から龍神バスで50分、丸井旅館下車すぐ／阪和自動車道・有田ICから国道424号で約55km P12台 送迎なし

日帰り湯 なし ※食事付きプランあり

GOURMET
「熊野牛しゃぶ懐石」が人気

地元で採れる山里の幸や川魚、和歌山特産の熊野牛を使ったしゃぶしゃぶや陶板焼きが好評。冬季には「ぼたん鍋」も楽しめる。

一人旅、シニア、カップル、ライダー向けなど、多彩なプランを用意

「まごころの宿、手づくりの料理でおもてなし」がモットー。リピーター客も多い

ROOM
日高川と龍神村の景色に和む

6畳、8畳、12畳、16畳の純和風客室。落ち着いた風情で、眺めは川側と山側に分かれる。

温泉データ

泉質	重曹泉
pH値	8.7
泉温	19.5℃
湧出量	169ℓ/分
効能	慢性皮膚病、やけど、神経痛など

清流沿いの"美人の湯"と 山里の幸で肌も心も元気に

総檜造りの大浴場にやわらかな湯ざわりの重曹泉が湧く。湯上がりの肌はしっとりつるつる

最上階の露天風呂「月心の湯」からは琵琶湖の絶景を望める。夜は文字どおり、月がきれい

琵琶湖の眺めを愛でつつ うる肌自慢の湯を巡る

滋賀県●おごと温泉

湯元舘

ゆもとかん

関西の奥座敷・おごと温泉は、比叡山延暦寺を開いた最澄が1200年前に開湯したとされる名湯。その温泉郷の中心に建ち、琵琶湖を一望する露天風呂など4つの趣向の異なる風呂で魅了する。高アルカリの湯が皮膚を整え、入浴後の爽快感と肌の感触も楽しみだ。

DATA & INFORMATION

📞 077-579-1111 🏠滋賀県大津市苗鹿2-30-7 in 15:00 out 10:00 客65室 予約1泊2食付 平日2万3000円～ 休前日2万8000円～ 交JRおごと温泉駅から徒歩20分／名神高速道路・京都東ICから国道161号で約15km P40台 送迎あり

日帰り湯 営11:00～21:30 料2000円 休無休 予約不要

温泉データ
泉質	アルカリ性単純温泉
pH値	9.0　泉温 36.0℃
湧出量	273ℓ/分
効能	神経痛、筋肉痛、関節痛、五十肩など

ROOM

贅沢な時が叶う非日常空間

新しい温泉ステイに憩える「はなれ 葭蘆葦」、露天風呂付き客室「琴音」など趣向を凝らした客室が評判。写真は葭蘆葦DXスイート。

GOURMET

「認証近江牛会席」を堪能

三大和牛のひとつ、近江牛の中でも最上の5ツ星格付けの肉だけを使った会席プランが人気。近江産の旬の味覚も滋味深いおいしさ。

1 野趣あふれる露天風呂「湯幻遊遥」は"四季の湯めぐり"がテーマ。寝湯やミストサウナもある
2 ロビーの奥では、開放感抜群のアトリウム庭園「淡海」が旅人を出迎える

琴平花壇 ☆☆

ことひらかだん

創業400余年を誇る、金刀比羅宮参道沿いの老舗旅館。「にっぽんの温泉100選」に選ばれた美肌づくりの名湯、琴平町智光院温泉を大浴場や貸切露天風呂で楽しめる。離れのスパで体験できる「タイ古式マッサージ」も人気で、日頃の疲れが吹き飛ぶような爽快さだ。

DATA & INFORMATION

☎0877-75-3232 所香川県琴平町1241-5 in15:00 out10:00 室42室 料1泊2食付 平日1万8850円～ 休前日2万6550円～ 交JR琴平駅から車で5分／高松自動車道・善通寺ICから国道319号で約8km P40台 送迎あり

日帰り湯 時13:00～21:00 料1500円 休無休 予約不要　※営業時間は変動あり、要問い合わせ

GOURMET

香川の銘柄肉と山海の幸が集う

讃岐牛、オリーブ豚、讃岐コーチン、瀬戸内海の旬魚介、大地の恵みで紡ぐ数種の会席コースを提供。ダイニングまたは部屋食プランがある。

日本庭園を囲むように宿泊棟と離れが建つ。近年のリニューアルで和の風情を守りつつ、洋の趣と機能性が加わった

ガーデンラウンジにはライブラリーやPC設備などを完備。夜はバーとして利用

ROOM

3つの宿泊棟と3つの離れ屋

宿泊棟「富士見台」「松月テラス」「山翠閣」に和室、和洋室、露天風呂付き客室を用意。森鷗外が逗留した数寄屋造り離れも客室として使用。

温泉データ

泉質 単純弱放射能冷鉱泉
pH値 7.8 泉温 19.3℃
湧出量 70ℓ/分
効能 神経痛、筋肉痛、関節痛など

名湯こんぴら温泉とスパで心も体も元気＆きれいに！

温泉大浴場「吉祥の湯」には讃岐平野を一望する露天風呂と内湯が。夜は幻想的な雰囲気に

山々が目前に迫り、空が広々とした露天風呂。『出雲国風土記』に漆仁の湯の名で記された良質な温泉だ

森林、清流、薬湯に恵まれた
古来の名湯の地で美を磨く

島根県●出雲湯村温泉

国民宿舎 清嵐荘

こくみんしゅくしゃせいらんそう

肥河という名で『古事記』にも登場する斐伊川沿いの出雲湯村温泉には、開湯以降1300年にわたり、名高い薬湯が湧く。清嵐荘では大浴場での温泉入浴のほか、テントサウナ、美肌に必要な栄養たっぷりの食事、エステなどを合わせた美肌宿泊プランが好評を博す。

🔲 DATA & INFORMATION

📞0854-75-0031 🏠島根県雲南市吉田町川手161-4 🕓16:00 out10:00 客24室 予約1泊2食付 平日1万1550円〜 休前日1万2650円〜 🚃JR木次駅から市民バスで27分、湯村温泉下車、徒歩1分／松江自動車道・三刀屋木次ICから国道314号で約13km ℗70台 送迎あり

日帰り湯 🕓11:30〜20:00(最終受付19:30)
料550円 休無休 予約不要

温泉データ
泉質 アルカリ性単純温泉
泉温 42.0℃
効能 神経痛、筋肉痛、関節痛、五十肩など

GOURMET

地元食材のBBQも人気

美肌プランでは、島根独自品種、無農薬のバラエキスを使ったドリンクや県内産の高麗人参入り鍋など肌にいいメニューが揃う。

ROOM

シンプルながら居心地良好

和室、洋室、和洋室とあり、それぞれに風呂なしと風呂付きを用意。必要かつ十分なアメニティも揃えられている。

1

2

1宿泊はもちろん、11:30〜20:00(最終受付19:30)には日帰り入浴も受け付けている 2美肌温泉ヨガやサイクリングなど多彩なコンテンツも用意。サウナ飯もおいしい

八上姫神話にも登場する
美人の湯を神話の国で満喫

開放感あふれる内湯に"美人湯"を源泉かけ流し。湯上がりは肌しっとり、体ぽかぽか

島根県●湯の川温泉

湯元 湯の川

ゆもと ゆのかわ

『古事記』に記された八上姫が湯浴みし、輝く美しさを手に入れたのが出雲の湯の川温泉。明治10年(1877)創業のこの宿は、湯元として歴史ある湯を守る。肌をベールのように包む塩化物泉にはメタケイ酸も含まれ、保湿保温効果をアップ。旅の拠点にもいい宿だ。

📷 DATA & INFORMATION

☎0853-72-0333 🏠島根県出雲市斐川町学頭1329-1 in16:00 out10:00 室11室 宿泊1泊2食付 平日1万5400円〜 休前日1万8700円〜 交JR荘原駅から徒歩17分／山陰自動車道・宍道ICから県道57号で約5km P20台 送迎あり

日帰り湯 営10:00〜14:30(最終受付14:00) 料700円 休無休 予約不要

温泉データ
泉質 ナトリウム・カルシウム-硫酸塩・塩化物泉
pH値 7.9 泉温 44.6℃
湧出量 50ℓ/分
効能 切り傷、アトピー、美肌、やけどなど

ROOM
山あいの風景に和める

純和風客室が11室あり、6畳、8畳、14畳の広さに分かれる。各部屋から神話の国の澄んだ空と田園風景を望める。

GOURMET
「しまね和牛」プランが人気

夕食は季節の会席料理。地元の銘柄肉「しまね和牛」の鉄板焼やステーキを楽しめるプランもあり、旅のスタイルに応じて選べる。

宿の入口の八上姫神社は、大国主命を慕って因幡から出雲に来た姫神を祀る

源泉は、群馬県の川中温泉、和歌山県の龍神温泉とともに「日本三大美人湯」に数えられる

282

島根県●温泉津温泉

寛ぎの宿 輝雲荘

くつろぎのやど きうんそう

☆☆

日本海に臨む温泉津は、世界遺産登録「石見銀山遺跡とその文化的景観」の一部にあたる町。開湯1300年の温泉郷でもあり、源泉の「薬師湯」は塩化物泉と二酸化炭素泉のダブル効果でつや肌になると有名だ。その湯を内湯に引き、極上の湯浴みを供する。

☐ DATA & INFORMATION

📞0855-65-2008 🏠島根県大田市温泉津町温泉津口202-1 in15:00 out10:00 室18室 予約1泊2食付 平日1万5550円～ 休前日1万7750円～ 交JR温泉津駅から徒歩15分／山陰自動車道・温泉津ICから県道202号で約2km P14台 送迎あり

日帰り湯 なし

ROOM

大人旅に向く純和風客室

本館、離れ棟、東館に6畳～16畳の和室客室を用意。湯治場の風情を残す古民家もある。

GOURMET

日本海の旬の幸で彩る会席料理

月替わり会席を部屋食で楽しめる。しまね和牛ステーキ、のどぐろの煮付けなどの別注料理も人気。寄せ鍋や水炊きなど鍋コースの相談もできる。

国の重要伝統的建造物群保存地区に選定された温泉津温泉の中心地に建つ宿

平成15年(2003)にリニューアルし、温泉津温泉初の露天風呂を設置。ホールや廊下は畳敷きで、素足での移動が心地よい

温泉データ

泉質	弱食塩泉	
pH値 6.3	泉温 43.0℃	湧出量 8ℓ/分

効能 神経痛、関節痛、冷え性、慢性消化器病、皮膚病、婦人病など

ダブル美肌効果の湯が湧く
世界遺産の町にある人気宿

「薬の湯」の露天風呂は地元特産の福光石を使った石造り。温泉街の屋根の薬を一望できる

283

室町時代から愛される美肌温泉

湯本観光ホテル 西京

ゆもとかんこうホテル さいきょう

長門市の山あいにたたずむ長門湯本温泉は、応永34年(1427)開湯の山口県最古の温泉。強アルカリ性単純温泉のなめらかな湯は、江戸時代、長州藩の歴代藩主の湯治場にもなった。温泉郷最大級の露天風呂と大浴場が自慢のこの宿で、美肌づくりの温泉三昧に浸れる。

「美人の湯」と呼ばれる名湯を広い露天風呂で満喫できる。大浴場には泡風呂やサウナも

☆☆

温泉データ
泉質	アルカリ性単純温泉
pH値	9.49
泉温	34.5℃
効能	神経痛、打ち身、冷え性など

長門湯本温泉屈指の規模を誇る温泉リゾート。江戸時代の街並みを再現した客室棟も人気だ

DATA & INFORMATION

℡0837-25-3111 所山口県長門市深川湯本1051 in15:00 out10:00 室106室 予約1泊2食付 平日1万4300円〜 休前日1万8700円〜 交JR長門湯本駅から徒歩10分／中国自動車道・美祢ICから国道316号で約25km P100台 送迎あり

日帰り湯 営12:00〜22:00(最終受付21:00) 料1200円 休不定休 予約不要

"つるヌルの美人湯"が湧く湯宿

神丘温泉豊山荘

かみおかおんせんほうざんそう

温泉天国・別府でも珍しい強アルカリ性硫黄泉を自家源泉として持つ。しかも自然湧出の自噴泉。源泉をかけ流す風呂に浸かると、ヒアルロン酸やコラーゲン入りの湯に憩うような至福感。大浴場に加え、貸切露天風呂や家族風呂で"つるヌル"の湯を堪能できる。

貸切露天風呂「風の湯」は贅沢な広さとつくり。本館宿泊者は24時間、何度でも利用可能

温泉データ
泉質	含硫黄-ナトリウム-硫酸塩・炭酸水素塩泉		
	pH値	9.0	泉温 97.9℃
湧出量	不明		
効能	美肌、神経痛など		

別府鉄輪エリアでも独自の源泉が自慢。宿の初代当主が昭和32年(1957)に源泉を掘り当てた

DATA & INFORMATION

℡0977-21-8080 所大分県別府市小倉4組 in15:00 out10:00 室10室 予約1泊2食付 平日1万3000円〜 休前日1万6500円〜 交JR別府駅から亀の井バスで19分、ベネフィットフォーユー前下車、徒歩1分／東九州自動車道・別府ICから約2km P15台 送迎なし

日帰り湯 営13:00〜18:00(土曜は〜15:00) 料400円 休無休 予約不要

秘湯の一軒宿

人里離れた山の中にひっそりとたたずむ

乳頭温泉郷の最奥部
原生林に囲まれた山の湯

1

2

1混浴露天風呂は杉皮葺き屋根付き。湯は名前の「黒湯」ではなく、乳白色の硫黄泉
2ブナ林に囲まれ、茅葺きの宿泊棟や湯小屋が連なる。シーズン終了前の秋の紅葉時はひときわの風情

秋田県●黒湯温泉

黒湯温泉

くろゆおんせん

7つの温泉が点在する乳頭温泉郷の最奥、先達川上流にたたずむ。開湯は延宝2年(1674)頃とされ、江戸期には秋田藩の湯治場となった。上の湯と下の湯の2つの源泉があり、露天風呂や内風呂、打たせ湯で楽しめる。湯治場の風情を守り続け、旅館部と自炊部を用意。

▢ DATA & INFORMATION

☎0187-46-2214 ⓐ秋田県仙北市田沢湖生保内黒湯沢2-1 ⓘ14:00 ⓞⓤⓣ10:00 ⓡ14室 ⓟ1泊2食付 平日1万5000円〜 休前日1万5000円〜 ⓐJR田沢湖駅から羽後交通バスで48分、休暇村下車、徒歩25分／東北自動車道・盛岡ICから国道46号で約57km ⓟ50台 ⓐⓓあり(要予約)

日帰り湯 ⓐ9:00〜16:00(最終受付) ⓡ800円 ⓐ11月中旬〜4月上旬 ⓟ不要

温泉データ
泉質 単純硫黄温泉
pH値 4.5〜5.6 泉温 60℃
湧出量 600ℓ/分 効能 高血圧症、動脈硬化症、末梢循環障害、糖尿病など

敷地内の河原から源泉が湧き出し、湯量は乳頭温泉郷随一。上の湯は混浴、下の湯は男女別

客室は旅館部、自炊部、茅葺き屋根の離れの3タイプ。自炊部には2階建て棟と茅葺き棟があり、囲炉裏付きの部屋も

ROOM
旅館部には半露天風呂付き客室も

広間での夕朝食を楽しめる旅館部には、和洋室と和室の6タイプの客室がある。和洋室「もみじ」「さくら」は2室専用の半露天風呂付き。

GOURMET
深山の恵みが生きる素朴な料理

旅館部の客室は食事付き。夕食には、地元で採れる山菜や川魚などを使った和食膳を提供。昔ながらの素朴な郷土料理に体の中から癒やされる。

287

名物の「野天風呂」の周囲では温泉の蒸気が立ち上り、野趣満点。混浴が基本だが、女性専用も

1

2

1 混浴露天風呂「枡風呂」「樽風呂」。柵の下に「岩風呂」があり、枡・樽・岩を楽しめる
2 男女別の内風呂は広々とした総ヒバ造り。ここから、屋根付きの男女別露天風呂に出られる

標高1100mの樹海に潜む
八幡平最古の天空の温泉

秋田県●蒸ノ湯温泉

源泉・秘湯の宿 ふけの湯

げんせん・ひとうのやど ふけのゆ

十和田八幡平国立公園内、標高1100m
の深山に400年前から湧く八幡平最古
の温泉。原生林に囲まれた野外に5種
の露天風呂があり、立ち上る温泉の蒸
気を眺めながら、乳白色のにごり湯に
憩える。「蒸ノ湯」の名の由来となっ
たオンドル、内湯もある。

🟦 DATA & INFORMATION

📞0186-31-2131 所秋田県鹿角市八幡平熊沢国有
林内 in15:00 out10:00 室22室 予約1泊2食付 平
日1万6650円〜 休前日1万7750円〜 交JR盛岡駅
から岩手県北バスで1時間50分、八幡平山頂下
車、車で20分／東北自動車道・鹿角八幡平ICから
国道341号、県道23号で約33km P30台 送迎あり
(要予約)

日帰り湯 営10:00〜15:00 料700円 休不定休
予約不要

温泉データ
泉質 単純泉、単純硫黄温泉
pH値 3.2〜4.6 泉温 86.2℃
効能 神経痛、リウマチ、不妊症など

GOURMET

地元食材を生かした蒸ノ湯式薬膳

八幡平の旬の味覚、山菜やきのこ、川魚などを
使った、健康増進に役立つ無添加の薬膳料理を
提供。和洋中の垣根を越えた創作料理が好評。

ROOM

純和風客室を中心に、和洋室も用意

本館と新館があり、本館は昭和期の温泉旅館の
風情を残す和室が20室。畳スペースとツイン
ベッドがある和洋室が本館、新館に各3室ある。

かやぶき家屋が立ち並ぶ湯宿で
時空を超える温泉旅を体感

GOURMET
囲炉裏を囲んで旬の味を堪能

夕食は茅葺き家屋の囲炉裏端で、地場食材たっぷりの「深山のかやぶき会席」と「囲炉裏会席」を提供。セルフで仕上げる囲炉裏焼きは楽しい食体験に。

ROOM
ノスタルジックな非日常空間

温川沿いの「せせらぎ館」と緑に包まれた「やすらぎ館」に27室を用意。囲炉裏の間や半露天風呂付きの部屋が充実し、古民具の調度品を各所に配す。

群馬県●薬師温泉

かやぶきの郷薬師温泉 旅籠

かやぶきのさとやくしおんせん はたご

浅間隠山の北麓、温川沿いにある薬師温泉の一軒宿。7000坪の敷地に7棟の茅葺き家屋を移築し、古き良き郷での心身の癒やしを提供する。約200年前から自噴する自家源泉は、寛政年間に旅の行者が発見したと伝わる温泉。渓流の自然に包まれ、肌にやさしい湯に憩える。

DATA & INFORMATION

☎0279-69-2422 所群馬県東吾妻町本宿3330-20 in15:00 out10:00 室27室 料1泊2食付 平日2万4200円〜 休前日3万800円〜 交JR中之条駅から送迎バスで40分／関越自動車道・渋川伊香保ICから県道35号、国道353号で約42km P150台 送迎あり

日帰り湯 営11:00〜14:00（入郷は10:00〜15:00）料1000円（入郷料金含む）休水曜 予不要

温泉データ
泉質 ナトリウム・カルシウム-塩化物・硫酸塩温泉 pH値 7.1 泉温 40.8℃
湧出量 17.3ℓ/分
効能 神経痛、筋肉痛、関節痛、五十肩など

露天風呂「滝見乃湯」の前には薬師の滝が。水の音と四季折々の景色に癒やされる

長屋門をくぐって郷内に入ると、タイムトリップしたような気分に。時代箪笥を展示した回廊、星見テラスなどもある

2

1

1茅葺き家屋は日本各地の古民家を移築。古民具や古美術品も数千点規模の所蔵を誇る
2「やすらぎ館」のヒノキの半露天風呂付き客室には、湯上がり後の森林浴にぴったりの涼み屋も

信州不動温泉 さぎり荘

しんしゅうふどうおんせん さぎりそう

長野市の西部、信州新町は豊かな自然に囲まれた山里。景勝地「不動滝」の袂から湧く温泉は、昔から「万病に効く」と伝えられ、その源泉を引き、昭和49年(1974)に開業した。開放感あふれる内湯でゆったり名湯に憩える。町のもうひとつの名物、羊肉料理も人気だ。

☐ DATA & INFORMATION

📞026-264-2103 🏠長野県長野市信州新町日原西300-1 in15:00 out10:00 室全10室 予約1泊2食付平日1万2000円～ 休前日1万3000円～ 交JR長野駅からアルピコ交通バスで42分、信州新町BT下車、車で15分／上信越自動車道・長野ICから県道70号、国道19号で約31km P70台 送迎要相談

日帰り湯 時11:00～21:00 料500円 休不定休 予約不要

ROOM

落ち着いた風情の純和風客室

10畳と20畳の和室があり、20畳客室は10名までOK。各室、山里の景色を望める。

GOURMET

希少な信州産サフォーク種羊肉を満喫

地元の特産品、信州産サフォーク種羊肉は国産羊肉の最高峰。その極上の旨みを楽しめる食事プランが人気。ほかに信州豚のしゃぶしゃぶプランなども。

入口には不動明王像が立つ。2019年にリニューアルし、いっそう居心地のよい宿に

温泉データ	
泉質	含硫黄-ナトリウム・マグネシウム・カルシウム-硫酸塩・炭酸水素塩冷鉱泉
pH値	0.0	泉温	19.5℃
湧出量	5.17ℓ/分
効能	神経痛、筋肉痛、関節痛など

不動滝から湧き出す薬湯と"幻の羊肉"料理が自慢

ミネラル分が多い硫酸塩・炭酸水素塩泉。信州の自然も心身を癒やしてくれる

標高1126mにある露天風呂は文字どおり「いいふろ」。正面には名峰、兜山がそびえる

5つの絶景露天風呂が待つ
吾妻連峰屈指の隠れ宿

標高 1126m
いいふろです

山形県●新高湯温泉

吾妻屋旅館

あづまやりょかん

奥州三高湯のひとつである白布温泉のさらに山奥。西吾妻山の中腹、標高1126mに自然湧出する自家源泉をかけ流す、野趣に富む風呂が評判。眺望露天風呂、栗の木をくりぬいた根っこ風呂、滝見露天風呂、貸切大樹風呂など5つの露天風呂と総檜造りの内風呂がある。

📷 DATA & INFORMATION

☎0238-55-2031 所山形県米沢市関湯の入沢3934 in14:00 out10:00 室15室 予約1泊2食付 平日1万3200円〜 休前日1万4300円〜 交JR米沢駅から山交バスで40分、天元台湯元下車、車で5分／東北中央自動車道・米沢八幡原ICから県道151・2号で約22km P15台 送迎あり

日帰り湯 なし

温泉データ
泉質	含硫黄-カルシウム-硫酸塩温泉	
pH値	7.0	泉温 55.6℃
湧出量	170ℓ/分	
効能	切り傷、やけど、神経痛など	

滝見露天風呂では、最上川源流の「白金の滝」を眺めながら豪快な湯浴みを堪能できる

自然と一体になる露天風呂めぐりが叶う山懐の宿。露天風呂は混浴が基本だが、女性専用の時間帯も

ROOM

湯めぐりのあとは畳にごろり

シンプルな造りの6畳と10畳の和室を用意。窓の外には西吾妻山の大自然が広がり、湯浴みのあと、ごろりと横になると気分爽快。

GOURMET

山の恵みで紡ぐおふくろの味

"母の手料理"をテーマに地元の旬食材を使った滋味深い料理を提供。「郷土の味覚コース」、料理少なめの「スマートコース」がある。

293

内湯は白樺林が間近に迫り、森林浴の効果も。白樺に囲まれた露天風呂「森の温泉」もある

武田信玄の隠し湯を愛で 白樺林の森林浴に憩う

長野県●奥蓼科温泉郷

渋辰野館

しぶたつのかん

奥蓼科温泉郷、湯みち街道沿いにある創業100余年の宿。16世紀に武田信玄が開発した「信玄の隠し湯」のひとつと伝えられる源泉「信玄の薬湯」を持つ。薬効が強い温泉のため、冷泉と温湯を交互に中腰で浸かるのが流儀。白樺林に囲まれ、温泉と森の両方に癒やされる。

DATA & INFORMATION

☎0266-67-2128 所長野県茅野市豊平4734 in 15:00 out 10:00 室12室 予算1泊2食付 平日2万1350円～ 休前日2万2350円～ 交JR茅野駅からアルピコ交通バスで39分、辰野館前下車すぐ／中央自動車道・諏訪ICから国道152号、県道191号で約21km P30台 送迎なし

日帰り湯 営11:00～16:00(最終受付15:00) 料1650円 休不定休 予約要予約

温泉データ

泉質 単純酸性冷鉱泉

pH値 2.7 泉温 21.2℃

湧出量 270ℓ/分

効能 胃腸病、リウマチ、婦人病など

「信玄の薬湯」では、低温の源泉が打たせ湯のように流れ落ち、木造りの浴槽を満たす

GOURMET

季節の前菜盛り合わせが評判

信州の旬食材、川魚や銘柄肉で紡ぐ「信玄の山里料理」を食事処で楽しめる。前菜「森のたからものづくし」は元気をもらえるおいしさ。

ROOM

奥蓼科の大自然を望む純和室

8～11畳の落ち着いた純和室客室が12室。全室から奥蓼科の深い森を望める。風呂付き客室はあえて設けず、大浴場での入浴に絞る。

奥蓼科に広大な敷地を持つ。近くの御射鹿池は東山魁夷画伯の『緑響く』のモチーフになった

北温泉旅館

きたおんせんりょかん

茶臼岳山腹にあり、那須七湯のひとつに数えられる。8世紀に天狗が発見したという伝説が残り、江戸時代に湯宿として開業した。迷路のような館内に、巨大な天狗の面が掛かる「天狗の湯」をはじめ、個性豊かな浴槽が点在。食事の提供はなく、自炊設備を利用できる。

DATA & INFORMATION

📞0287-76-2008 所栃木県那須町湯本151 in14:00 out10:00 室40室 予素泊まり 平日5900円～ 休前日5900円～ 交JR那須塩原駅から関東バスで1時間10分、大丸温泉で乗り換えて2分、北湯入口下車、徒歩20分／東北自動車道・那須ICから県道17号で約18km P30台 送迎なし

日帰り湯 営8:30～16:30(最終受付) 料700円 休無休 予約不要

ROOM

江戸・明治・昭和の3種の客室

江戸安政期の建物が「松」、明治期が「竹」、昭和期が「梅」となり、料金が異なる。

囲炉裏がある大広間「亀の間」は地元の旧家から移築

男女別露天「河原の湯」、男女別内湯「相の湯」、温泉プールなどの湯めぐりが楽しい

玄関ホールには祭壇「湯前様参堂」があり、その奥には江戸期建造の温泉神社が

温泉データ
泉質	単純温泉	
pH値	6.9	泉温 56.0℃
湧出量	481.2ℓ/分	
効能	腰痛症、神経痛、関節リウマチなど	

名物「天狗の湯」が大迫力
江戸期創業の山奥の湯治場

名物「天狗の湯」は日中男湯、夕方以降混浴。映画『テルマエ・ロマエ』(2012年公開)にも登場

総木造りの大浴場に7種の風呂があり、泥を含む灰白色の源泉を湯船にかけ流す

箱蒸し風呂や泥湯など
湧き立つ7湯を巡る

秋田県●後生掛温泉

後生掛温泉

ごしょうがけおんせん

八幡平国立公園内の温泉郷。地中から噴き上げる温泉が大迫力の湯けむりとなり、山あいの一軒宿を包む。開湯は300年前。「馬で来て足駄で帰る後生掛」の句のごとく、昔から効能の高さで有名だ。箱蒸し風呂、火山風呂や泥湯など7つの風呂で、強い湯力を実感できる。

本館棟には18の客室が並ぶ。オンドル部屋では休憩ができる

ROOM
和室と和洋室、1人用洋室も

旅館には本館と新館があり、和室と和洋室に加え、シングル洋室も設け、一人旅に対応。各部屋とも設備が整い、快適に過ごせる。

🏠 DATA & INFORMATION

📞0186-31-2221 🏠秋田県鹿角市八幡平熊沢国有林内 in15:00 out10:00 🛏23室 予約1泊2食付平日1万6500円〜・休前日1万8150円〜 🚃JR田沢湖駅から秋北バスで1時間42分、アスピーテライン入口下車、送迎バスで15分／東北自動車道・鹿角八幡平ICから国道341号で約30km Ⓟ34台 送迎あり（要予約） ※バス路線変更の可能性あり

日帰り湯 ⏰10:30〜15:00（最終受付14:00）
💴800円 休火曜、ほか臨時休業あり 予約不要

温泉データ
泉質	単純硫黄泉		
pH値	3.02	泉温 87.9℃	湧出量 不明
効能	胃腸病、神経痛、腰痛、膝関節炎など		

GOURMET
「きりたんぽ」を発祥地で満喫

秋田名物「きりたんぽ」は鹿角生まれ。作りたてを比内地鶏のスープと合わせた鍋は格別。

天然の地熱も特徴で、その熱と蒸気を利用したオンドル処「もえぎ」も備える

八丁の湯

はっちょうのゆ

鬼怒川の源流地帯、奥鬼怒温泉郷の奥部に建つ山の宿。一般車は入れないアクセスと神秘的な森に囲まれる立地から、「関東最後の秘湯」と称される。自然と一体化した露天風呂が4つあり、すべてから豪快な滝を眺められる。自噴高温泉に湯の花が舞う風情も格別。

☐ DATA & INFORMATION

☎0288-96-0306 所栃木県日光市川俣876 in15:00 out10:00 室25室 予算1泊2食付 平日2万2385円〜 休前日2万4585円〜 交東武鉄道・鬼怒川温泉駅から日光市営バスで1時間40分、女夫渕無料駐車場下車、送迎バスで30分／日光宇都宮道路・今市ICから県道245・23号で約50km P女夫渕無料駐車場を利用 送迎あり

日帰り湯 営9:00〜15:00 料800円 休宿の休館日 予約不要

GOURMET

奥鬼怒の幸を会席仕立てに

本館の「山小屋八丁」の夕食は山の幸を使った定食。別館の「ヴィラロッジ八丁」では、地元食材で紡ぐ季節の会席を楽しめる。

ROOM

山小屋風とログハウスの2タイプ

本館の客室は山小屋スタイルの和室。別館にはログハウス和室やツインルーム（写真）があり、山岳リゾート気分に浸れる。

昭和末期まで電線が来ず、夜はランプが灯火になり、「ランプの宿」と呼ばれていた。電気が通った今もランプの明かりは健在だ

温泉データ
泉質 単純温泉
pH値 7.09　泉温 52.3℃
湧出量 240ℓ/分
効能 疲労回復、健康増進、冷え性など

混浴野天風呂「石楠花の湯」は、真横を流れ落ちる滝と瀑声を感じられるつくり

奥鬼怒の原生林に包まれた
野趣あふれる滝見露天風呂

立ち湯「雪月花」は立った姿勢で腰上まで温泉に浸かれ、目の前の森と一体になるかのよう

信州の森に溶け込む
薄川沿いの和リゾート

長野県●扉温泉

明神館

みょうじんかん

松本市の南東、標高1050mの渓谷に湧く扉温泉は日本神話の岩戸伝説にゆかりがある湯。その源泉を守る一軒宿として昭和6年(1931)に創業し、時代に応じた癒やしを提供し続ける。露天風呂付き大浴場「白龍」に加え、四季の自然に包まれる立ち湯と寝湯も評判だ。

白樺林を望むロビーにはゆったりした時が流れる。真空管アンプのオーディオから流れる静かな音楽も心地よい

DATA & INFORMATION

☎0263-31-2301 所長野県松本市入山辺8967 in15:00 out12:00 室43室 宿料1泊2食付 平日3万8500円～ 休前日4万7300円～ 交JR松本駅から車で30分／長野自動車道・松本ICから県道67号で約18km P35台 送迎あり

日帰り湯 なし

温泉データ
泉質 アルカリ性単純泉
pH値 9.2 泉温 38～40℃
効能 胃腸病、神経症、リウマチなど

ROOM

和室、洋室、露天風呂付き客室

スタンダードな和室や洋室にもリビング空間がある贅沢な造り。温泉ヒーリングバス付き客室もある。

GOURMET

地元食材で紡ぐ和食

信州の素材を生かした日本料理が味わえる。

八ヶ岳中信高原国定公園内にあり、四季折々の自然が見事。リゾートホテルの快適性と温泉旅館の温かさを併せ持つ

唐沢鉱泉

からさわこうせん

八ヶ岳山麓に建ち、神秘的な二酸化炭素冷鉱泉を源泉として持つ。加温した湯に浸かると小さな気泡が肌につき、シュワーと爽快。血行も促進され、体がよく温まる。通常は無色透明だが、6月頃に乳白色に変わる数日がある。この自然のサプライズも楽しみの一つ。

DATA & INFORMATION

☎0266-76-2525 所長野県茅野市豊平4733-1 in 14:00 out 10:00 室23室 予料1泊2食付 平日1万5550円〜 休前日1万5550円〜 交JR茅野駅から車で35分／中央高速道路・諏訪南ICから八ヶ岳エコーラインで約21km P30台 送迎あり
※冬季休業あり

日帰り湯 営10:00〜15:30（最終受付15:00）
料900円 休メンテナンス休あり 予約不要

ROOM
八ヶ岳の自然がすぐ間近に

6〜20畳の和室を用意し、一人客も歓迎。窓が大きい部屋が多く、眺めが良い。

GOURMET
信州の名物と郷土料理が自慢

清流で育った川魚、地元産の野菜・きのこ・山菜などを使った手作り料理を楽しめる。本格猪鍋や鹿のたたきなど、別注文の特別料理も好評だ。

天狗岳への登山、蓼科三井の森ゴルフ場などへのベースとしても人気の宿

内湯は中央に溜め桶があり、湯温が違う浴槽が2つ並ぶ造り。巨岩から10度の源泉が流れ落ちる打たせ湯もある

温泉データ

泉質	二酸化炭素冷鉱泉		
pH値	4.0	泉温	10.0℃
湯出量	600ℓ/分		
効能	高血圧、動脈硬化など		

美しい源泉池も感動的
標高1870mの天空の秘湯

敷地内の源泉池では自然湧出する温泉を見られる。湯の花と緑の苔のコントラストも美しい

霧島湯之谷山荘

きりしまゆのたにさんそう

霧島温泉郷の最奥部、湯之谷川上流の一軒宿。昭和15年(1940)に湯治場として開業し、現在は旅館部と湯治部がある。自家源泉を5本持ち、3つの湯船が並ぶ内湯では硫黄泉、炭酸硫黄泉、混合泉に浸かれる。日中は窓からの光が舞い、まさに至福の湯浴みだ。

📷 DATA & INFORMATION

📞0995-78-2852 📍鹿児島県霧島市牧園町高千穂4970 in15:00 out10:00 🛏15室 💴1泊2食付平日1万1150円～ 休前日1万1950円～ 🚃JR霧島神宮駅からバスで26分、湯之谷温泉入口下車、徒歩10分／九州自動車道・横川ICから国道223号、県道50号で約23km Ｐ15台 送迎なし ※水曜休館

日帰り湯 🕐10:00～14:00 💴500円 休水曜 予約不要

ROOM
シンプルな和室で和める

本館に旅館部、その奥の建物に湯治部を用意。ともに清潔感があるコンパクトな和室。

GOURMET
地鶏や地物野菜などの郷土料理

地元食材を使い、丁寧に手作りした料理が評判。地鶏のたたき、朴葉味噌焼き、春や秋の山菜料理など、山あいの滋味を楽しめる。

かつて、霧島連山の修験者が利用していたと伝わる名湯を守る

昔ながらの湯治場の雰囲気が漂う総木造りの内湯では、ダイナミックな打たせ湯も名物。宿泊者専用の貸切露天風呂もある

温泉データ
泉質	硫黄泉／炭酸硫黄泉
pH値	5.7 泉温 46.0℃／30℃
湧出量	450ℓ/分
効能	神経痛、リウマチ、切り傷など

風情ある木造りの浴舎で
2種類の硫黄泉を堪能

熱めの硫黄泉、微温の炭酸硫黄泉、2種の混合泉の3つの湯船がつながる風流な造り

山梨県●青木鉱泉

青木鉱泉

あおきこうせん

南アルプス北東部、鳳凰三山の麓にあり、明治初期の創業以来、登山者や静養客に愛される。昭和期に館主が明治期の建物を復元新築。宿のシンボルである丸い障子窓も復活した。宿の裏山に湧き出す冷鉱泉を加熱した湯が情緒ある内湯に注ぎ、身も心も癒やされる。

男女別内湯は鉄平石を敷き詰めた石風呂。鉄分を多く含む加熱鉱泉で体がぽかぽか温まる

樹林にたたずむ丸窓の宿

DATA & INFORMATION

☎070-4174-1425 所山梨県韮崎市清哲町青木3350 in15:00 out10:00 室20室 予約1泊2食付 平日1万1000円～ 休前日1万1000円～ 交JR韮崎駅から山梨中央交通バスで1時間、青木鉱泉下車、徒歩2分／中央高速道路・韮崎ICから国道20号で約23km P80台 送迎なし

日帰り湯 営9:00～20:00 料1000円 休無休 予約不要

温泉データ
泉質 緑礬泉
pH値 不明　泉温 不明
湧出量 不明
効能 心臓病、胃腸病、神経痛、貧血症など

釘を使わない挿し鴨居造りの伝統建築を復活。小武川が近くを流れ、ドンドコ沢の登山口でもある

山形県●姥湯温泉

枡形屋

ますがたや

吾妻連峰の北側、原生林に覆われた仙境の湯宿。室町時代、鉱山師だった初代が山姥に導かれて岩壁から噴き出す温泉を発見し、開湯したと伝わる。奇岩怪岩に囲まれた白濁湯の露天風呂は、まるで南画の世界。四季折々の自然に包まれ、秘境の名湯を堪能できる。

勾配が続く山道を進んでたどり着く秘境。温泉ファンのリピーター客が多く、薬師森登山のベースにも

平成期にリニューアルした客室は1～3名向けの和室が基本。夕食は米沢の郷土料理が好評だ

DATA & INFORMATION

☎090-7797-5934 所山形県米沢市大沢姥湯1 in15:00 out10:00 室13室 予約1泊2食付 平日1万4500円～ 休前日1万5500円～ 交JR峠駅から車で25分、駐車場から徒歩3分／東北自動車道・福島飯坂ICから国道13号で約32km P40台 送迎あり

日帰り湯 営9:30～15:30 料700円 休不定休 予約不要

温泉データ
泉質 単純酸性硫黄泉
pH値 2.6　泉温 51.0℃
湧出量 300ℓ/分
効能 アトピー性皮膚炎、尋常性乾癬、糖尿病、表皮化膿症、慢性湿疹など

混浴露天風呂からは東北有数の渓谷美が楽しめる。特に新緑と紅葉の美しさは感動的

標高1300mの深山幽谷 奇岩がそびえる神秘の湯

秘湯の一軒宿

鹿児島県・霧島湯之谷温泉／山梨県・青木鉱泉／山形県・姥湯温泉

301

野湯
のゆ

生まれたての源泉を自然のなかで楽しめる「野湯」は究極の温泉のひとつ。地球の恵みに感謝!

「野湯」は「のゆ・やとう」と読み、自然のなかに湧出する人の手が入っていない源泉を指す。山奥の秘境、深い渓谷、人里離れた川原や海岸などにひっそり湧き、新鮮な源泉を自分流に楽しめるのが醍醐味だ。入浴施設はなく無料が基本だが、近隣の湯宿などが管理している場合も。照明灯はないので、安全面からも日中の入浴が必須。以下の3カ所のように、水着の着用をマナーとしている野湯も多い。

川自体が巨大な野天風呂

尻焼温泉
しりやきおんせん

群馬県中之条町

利根川水系の長笹沢川下流では、川底のいたるところで温泉が湧出。川をせき止めてつくった「川の湯」と呼ばれる野湯に、自由に入浴できる。泉温は熱めで、湯で温まった石に腰かけて痔を治したのが、温泉名の由来とされる。
℡0279-75-8814(中之条町観光協会) ㊟群馬県中之条町入山 ㊛JR長野原草津口駅から路線バスで35分、花敷温泉下車、徒歩15分/関越自動車道・渋川伊香保ICから国道17・353・145・292号で約65km

"地獄"近くの巨大な滝温泉

川原毛大湯滝
かわらげおおゆたき

秋田県湯沢市

日本三大霊地に数えられる「川原毛地獄」の西側にある日本屈指の湯の滝。約1km上流で湧出する源泉が沢水と合流して温泉となり、約20mの高さから豪快に流れ落ちる。滝壺と渓流をそのまま野湯として楽しめ、野趣に富む。
℡0183-55-8180(観光・ジオパーク推進課) ㊟秋田県湯沢市高松大檜内山 ㊛JR湯沢駅から車で45分の川原毛大湯滝駐車場から徒歩15分/東北自動車道・古川ICから国道47・108号で約105km

スコップでMy野湯を造れる

切明温泉 河原の湯
きりあけおんせん かわらのゆ

長野県栄村

信州三大秘境のひとつ、秋山郷最奥部「切明温泉」の名物。中津川の川底から温泉が湧き、好みの場所をスコップで掘って周囲を岩で囲むと、自分だけの野湯ができあがる。川の水を混ぜての湯温調整も楽しい。スコップは近くの湯宿「秋山郷 雄川閣」で貸し出し。入浴の際は必ず水着を着用しよう。
℡0269-87-3333(栄村秋山郷観光協会) ㊟長野県栄村 ㊛JR湯沢駅から急行バスで50分、津南役場前で乗り換え路線バスで20分、児玉で乗り換えデマンド運行バスで55分、切明下車、徒歩10分/関越自動車道・湯沢ICから国道353・405号で約62km

足元湧出の温泉

玉石の隙間からポコポコ
湧く湯が心と体をほぐす

1

2

1「玉城乃湯」は男女時間入替制。総檜造りの内風呂と
露天風呂がある。夜は幻想的なムード
2 吹き抜けが見事な玄関には、宿の名物のひとつ、トチ
の木の火鉢が。神棚も昔ながらのもの
3 玄関横には囲炉裏の間があり、宿泊者同士の交流の
場に。鉄瓶のお茶を味わうこともできる

混浴大浴場「法師乃湯」には、湯温が違う4つの浴槽が並ぶ。20〜22時は女性専用に

群馬県●法師温泉

法師温泉 長寿館

ほうしおんせん ちょうじゅかん

明治初期創業。群馬と新潟の県境にある三国峠南麓にたたずみ、弘法大師の発見伝説がある名湯を自家源泉として守る。自然湧出する温泉の上に大浴場「法師乃湯」があり、浴槽の底に敷かれた玉石の間から湧く生まれたての湯が体を包む。鹿鳴館様式の建物も圧巻。

☐ DATA & INFORMATION

📞0278-66-0005 所群馬県みなかみ町永井650 in15:00 out10:30 室33室 予約1泊2食付 平日1万9950円〜 休前日2万1050円〜 JR上毛高原駅から関越交通バスで38分、猿ヶ京で乗り換え、みなかみ町営バスで15分、法師下車、徒歩1分／関越自動車道・月夜野ICから国道17号、県道261号で約25km P30台 送迎なし

日帰り湯 時11:00〜14:00(最終受付13:30) 料1500円 休水曜、ほか不定休 予約不要

温泉データ

泉質	カルシウム・ナトリウム-硫酸塩泉、単純温泉
pH値 8.3〜8.5	泉温 28〜42℃
湧出量 433ℓ/分	
効能	胃腸病、やけど、動脈硬化症、神経痛など

春と夏の緑、秋の紅葉、冬の雪景色と、四季の自然も見どころ

ROOM

国登録有形文化財の建物に泊まれる

美しいしつらえの和風客室。本館と別館は国登録有形文化財。貴賓客を迎えた法隆殿、法師川沿いの薫山荘ではワンランク上の贅沢が叶う。

3

GOURMET

地元銘柄肉とおいしいお米

上州牛、上州麦豚、赤城鶏と地元野菜で作る食事も評判。秋ぐちに宿の契約農家から仕入れる魚沼産コシヒカリ100%のご飯もおいしい。

湖と溶け合う露天風呂が圧巻
支笏湖畔最古の秘境の宿

1 男女別大浴場にはサウナもあり、その外にある展望露
天風呂のチェアで外気浴を楽しめる
2 展望露天風呂の一角に露天水風呂を設置。足元湧出
の湯ファンに加え、サウナ好きゲストにも大好評

天然露天風呂はまさに湖と一体化。湯の深さは支笏湖の水位と同じく、季節によって変動

湖畔の宿支笏湖 丸駒温泉旅館

こはんのやどしこつこ まるこまおんせんりょかん

支笏湖の北西岸、恵庭岳の麓にある湖畔の宿。大正4年(1915)、佐々木初太郎が足元から湧く天然温泉の宿を創業し、陸路が整備されるまで、人々は船で湯浴みに訪れていた。往時と変わらぬ保温効果抜群の塩化物泉が豊富に湧き、自然と一体化した露天風呂を満たす。

☐ DATA & INFORMATION

📞0123-25-2341 🏠北海道千歳市幌美内7 in15:00 out10:00 室55室 宿泊料1泊2食付 平日1万8000円〜 休前日2万円〜 交JR千歳駅から北海道中央バスで44分、支笏湖下車、車で15分／新千歳空港から道道16号、国道453号で約42km P70台 送迎あり

日帰り湯 時10:00〜16:00(最終受付15:00) 料1000円 休不定休 予約不要

温泉データ
泉質 ナトリウム・カルシウム-塩化物・炭酸水素塩・硫酸塩泉 pH値 6.5 泉温 50.3℃
湧出量 240ℓ/分
効能 神経痛、筋肉痛、関節痛、五十肩など

札幌市内から車で約1時間の距離。晴れた日には支笏湖周辺の山々を見渡せる

ROOM

湖を一望できるテラス付き客室が人気

湖水側と山手側に分かれ、和室と和洋室がある。湖水側の特別室2室には支笏湖を眼下に望むテラスが付く。写真は湖水側の和室。

GOURMET

ヒメマス料理と旬の味覚で彩る囲炉裏会席

夕食は支笏湖名物のヒメマス料理をメインに、地元の旬食材をたっぷり使った囲炉裏会席。掘りごたつ席もある古民家風の食事処で楽しめる。

蔦温泉旅館

つたおんせんりょかん

奥入瀬渓流の入口近く、南八甲田の原生林に囲まれた一軒宿。開湯は平安時代に遡り、近代には大町桂月などの文人墨客に愛された。地元の木材を使った浴槽の下に源泉があり、底板から空気に触れていない温泉が湧出。足元からぷくぷく上がる湯玉が心地よい。

◻ DATA & INFORMATION

☎0176-74-2311 ⊕青森県十和田市奥瀬蔦野湯1 in15:00 out10:00 客32室 予算1泊2食付 平日1万7600円〜 休前日1万9800円〜 交JR青森駅からJRバスみずうみ号で1時間58分、蔦温泉下車すぐ／青森自動車道・青森東ICからみちのく有料道路、国道102号で約76km P50台 送迎あり（要予約）

日帰り湯 営10:00〜14:30（最終受付） 料800円 休不定休 予約不要

ROOM
半露天風呂付き離れが新登場

意匠の異なる9タイプの部屋を用意。2022年誕生の贅を尽くした離れが話題。

GOURMET
四季折々の食材で紡ぐ会席料理

夕食は地元食材をふんだんに使った季節の会席料理、朝食は本格料理が並ぶバンケットスタイル。食事処「蔦の紀」で。

文豪・井上靖も来館し、「泉響の湯」の名の由来となる詩を詠んだ

温泉データ

泉質	ナトリウム・カルシウム-硫酸塩・炭酸水素塩・塩化物泉
pH値	7.3	泉温 45.4℃
効能	神経痛、リウマチ、運動機能障害など

八甲田山麓の1000年の秘湯を
"源泉湧き流し"で堪能

男女入替制の「久安の湯」、男女別の「泉響の湯」があり、いずれも湯船の底から源泉が湧く

白湯を湛えた混浴露天風呂。冷え性によく効き、美人の湯とも呼ばれる白濁の温泉だ

乳頭温泉郷8軒の中でも
特に歴史の深い湯宿

秋田県●鶴の湯温泉

鶴の湯温泉

つるのゆおんせん

乳頭山の麓に位置する温泉郷の中でも特に古く、秋田藩の2代目藩主、佐竹義隆公も入られたという由緒ある鶴の湯温泉。半径50m以内に白湯、黒湯、中の湯、滝の湯と肌触りや効能の異なる4つの温泉が湧出し、宿のお風呂ではすべての湯が楽しめる。

子宝の湯として知られるナトリウム塩化物・炭酸水素泉の黒湯（上）。湯治場ならではの雰囲気漂う内風呂、中の湯（下）

DATA & INFORMATION

📞0187-46-2139 🏠秋田県仙北市田沢湖田沢先達沢国有林50 in15:00 out10:00 室34室 宿泊1泊2食付 平日9830円〜 休前日9830円〜 交JR田沢湖駅から羽後交通バスで35分、アルパこまくさ下車、車で15分／東北自動車道・盛岡ICから国道46・341号、県道127号で約56km P50台 送迎あり

日帰り湯 時10:00〜15:00 料700円 休無休 予約不要

温泉データ
泉質 ナトリウム・カルシウム-塩化物・炭酸水素塩泉 ほか pH値 7.1 泉温 60.0℃
湧出量 280ℓ/分
効能 切り傷、自律神経不安定症など

ROOM
情緒あふれる和室のお部屋

古くからの湯宿ならではの情緒にくつろぐ。佐竹義隆公が湯治された際に警護の侍の詰所となったという茅葺きの本陣にも宿泊できる。

GOURMET
囲炉裏を囲んで味わう

宿オリジナルの味噌を使った山の芋鍋が名物。山里らしく山菜や岩魚などもおいしく、料理が盛られた川連漆器も秋田ならではの風情。

本陣と新本陣、東本陣の一部客室には囲炉裏があり、一段と暖かい雰囲気

岩間から絹のような湯が
湧く清流沿いの洞窟風呂

1内湯「隠り国の湯」は風格のある石造り。ほかに館主
自らが切り出した石で造った内湯「切り出しの湯」もある
2休み処「囲炉裏」では宿泊者に夜は焼酎、朝はコー
ヒーが振る舞われる

大分県●壁湯温泉

壁湯天然洞窟温泉 旅館 福元屋

かべゆてんねんどうくつおんせん りょかん ふくもとや

宝泉寺温泉郷の奥部、町田川沿いの小さな宿。江戸時代に洞窟に湧き出す湯を見つけた猟師が開湯したと伝わる温泉を受け継ぎ、明治40年(1907)に創業。以来、岩の奥から自然湧出する温泉を往時のまま守る。日本の原風景に包まれるような宿の風情にも心和む。

🔲 DATA & INFORMATION

📞0973-78-8754 🏠大分県九重町町田62-1 ⏰15:00 out10:00 🛏9室 🍴1泊2食付 平日1万8500円〜 休前日2万円〜 🚗JR豊後森駅から車で30分／大分自動車道・九重ICから県道40・681号、国道387号で約7km 🅿30台 送迎あり

日帰り湯⏰10:00〜16:00(最終受付) 🉐400円
🈺不定休 予約不要

温泉データ
泉質 単純泉
pH値 7.8 泉温 39.0℃
湧出量 1360ℓ/分
効能 神経痛、筋肉痛、関節痛など

建物のたたずまいからも懐かしさが感じられる宿

名物の半洞窟混浴露天風呂は川面に迫り出した造り。300年以上前から天然温泉が自噴する

GOURMET

女将手作りの「田舎会席」が評判

地元食材や自家栽培米、豊後牛や馬刺しなどに加え、飲泉可能な源泉を料理に使い、食を通しても温泉効果を提供。体の中から元気になるおいしさ。

ROOM

民芸調の空間で憩える

広さが異なる和室が9室。民芸調の空間や調度品、窓からの山里の眺めに癒やされる。

11の湯船は男女日替わり。写真の半露天「イコロ・ボッカの湯」は自慢の足元湧出の湯

13の源泉と11の湯船を
堪能できる大雪山の秘湯

然別峡かんの温泉

しかりべつきょうかんのおんせん

大雪山(たいせつざん)国立公園の東大雪エリア、然別峡の一軒宿。創業者の本郷平吉が深山に温泉を発見し、明治44年(1911)に宿を建てたのが始まり。時代の荒波を受け平成期に休業したが、平成26年(2014)に復活。13もの自家源泉がかけ流しで11の湯船に湧き、遠来の旅人を待つ。

🔲 DATA & INFORMATION

📞050-5319-4068 所北海道鹿追町然別国有林145林班 in15:00 out10:00 客16室 予約1泊2食付平日1万500円〜 休前日1万500円〜 交道東自動車道・十勝清水ICから国道274号、道道1088号で約48km P30台 送迎なし

日帰り湯 営12:00〜17:00(最終受付) 料650円 休火曜(冬期は火・水曜)、ほか不定休 予約不要

温泉データ
泉質 ナトリウム-塩化物・炭酸水素塩温泉
pH値 6.7 泉温 48.5℃
湧出量 200ℓ/分
効能 神経痛、筋肉痛、関節痛、五十肩など

温泉棟最奥の「波切の湯」は豊富な湯量が圧巻。湯の名は近くにある波切不動尊に由来

「波切の湯」へは洞窟のような薄暗い階段を下りていくつくりで、秘湯ムードにあふれる

ROOM

快適で機能的な洋室が全16室

湯宿棟の2・3階に客室があり、シングル、ツイン、トリプル、4名までのファミリータイプの4種。ファミリー客室はミニキッチン付き

名湯を愛する人々の思いを原動力として復活を遂げた。館内にはレストランもある

貸切露天風呂「幾稲鳴滝(いねなるたき)の湯」は、イチイの木を組み合わせた湯船

元湯夏油

もとゆげとう

駒ケ岳北西の山あい、夏油川沿いにある湯治場。温泉が自噴する5カ所に露天風呂が設けられ、湯船の底や脇からこんこんと湧く新鮮な湯に浸かれる。5カ所とも泉質は同じ塩化物泉だが、泉温が異なり、その差を体験するのも温泉通の楽しみ。風情が漂う内湯もある。

DATA & INFORMATION

☎090-5834-5151 所岩手県北上市和賀町岩崎新田1-22 in15:00 out10:00 室70室 予算1泊2食付平日1万1150円〜 休前日1万2250円〜 交JR北上駅から車で50分／秋田自動車道・北上西ICから県道37・122号で約23km P50台 送迎あり

日帰り湯 営10:00〜15:00(最終受付14:00) 料775円 休無休 予約不要

ROOM

湯治場の風情が漂う和の客室

食事付きの旅館部と共同自炊場がある自炊部があり、ともに純和風のしつらえ

混浴の露天「疝気(せんき)の湯」は原生林が間近に迫り、野趣満点(上)。宿泊棟の近くにある混浴の露天「真湯」は最も泉温が高い。女性専用時間帯もある(下)

白猿発見伝説や慈覚大師発見説などがある霊泉。敷地内には、霊泉の石碑や薬師神社がある

温泉データ
泉質	ナトリウム・カルシウム-塩化物泉など
泉温	45.9〜67.8℃
効能	切り傷、やけど、慢性皮膚病など

源泉がそのまま湯船に！
渓谷に沿う霊泉をめぐる

上流側の露天風呂「大湯」は昔ながらの湯治場そのもの。混浴だが、女性専用時間帯も

42.6℃のなめらかな湯が
花崗岩の湯船の底から湧く

1

2

3

1貸切風呂「川の湯」は、吉井川のせせらぎを感じ
ながら湯浴みができる
2ステンドグラスを通してやわらかな光が差し込む貸
切風呂「泉の湯」は特に湯量豊富
3昭和2年(1927)築の建物を、日本建築の美しさそ
のままに平成16年(2004)にリニューアル

岡山県●奥津温泉

名泉鍵湯 奥津荘

めいせんかぎゆ おくつそう

江戸時代、津山藩の初代藩主・森忠政がここで湧く温泉に心酔し、部外者が利用できないよう、鍵をかけたと伝わる「鍵湯」を守る宿。近くを流れる吉井川の川底を生かした浴槽から、理想的な泉温の湯が自噴。立ったまま入浴できる「立湯」、2つの貸切風呂も趣深い。

DATA & INFORMATION

☎0868-52-0021 ⊕岡山県鏡野町奥津48 in15:00 out10:00 ⊜8室 ⊛1泊2食付 平日2万8600円〜 休前日3万1900円〜 ⊗JR津山駅から中鉄バスで1時間、奥津温泉下車すぐ／中国自動車道・院庄ICから国道179号で約22km ℗10台 送迎なし

日帰り湯 ⊕10:45〜14:00(最終受付) ⑩1000円 休不定休 予約不要

温泉データ
泉質 アルカリ性単純泉
pH値 9.1 泉温 42.6℃
湧出量 247ℓ/分
効能 神経痛、筋肉痛、関節痛、五十肩など

GOURMET
地元食材たっぷりの9つの夕食コース

郷土料理、源泉しゃぶしゃぶ、旬の会席、ヘルシーコースの4メニューに加え、松茸会席、源泉鴨鍋など季節限定の5コースを用意。

豊富な湯量のピュアな温泉が湧く「鍵湯」の底岩は、吉井川の川底と一枚岩でつながる

ROOM
国登録有形文化財に泊まれる

宿の建物は、平成30年(2018)に国登録有形文化財に登録。露天風呂付き客室、和室、洋室の3タイプ8部屋があり、渓流か中庭に面する。

野趣あふれる露天風呂を体感

木賊温泉岩風呂(共同浴場)

とくさおんせんいわぶろ

西根川沿いの渓谷にあり、川床から温泉が湧く男女混浴の露天風呂。温泉の発見は約1000年前とされ、武士が刀傷を治す隠れ湯だったと伝わる。岩を彫って造った浴槽は野趣満点。清流のせせらぎを間近に、足元から湧く湯と四季の自然に癒される。

ダイナミックな大岩に囲まれた露天風呂。湯船の底石の間から熱めの源泉が湧き出す

DATA & INFORMATION

☎0241-64-5611 (舘岩観光センター) 所福島県南会津町宮里湯坂1986 営24時間 料200円 休無休 予約不要 交会津鉄道・会津高原尾瀬口駅から車で40分／東北自動車道・西那須野塩原ICから約73km P5台 送迎なし

女性専用脱衣室があり、湯浴み着の貸し出し(有料)もある

温泉データ
泉質 単純温泉
pH値 8.08 泉温 44.8℃
湧出量 54.3ℓ/分
効能 神経痛、筋肉痛、関節痛、消化器病など

千原温泉(共同浴場)

ちはらおんせん

島根県山間部にある日帰り温泉。明治期に開湯し、1970年代までは湯治療養専門の施設だった。源泉を板で囲って底板を敷いただけの浴槽はまさに風呂の原点。炭酸ガスを含む新鮮な源泉が底板の間から湧き、足元から上がる泡と湯に温泉の力がみなぎる。

温泉愛好者が選ぶ「ひなびた温泉」全国ランキングで1位に輝いた湯

入湯料金は1回分。2回以上の場合は、有料の部屋休憩(5時間以内)を利用

DATA & INFORMATION

☎0855-76-0334 所島根県美郷町千原1070 営8:00～18:00(11～3月は～17:00)※最終受付は各1時間前 料500円 休木曜 予約不要 交JR大田市駅から石見交通バスで58分、千原下車、徒歩40分／中国自動車道・三次ICから国道54号、県道166号で約48km P20台 送迎なし

温泉データ
泉質 ナトリウム-塩化物・炭酸水素塩温泉
pH値 6.5 泉温 34.0℃
湧出量 59ℓ/分
効能 切り傷・やけど・皮膚病など

炭酸ガスの泡が足元から体をくすぐるように上がる黄褐色の湯。皮膚病緩和の効能で名高い

大地のパワーを足元から感じる

２種の足元湧出泉が注ぐ温泉

鹿児島県●湯川内温泉

湯川内温泉 かじか荘

ゆがわうちおんせん かじかそう

北薩摩の名峰、柴尾山麓の一軒宿。宝暦4年(1754)に発見され、薩摩藩主・島津家御用達の湯となった。明治期に市民も入浴できるようになり、以後、山あいの温泉宿として愛される。「上の湯」と「下の湯」があり、ともに湯船の底の石の間から源泉が湧き出す。

「上の湯」と「下の湯」の泉質は同じ、アルカリ性単純温泉だが、湧出量や肌ざわりが異なる

DATA & INFORMATION

📞0996-62-1535 所鹿児島県出水市武本2060 in15:00 out10:00 室2室 料素泊まり 平日6000円〜 休前日6000円〜 交JR出水駅から車で15分／南九州西回り自動車道・出水ICから国道328号で約9km P20台 送迎なし

日帰り湯 営7:00〜19:30(最終受付) 料300円 休木曜 予約不要

宿泊はシンプルな客室の素泊まりのみで、食事の提供はない。流し台やトイレは共有

温泉データ	
泉質	アルカリ性単純温泉
pH値 9.6	泉温 39.0℃
湧出量	約100ℓ/分
効能	神経痛、筋肉痛、関節痛、五十肩など

市街地から車で約15分の近さながら、深い緑と静けさに包まれる

湯床の泥でパックもできる大露天風呂

日帰り湯も可能なエリアには5つの混浴露天風呂、女性専用露天風呂、男女別内湯が点在

✦ ✦ ✦

温泉データ	
泉質	単純硫黄泉
泉温	91.0℃
効能	神経痛、慢性消化器病、糖尿病など

岩手県●藤七温泉

藤七温泉 彩雲荘

とうしちおんせん さいうんそう

八幡平山頂近く、標高1400mにある山の宿。広大な谷間に露天風呂や内湯など10もの風呂を配し、足元から湧く乳白色の硫黄泉をかけ流す。湯床に沈澱した泥でパックすると、肌がつるつるになると評判。雲上の絶景も感動的だ。

DATA & INFORMATION

📞090-1495-0950 所岩手県八幡平市松尾寄木北の又 in15:00 out10:00 室26室 料1泊2食付 1万3250円〜 交JR盛岡駅から岩手県北バスで1時間50分、藤七温泉下車／東北自動車道・松尾八幡平ICから八幡平アスピーテラインで約28km P45台 送迎あり

※冬季休業あり

客室は2名用の質素な6畳間和室が中心。1名用の和モダンルームが1室あり、一人旅に人気だ

日帰り湯 営8:00〜18:00 料650円 休無休 予約不要

足元湧出の温泉

福島県・木賊温泉／島根県・千原温泉／鹿児島県・湯川内温泉／岩手県・藤七温泉

松山の教師時代に訪れてビフテキに舌鼓

若かりし日の夏目漱石が教師として赴任した道後には、小説『坊っちゃん』のエピソードのモデルがいっぱい。松山出身の俳人、高浜虚子の『漱石氏と私』にもその足跡は色濃い。

高浜虚子の回想録『漱石氏と私』には、「道後の鮒屋で初めて西洋料理を食わすようになったというので」漱石と食事に行ったという描写がある。虚子はビフテキをまずいと思ったが、「漱石氏は忠実にそれを噛みこなして大概嚥下」したという。食後に訪れた道後の温泉で漱石が口走った赤シャツが『坊っちゃん』の登場人物の原案かもしれないともいう。

おれはここへ来てから、毎日住田の温泉へ行く事に極めている。ほかの所は何を見ても東京の足元にも及ばないが温泉だけは立派なものだ。せっかく来た者だから毎日はいってやろうという気で、晩飯前に運動かたがた出掛ける。

・・・・・

湯壺は花崗石を畳み上げて、十五畳敷ぐらいの広さに仕切ってある。大抵は十三四人漬ってるがたまには誰も居ない事がある。深さは立って乳の辺まであるから、運動のために、湯の中を泳ぐのはなかなか愉快だ。おれは人の居ないのを見済しては十五畳の湯壺を泳ぎ巡って喜んでいた。ところがある日三階から威勢よく下りて今日も泳げるかなとざくろ口を覗いてみると、大きな札へ黒々と湯の中で泳ぐべからずとかいて貼りつけてある。

夏目漱石『坊っちゃん』

⬆玄関脇に置かれた夏目漱石の句碑。
はじめてのふなや泊まりをしぐれけり

⬆自然の川が流れる広大な自然庭園。春〜秋は川辺の席で昼食、夕食が味わえる

◉あらゆる物事に対してつまらないという態度で腹をたてる『坊っちゃん』の主人公も褒めた道後温泉の湯100％をたたえた湯船

夏目漱石
なつめそうせき

慶応3年(1867)、江戸牛込馬場下横町に生まれる。松山中学校には明治28年(1895)から1年赴任した。代表作は『三四郎』『吾輩は猫である』など。英国留学の経験があり、洋食と甘いものが好物だったという。

↑古代檜と御影石の大浴場のほか露天風呂もある(上)。和室、洋室というだけでなく芸術家の手による部屋など多彩な客室を用意(下)

▭ DATA & INFORMATION

☎089-947-0278 所愛媛県松山市道後湯之町1-33 in15:00 out10:00 室58室 客室1泊2食付 平日2万5450円〜 休前日2万8750円〜 交JR松山駅から伊予鉄道で25分、道後温泉電停下車、徒歩3分／松山自動車道・松山ICから国道33・379号、松山環状線で約8km P50台 送迎なし

日帰り湯 営11:30〜22:00(最終受付) 5:30〜9:30 料1800円 休無休 客予不要

温泉データ
泉質 アルカリ性単純温泉
pH値 9.1 泉温 46.8℃
湧出量 100〜200ℓ/分
効能 神経痛、皮膚病、リウマチなど

愛媛県●道後温泉

ふなや
ふなや

江戸期、寛永年間の1627年頃に創業したという老舗の湯宿ながら、明治時代に洋食を始めたり、平成5年(1993)には松山の旅館で初めて屋内プールを作ったりと常に新たな試みを絶やさない。漱石、高浜虚子のほか、正岡子規、種田山頭火など数多くの俳人が宿泊。

↑道後温泉の歴史は3000年。日本三古湯のひとつでもある

『城の崎にて』はこの宿から生まれた

私小説全盛の近代において、その代表作ともいえる『城の崎にて』が生まれた土地。作者の滞在した宿に泊まり、舞台となった街を歩いて、作品、作者の背景と思いをたどる。

『城の崎にて』の主人公は山手線にはねられてけがしたため城崎で静養する。私小説でもあり、これは作者の経験そのまま。志賀は三木屋で3週間ほどを過ごした。作中『范の犯罪』を書いたとあるがこれも事実。志賀直哉は城崎をたいそう気に入り、温泉、周囲の山々、日本海の魚の膳、人情、建築を挙げて大絶賛し、その後、何度となく利用している。

山の手線の電車に跳ね飛ばされて怪我をした、その後養生に、一人で但馬の城崎温泉へ出掛けた。背中の傷が脊椎カリエスになれば致命傷になりかねないが、そんなことはあるまいと医者に言われた。二三年で出なければ後は心配はいらない、とにかく要心は肝心からといわれて、それで来た。三週間以上――我慢できたら五週間くらい居たいものだと考えて来た。

志賀直哉『城の崎にて』

兵庫県●城崎温泉

三木屋
みきや

元禄期に創業したという300年の歴史を有する老舗旅館。木造の建物は国の有形文化財に登録。平成25年(2013)にリニューアル工事を施し、美しい情緒とモダンな居住性が共存している。ズワイガニを始めとする志賀直哉も絶賛した日本海の魚介や但馬牛など食事も質が高い。

↑川沿いの柳並木、夕暮れどきの灯りが幻想的な城崎温泉の街並み。浴衣に下駄履きのそぞろ歩きがよく似合う

↑開湯1300年の城崎温泉。大谿川沿いに老舗旅館が点在する温泉情緒あふれる街並みが素敵

贔屓にして宿泊した26号室
志賀直哉ゆかりの客室

執筆のために1人で、あるいは白樺派の作家仲間や家族を伴って三木屋を訪れたという志賀直哉。山手線の事故後に滞在した部屋は昭和2年(1927)に建て替えられたが、再建以降もたびたび三木屋に宿泊した。気に入りの26号室は当時のままの姿で残されている。

↑『古今和歌集』に載る歌に詠まれ、南北朝期の『増鏡』にも記された城崎温泉の湯でくつろぐ

志賀直哉
しがなおや

明治16年(1883)石巻生まれ。代表作は『暗夜行路』『真鶴』など。引っ越しの多い人物としても知られ、生涯23回の転居をしたという。人道主義、個人尊重などを唱えて武者小路実篤、有島武郎とともに『白樺』を創刊。写実の名手、「小説の神様」とも呼ばれる。

↑ブックディレクター、幅允孝氏が選んだ本を置くライブラリー・ラウンジも備える(上)。300坪の日本庭園が見事。『暗夜行路』に描かれたままの庭だ(下)

▢ DATA & INFORMATION

☎0796-32-2031 所兵庫県豊岡市城崎町湯島487 in15:00 out11:00 客16室 予約1泊2食付 平日2万4200円〜 休前日2万8600円〜 交JR城崎温泉駅から徒歩15分／北近畿豊岡自動車道・但馬空港ICから国道312号で約17km P16台 送迎あり

日帰り湯 なし

温泉データ
泉質 ナトリウム・カルシウム-塩化物高温泉
pH値 6.99 泉温 42.0℃
効能 神経痛、筋肉痛、関節痛など

青森県●酸ヶ湯温泉

酸ヶ湯温泉旅館

すかゆおんせんりょかん

八甲田連峰西麓にたたずむ名湯。江戸時代から湯治客が訪れ、その歴史や温泉の効能などから、昭和29年(1954)に国民保養温泉地第1号に指定された。混浴大浴場「ヒバ千人風呂」が名物で、総ヒバ造りの異空間に4種の乳白色の湯が注ぐ。男女別の「玉の湯」もある。

DATA & INFORMATION

☎017-738-6400 所青森県青森市荒川南荒川山国有林酸湯沢50 in15:00 out10:00 室139室 予約1泊2食付 平日1万2650円～ 休前日1万3860円～ 交JR青森駅からJRバスで1時間10分、酸ヶ湯温泉前下車すぐ／青森自動車道・青森中央ICから国道103号で約26km P50台 送迎あり(要予約)

日帰り湯 ヒバ千人風呂7:00～17:30(最終受付)※女性専用8:00～9:00、玉の湯9:00～16:30(最終受付) 料1000円 休無休 予約不要

温泉データ
泉質 酸性硫黄泉
pH値 1.8 泉温 50.0℃ 湧出量 110ℓ/分
効能 切り傷、慢性皮膚病、神経痛、筋肉痛など

⬆標高約900mの高地にあり、澄んだ空気と豊かな自然も湯治の効果を促進。客室は旅館部と湯治部に分かれる

⬆湯上がり後の休憩室「御鷹々々サロン」、企画展を行う「ぎゃらりー神舞閣」など、共有スペースも充実

ROOM

趣のある和室に加え、洋室も用意

旅館部の客室は、縁側や床の間付きの6～8畳の伝統的な和室が中心。2019年のリニューアルにより、広いベッド付きの洋室も備える。

国民保養温泉地第1号で
壮大な「ヒバ千人風呂」を体感

「ヒバ千人風呂」は160畳もの広さ。4つの浴槽をめぐりながら、4種の源泉に浸かれる

GOURMET
「御鷹ご膳」プランで地元の幸を満喫

八甲田の山の幸、青森の海の幸をたっぷり使ったグレードアップ料理「御鷹ご膳」を楽しめるプランが人気。津軽金山焼の器も愛でられる。

湯治プラン
長期滞在に適した設備が整う

湯治部の客室は簡素な和室で、トイレ・洗面付きの部屋もある。日替わり料理がほどよい量で提供される湯治食プランも用意。

湯治プラン　予約 素泊まり 平日5610円～ 休前日6160円～／1泊2食付 平日9460円～ 休前日1万340円～

⊙テレビ、冷蔵庫、浴衣、タオルなどは部屋に備え付け。布団の上げ下ろしはセルフで（左）。自炊する場合は、共同の炊事場を利用できる（右）

足元湧出の立ち湯が名物
渓谷の自然に包まれた秘湯

「白猿の湯」は約1.25mの深さ。源泉が浴槽の真下にあり、大地から湧く湯が全身を癒やす

藤三旅館

ふじさんりょかん

奥羽山脈の中腹、豊沢川に沿う「鉛温泉」の一軒宿。約600年前に開湯し、天明6年(1786)に宿を創業した。5本の源泉が4つの風呂をかけ流しで満たし、湯守が適温を管理。立位浴の「白猿の湯」では、足元から湧く新鮮な湯に浸かれる。渓流を望む風呂も趣深い。

↑新日本百名湯や日本温泉遺産に選ばれた名湯

↑本館は昭和初期建造の総ケヤキ造り3階建て

↑渓流沿いの「桂の湯」には露天風呂と内湯が

🔲 DATA & INFORMATION

📞0198-25-2311 所岩手県花巻市鉛中平75-1 in15:00 out10:00 客36室 予約1泊2食付 平日1万1200円～ 休前日1万4700円～ 交JR花巻駅から岩交バスで32分、鉛温泉下車、徒歩2分／東北自動車道・花巻南ICから県道12号で約15km ℗80台 送迎あり

日帰り湯 営7:00～20:00(最終受付) 料700円 休無休 予約不要

温泉データ

泉質	単純温泉、アルカリ性単純高温泉
pH値	8.5
泉温	57.0℃
湧出量	600ℓ/分
効能	神経痛、リウマチ、胃腸病など

湯治プラン

日本の湯治文化を体感

湯治部の客室は6～8畳のレトロな雰囲気の和室で、トイレ、洗面は共同。全室、渓流沿い。

湯治プラン 予約素泊まり 平日3800円～ 休前日5600円～／1泊2食付 平日6000円～ 休前日7700円～

↑旅館部と同様の食事付きプランもある(左)。共同炊事場では昔ながらの湯治文化を体験できる(右)

玉川温泉

たまがわおんせん

十和田八幡平国立公園内にある「湯治のふるさと」。江戸時代に温泉が発見され、明治期に湯治場として開業。pH1.2の強酸性と泉温98℃の湯力が生む効能が名高く、ぬる湯、あつ湯、浸頭湯など10種の浴槽を用意。岩盤浴の発祥地でもあり、屋外と屋内で利用できる。

DATA & INFORMATION

📞0187-58-3000(玉川温泉・新玉川温泉予約センター) 📍秋田県仙北市田沢湖玉川渋黒沢 in 15:00 out 10:00 🛏176室 予約1泊2食付 平日9500円〜 休前日1万380円〜 🚌JR田沢湖駅から秋北バスで1時間15分、玉川温泉下車すぐ／東北自動車道・鹿角八幡平ICから国道341号で約35km P30台 送迎なし

日帰り湯 ⏰10:00〜14:30(最終受付) 💰800円 休無休 予約不要

温泉データ
泉質 強酸性
pH値 1.2 泉温 98.0℃
湧出量 9000ℓ/分
効能 リウマチ、慢性皮膚病、疲労回復など

⬆旅館部にはシンプルな和室と洋室を用意

⬆夕食は日替わりのカフェテリアスタイル

➡近くには玉川自然研究路が整備され、蒸気を上げる源泉や噴気孔などをめぐれる

湯治プラン
炊事場がある自炊部に滞在

長期滞在者が多い自炊部は、部屋のみを提供。食事は自炊または食堂(別料金)を選べる。

湯治プラン 予約素泊まり 平日5320〜 休前日6190円〜

⬆共同炊事場には流し、ガス台などがある

⬅温泉の蒸気を吸入する蒸気湯・箱蒸し湯は、呼吸器系の症状を緩和し、新陳代謝を活性化
⬅安定した温度とラジウム放射線を天候に左右されず利用できる「屋内岩盤浴」も完備

源泉100%、源泉50%、弱酸性の湯の浴槽があり、症状や体調に合う泉質を選んで入浴できる

pH1.2の日本随一の強酸性泉
明治期から続く"効きの湯"

宮沢賢治が愛した宿で名湯と湯治文化に浸る

岩手県●大沢温泉

賢治ゆかりの自炊部 湯治屋
けんじゆかりのじすいぶ とうじや

花巻南温泉峡のひとつ、大沢温泉にある湯治宿。開湯は1200年前に遡り、近代には花巻出身の詩人・宮沢賢治が足繁く通った。宿泊は素泊まりが基本。豊沢川沿いの「大沢の湯」が自慢だ。

☐ DATA & INFORMATION

📞0198-25-2315 🏠岩手県花巻市湯口大沢181 🕒15:00 🕙10:00 🏨全57室 💴素泊まり平日2700円〜 🚌JR花巻駅から岩交バスで25分、大沢温泉下車、徒歩1分／東北自動車道・花巻南ICから県道12号で約11km 🅿100台 送迎あり

日帰り湯 🕒7:00〜20:30(最終受付) 💴700円 休不定休 予約不要

●混浴露天風呂「大沢の湯」は眺望も抜群
●男女別内風呂「薬師の湯」はレトロなタイル張り

●約200年前の木造建築。古き良き湯治場の風情がそこかしこに漂う

●客室は6畳の和室がスタンダード。少人数グループに向く20畳の和室も用意

（温泉データ）

泉質	アルカリ性単純泉		
pH値	9.0	泉温	51.3℃
湧出量	600ℓ/分		
効能	神経痛、筋肉痛、関節痛など		

●宿泊客は調理器具や食器などが揃う共同炊事場を自由に利用できる

多彩な風呂を巡り現代湯治で癒やされる

宮城県●鳴子温泉

百年ゆ宿 旅館大沼
ひゃくねんゆやどりょかんおおぬま

日本有数の重曹泉の郷、東鳴子温泉の老舗旅館。自家源泉と共同源泉の2種の重曹泉を、混浴大浴場「薬師千人風呂」など7つの内湯と庭園露天風呂にかけ流し。湯めぐりの贅沢に浸れる。

☐ DATA & INFORMATION

📞0229-83-3052 🏠宮城県大崎市鳴子温泉赤湯34 🕒14:00 🕙10:00 🏨全20室 予約1泊2食付 平日1万1880円〜 休前日1万2980円 🚌JR鳴子御殿湯駅から徒歩5分／東北自動車道・古川ICから国道47号で約27km 🅿15台 送迎なし

日帰り湯 なし ※休憩プランあり

●会席膳を中心に、仙台牛付きプランなどを提供

●本館客室は和室が基本で、ベッド付きの部屋も

●美肌づくりに人気の「陽の湯」は、浴槽に備長焼竹炭を練り込む

●本館と湯治館があり、旅のスタイルに応じた豊富なプランを用意

（温泉データ）

泉質	ナトリウム-炭酸水素塩泉		
pH値	7.0	泉温	62.5℃	湧出量	40ℓ/分
効能	切り傷、やけど、慢性皮膚病など		

湯治プラン
"Slow Onsen"がテーマ

湯治館では現代的な湯治"Slow Onsen"を提案。最低2泊3日からを推奨し、「何もしない」時間と湯浴みに憩える。

湯治プラン 予約素泊まり 平日8800円〜

●客室はシンプルで、トイレ、洗面、自炊施設は共同。「湯治膳」などの食事付きプランもある

湯けむりの街、鉄輪で暮らすように温泉ステイ

大分県●鉄輪温泉

湯治柳屋
とうじやなぎや

昔ながらの湯治場の風情が残る別府・鉄輪温泉。その中心部に建つ明治期からの旅館を、現代湯治を楽しめる宿にリニューアル。本館に湯治部、新館に旅館部があり、内湯付き離れも用意。

☑ DATA & INFORMATION
☎0977-66-4414 所大分県別府市鉄輪井田2組 鉄輪銀座通り in14:00 out10:00 室18室 予約1泊2食付 平日2万2550円〜 休前日2万2550円〜 交JR別府駅から大分交通バスで25分、鉄輪温泉下車、徒歩2分／大分自動車道・別府ICから県道11号で約4km P12台 送迎なし

日帰り湯 なし

↑大浴場には保湿成分が豊富な自家源泉をかけ流し

→多彩な客室があり、書斎付きなどワーケーション向きの部屋も
←湯治場の伝統と、造形作家・望月通陽氏によるアートが融合した宿

温泉データ

泉質	ナトリウム-塩化物泉
pH値	3.3　泉温 99.6℃
効能	神経痛、筋肉痛、関節痛など

湯治プラン
プチ湯治や一人湯治も叶う

明治〜昭和の雰囲気が漂う本館・湯治部では、シンプルな素泊まりや食事付きプランを提供。

湯治プラン 予約素泊まり 平日7700円〜 休前日9900円〜

↑8畳＋6畳の広い和室に加え、一人湯治に向く4.5畳の和室も

↑宿の中庭には地獄釜があり、鉄輪名物「地獄蒸し」の調理も可能

自家源泉のラドン泉に癒やされる老舗湯治宿

新潟県●出湯温泉

珍生館
ちんせいかん

弘法大師の開湯伝説がある出湯温泉で長年、湯治文化を守る。自家源泉のラドン泉を2つの風呂にかけ流し、宿泊客に貸切で提供。温泉水を使った郷土料理もおいしく、長期滞在が似合う。

☑ DATA & INFORMATION
☎0250-62-3726 所新潟県阿賀野市出湯760-7 in15:00 out10:00 室6室 予約1泊2食付 平日1万1150円〜 休前日1万2250円〜 交JR水原駅から阿賀野市営バスで22分、出湯温泉下車、徒歩1分／東北横断自動車道・安田ICから県道55号、国道290号で約10km P8台 送迎なし

日帰り湯 なし

↑8畳、10畳、12畳の天井が高い和室が6部屋。トイレ、洗面は共同

↑ロビーをはじめ、館内のいたるところで湯治宿の情趣を感じられる
→湯治宿の伝統を守りながら、客室でのWi-Fi利用が可能など快適性を刷新

↑やさしい肌ざわりの自家源泉が注ぐ風呂を貸切で楽しめる

温泉データ

泉質	単純弱放射能温泉
pH値	8.2　泉温 36.0℃
湧出量	19.0ℓ/分
効能	神経痛、筋肉痛、冷え性、痛風など

湯治プラン
素泊まりの自炊コース

自炊コースは共同ミニキッチンや調理道具を利用できる。1週間以上の連泊で宿泊料が割引に。

湯治プラン in13:00 out12:00 予約素泊まり 平日5650円〜 休前日5650円〜 1泊2食付 平日7850円〜 休前日7850円〜 ※2泊以上

地獄と呼ばれる温泉地

地面から白い煙を上げる噴気地帯は、地熱や火山ガスの影響で
植物が育ちにくく、その荒涼とした風景が地獄を連想させる。

鉄輪温泉・柴石温泉

かんなわおんせん・しばせきおんせん

大分県別府市

7つの地獄が点在
すべてめぐれば極楽へ行ける？

べっぷ地獄めぐりの名所「海地獄」。源泉に含まれる硫酸鉄の影響で、見た目も鮮やかなコバルトブルーになる

　街並みのあちこちから立ち昇る湯けむり、路地に残る昔ながらの湯治宿。12世紀の鎌倉時代、一遍上人が開いたといわれる鉄輪温泉には別府を代表する情緒あふれる光景が広がる。その北東にある柴石温泉は山の斜面を流れる渓流沿いにあり、9世紀には醍醐天皇も湯治に訪れた歴史を持つ。この2つのエリアに、自然に湧出する源泉が特異な景観をつくり出している国指定名勝「地獄」がある。

ACCESS & INFORMATION

JR別府駅から亀の井バスで16〜30分、鉄輪下車。

東九州自動車道・別府ICから県道11号、国道500号で約4km

別府市観光協会 ☎0977-24-2828

（温泉データ）

泉質 ナトリウム-塩化物泉、単純温泉ほか
pH値 4.1 泉温 60〜97℃ 湧出量 不明
効能 神経痛、筋肉痛、関節痛など

べっぷ地獄めぐり

べっぷじごくめぐり

☎0977-66-1577（別府地獄組合）営8:00〜17:00
休無休 料各450円（共通観覧券2200円）

100℃もある噴気、ボコッボコッと吹き出る熱泥、ときに青く、ときに赤く池の一面を染める熱湯。「これがあの世」と思わせる7地獄をまわる「べっぷ地獄めぐり」は別府観光の目玉だ。定期観光バスも運行されている。

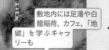

敷地内には足湯や白龍稲荷、カフェ、「地獄」を学ぶギャラリーも

国指定名勝 海地獄

奈良時代に編纂された『豊後国風土記』に登場する歴史を持つ

❶ 神秘的なブルーに魅入られそう

海地獄
うみじごく

噴気たなびくさわやかなコバルトブルーの池。実は温度が100℃近くある源泉で、1200年前の鶴見岳噴火で生まれた。地獄で茹でる名物ゆで卵や「地獄蒸し焼きプリン」が人気。国指定名勝。

📍大分県別府市鉄輪559-1 ⏰8:00〜17:00 休無休 料450円 交海地獄前バス停からすぐ P225台

❷ 「地獄絵図」がリアルに迫る!?

鬼石坊主地獄
おにいしぼうずじごく

まるで坊主頭のような熱泥がボコッボコッと噴き出て、昔から人々が想像してきた地獄の光景がそのまま目の前に広がるよう。隣接して温泉館「べっぷ鬼石の湯」がある。

📍大分県別府市鉄輪559-1 ⏰8:00〜17:00 休無休 料450円 交海地獄前バス停から徒歩1分 P35台

❸ 1丁目から6丁目まで地獄三昧

かまど地獄
かまどじごく

赤褐色やブルー、さらに気温や天候で色が変わるなどの源泉や、熱泥、赤泥がいるかまどなど、1丁目から6丁目までさまざまな地獄に出会える。噴気を利用した足蒸し施設もある。

📍大分県別府市鉄輪622 ⏰8:00〜17:00 休無休 料450円 交海地獄前バス停から徒歩3分 P35台

近くの八幡竈門神社の大祭でお供え飯を噴気で炊いたのが名前の由来

かつて飼育していたワニの骨格標本や剥製を公開した展示館もある

❹ 背筋がゾクゾクするワニ地獄

鬼山地獄
おにやまじごく

クロコダイルやアリゲーターなど約80頭のワニがいる、思わず足がすくみそうになる地獄。大正12年(1923)に日本で初めて温泉の熱を利用してワニの飼育を始めた歴史がある。

📍大分県別府市鉄輪625 ⏰8:00〜17:00 休無休 料450円 交鉄輪バス停から徒歩3分 P60台

絶景の宿 さくら亭

地獄めぐり

亀の井バスの地獄ツアー

亀の井バスの「別府地獄めぐり」という定期観光バスは女性バスガイドの元祖。日本で初めて女性バスガイドが乗車して見どころを案内し大人気になった。

別府地獄めぐりコース
べっぷじごくめぐりコース

📞0977-23-5170(亀の井北浜バスセンター) 発別府駅前乗り場9:20発、14:00発(所要3時間) ※事前予約制 休無休 料3900円

❶海地獄 ❷鬼石坊主地獄 ❸かまど地獄 ❹鬼山地獄 ❺白池地獄

柴石温泉入口
宮地獄三柱神
柴石温泉
温泉神社
稲荷大明神
かんなわゆの香
丸神屋
山荘 神和苑
海地獄足湯
鬼石の湯
海地獄前
地獄めぐり通り
みゆき坂
地獄温泉ミュージアム
おにやまホテル
もと湯の宿 黒田
別府IC
ホテル鉄輪

熱水と熱風が豪快に吹き上げられている。

4月ごろには園内でツツジが満開に

別府温泉 わんこの宿 ゆるり
亀川駅
柴石川
城の内
憩いの里 別府レトロ館
長泉寺
血の池地獄 足湯　血の池地獄前
血の池地獄 ⑥　⑦龍巻地獄
明覚院
中村地蔵尊堂　野田(別府)
浄香寺
北鉄輪
天満宮
貴船城入口
湯けむりの里 東屋
癒しの宿 彩葉
西福寺
鉄輪観光案内所
永福寺 いでゆ坂
鉄輪
地蔵蒸し
上人湯
旅館国東荘　温泉閣　鉄輪むし湯
ホテル風月
かなわ荘　ひょうたん温泉
湯げむり通り

国指定名勝 龍巻地獄

⑦ 迫力の噴出に大地の力を実感

龍巻地獄
たつまきじごく

105℃もの温泉が1日に600tも一定間隔で豪快に噴き出す間欠泉地獄。本来なら噴気とともに高さ30mほども噴き上がるそうだが、安全を考慮して石の屋根が設けられている。国指定名勝。
所 大分県別府市野田782 営8:00〜17:00 休無休 料450円 交血の池地獄前バス停からすぐ P160台

⑥ 池一面が血の色をした最強地獄

血の池地獄
ちのいけじごく

奈良時代の『豊後国風土記』にも記され、日本最古といわれる地獄。大きな池には酸化鉄などを含む熱泥が1日に約1800tも吹き出しており、まさに地獄を見る思いがする。国指定名勝。
所 大分県別府市鉄輪778 営8:00〜17:00 休無休 料450円 交血の池地獄前バス停からすぐ P130台

血の池地獄

温泉成分で作られる「血ノ池軟膏」や「赤湯泉」はおみやげに最適

⑤ 地獄が控える趣ある和風庭園

白池地獄
しらいけじごく

大きな池を配した落ち着いた雰囲気の和風庭園と思いきや、池は温度が95℃もある地獄。しかも、その色は時間や時期によって青白色やモスグリーンなど、さまざまに変化する。国指定名勝。

所 大分県別府市鉄輪283-1 営8:00〜17:00 休無休 料450円 交鉄輪バス停から徒歩2分 P55台

併設された熱帯魚館は20種100匹ほどの珍しい熱帯魚が飼育され、必見

白池地獄

登別温泉

のぼりべつおんせん

北海道登別市

湯鬼神たちが棲む地獄谷に
9種の源泉が湧く北の湯の国

　北海道の南西部、胆振地域にある江戸末期開湯の温泉。約1万年前の火山活動で生じた火口跡が点在し、猛烈な熱気や湯けむりとともに温泉が煮えたぎるように湧き出す。その様子から最大泉源地は「地獄谷」と名付けられ、「湯鬼神」と呼ばれる鬼たちが万物効能の湯を守ると伝わる。登別の奥座敷・カルルス温泉を合わせると、10種類もの泉質を誇り、1日1万tの湯が自然湧出し続ける。

ACCESS & INFORMATION

JR登別駅から道南バスで15分、登別温泉下車。

道央自動車道・登別東ICから道道2・350号で約6km。

登別国際観光コンベンション協会
0143-84-3311

温泉データ

泉質 硫黄泉、食塩泉(塩化物泉)、明礬泉(含アルミニウム泉)、芒硝泉(硫酸塩泉)、緑礬泉(含アルミニウム泉)、鉄泉(含鉄泉)、酸性泉、重曹泉、ラジウム泉

pH値 泉温 湧出量 効能 源泉により異なる

9つの鬼像スポットめぐりも楽しみ。道央道登別東IC出口の歓迎鬼像は高さ18mの大迫力

ひょうたん型の火口跡「大湯沼」の底からは約130℃もの硫黄泉が噴出

地獄谷には遊歩道が整備され、熱気うずまく"地獄"をめぐれる。ここから湯宿に湯が引かれる

地獄の谷の鬼花火

湯鬼神が夜空に花火を放ち、人々の厄を祓う

地獄谷展望台で行われる人気イベント。地獄谷に棲む「湯鬼神」が手筒花火を持って登場。人々の幸せを願い、厄を祓うため、10mもの火柱を上げる鬼花火を打ち上げる。開催予定日は登別国際観光コンベンション協会の公式HPで案内。
※2023年2月現在、開催未定

大湯沼からあふれる温泉は大湯沼川となり、川べりで天然足湯を楽しめる

灰黒色の硫黄泉が湧く「奥の湯」は、煮えたぎる湯釜のような"地獄"の趣

大涌谷温泉
おおわくだにおんせん

神奈川県箱根町

赤茶けた山肌、硫黄の匂いや噴煙が地球の鼓動を感じさせる。温泉は仙石原や強羅の宿などに供給

「大地獄」として怖れられ、噴煙を上げる箱根火山を体感

　緑に恵まれた箱根で唯一、荒涼とした景観が続く大涌谷。約3000年前に箱根火山が噴火し、冠ヶ岳の斜面に現在の地形が形成された。平安時代には弘法大師が訪れ、硫気と水蒸気が噴き出す地獄のような光景を憂い、地蔵菩薩像を刻んだ。江戸末期まで「大地獄」と呼ばれたが、明治天皇の箱根来訪時に「大涌谷」に改名。その後、実業家・渋沢栄一らの尽力により、大涌谷温泉として昭和期に開湯した。

ACCESS & INFORMATION

🚃 箱根登山鉄道・強羅駅から箱根登山ケーブルカーで10分、早雲山で箱根ロープウェイに乗り換え8分、大涌谷下車。

🚗 東名高速道路・厚木ICから小田原厚木道路、国道1号で約57km。

箱根町総合観光案内所 ☎0460-85-5700

[温泉データ]
[泉質] 酸性-カルシウム-硫酸塩温泉
[pH値] 2.5　[泉温] 63.6℃　[湧出量] 不明
[効能] 切り傷、やけど、慢性皮膚病など

大涌谷自然研究路

火山地帯ならではの大迫力の自然を満喫！

　大涌谷の自然と絶景を楽しめる延長約700mの園路。もうもうと白煙が上がる噴煙地近くをはじめ、大涌谷名物「黒たまご」の蒸し場、展望台などを引率者付きでまわれる。天気の良い日には、箱根連山と富士山を一度に見渡せる大パノラマが展開し、感動もひとしお。各所に火山の成り立ちを記した解説板があり、火山地帯独自の自然についての知識も深まる。事前予約制。

⬆安全を最優先とし、30名までのグループに引率者が2名付いて園路を進む

⬆万が一の噴火の際、噴出物から身を守るためのシェルターが園路内に7カ所ある

⬆閻魔台の約80℃温泉池と約100℃の天然蒸し器を活用して、名物の黒たまごが完成

大涌谷周辺は今も火山活動が継続。大涌谷安全対策協議会が火山ガス濃度などを毎日測定し、安全な観光をサポート

大涌谷くろたまご館
おおわくだにくろたまごかん

「1個で7年延命長寿」といわれる黒たまごは旨み成分が多く、おいしい

☎0460-84-9605 所神奈川県箱根町仙石原1251 営10:00〜16:00 休無休 交箱根ロープウェイ・大涌谷駅からすぐ P150台(有料)

大涌谷を眺められる「涌わくキッチン＆CAFE」、みやげ物店があり、散策途中のひと休みにいい。大涌谷名物の「黒たまご」、オリジナル菓子やグッズに加え、温泉水と卵エキスを使用した肌マスクなどの化粧品も人気だ。

雲仙温泉

うんぜんおんせん

長崎県雲仙市

地球のパワーを実感する湯力！
雲上の「地獄」に湧く硫黄泉

　日本初の国立公園である雲仙天草国立公園内、標高700mの高地に湧く温泉。開湯は大宝元年(701)とされ、かつては「温泉山」という地名だった。温泉街は古湯、新湯、小地獄の3地区に分かれ、その中央部に噴気地帯「雲仙地獄」が広がる。激しい噴気と硫黄の匂いが立ち込める様子が「地獄」と称するゆえん。ホテル、旅館、民宿など多彩な湯宿があり、力強い硫黄泉を堪能できる。

ACCESS & INFORMATION

🚃 JR諫早駅から島原鉄道バスで1時間26分、雲仙下車。

🚗 長崎自動車道・諫早ICから国道251号で約36km。

雲仙観光局 ☎0957-73-3434

温泉データ

泉質 硫黄泉

pH値 1.8　**泉温** 50.5℃(平均値)

湧出量 400t(平均値)

効能 湿疹、しもやけ、切り傷、皮膚病全般、美肌効果、慢性のリウマチ、糖尿病、神経痛、筋肉痛など

雲仙地獄は温泉街最大の見どころ。噴気の最高温度は120℃、源泉の最高温度は98℃と高温

雲仙地獄

噴気が上がる地獄をめぐり、雲仙の自然と歴史を体感

　白い温泉余土に覆われた噴気地帯を遊歩道に沿ってまわれる散策路。「大叫喚」「清七」「お糸」など大小の地獄が30カ所ほど点在する。地熱や噴気を足で感じる天然岩盤浴「雲仙地獄足蒸し」や温泉たまごを味わえる「雲仙地獄工房」など、雲仙温泉のパワーを体感できるスポットも充実。歴史の舞台でもあり、江戸時代にはキリシタン弾圧の地となり、一隅に殉教碑が立つ。

◆噴気がいちばん激しい「大叫喚地獄」展望所は撮影スポットとして人気

◆「清七地獄」は潜伏キリシタンであった清七が殉教した1620年代に湧き出したと伝わる

◆島原城下で暮らしていたお糸が不義密通の罪で処刑された頃に噴出した「お糸地獄」

「泥火山」では灰白色の粘着土が噴気で盛り上がり、小さな山々を形成。自然の神秘にふれられる

木造の遊歩道が整備され、安心して散策を楽しめる。所要時間60分ほど

キリシタン殉教碑は17世紀のキリスト教徒弾圧で亡くなった人々を鎮魂する

地獄温泉

じごくおんせん

熊本県南阿蘇村

震災時にも湧き続けた湯
「地獄湯治」が心身に効く

　阿蘇五岳のひとつ、烏帽子岳中腹の温泉地。湯宿の裏山に泉源があり、温泉ガスの影響で草木が育たない地獄の景観を呈するため、昔から「地獄温泉」と呼ばれた。江戸時代は熊本藩士専用の湯だったが、明治期に市民に開放されて以降、湯治場として愛されてきた。平成28年(2016)、熊本地震と土石流により壊滅状態に陥ったが、2020年に一軒宿の青風荘が復活。現代の湯治文化を発信している。

湯浴み着で入る混浴の「すずめの湯」は源泉の上に湯船があり、足元から白濁の硫黄泉が湧く

⬜ ACCESS & INFORMATION

🚃 JR立野駅から車で20分。

🚗 九州縦貫自動車道・熊本ICから国道57・325号で約50km。

地獄温泉青風荘 ☎0967-67-0005

(温泉データ)

【すずめの湯】
[泉質] 単純酸性硫黄温泉
[pH値] 2.6　[泉温] 41.3〜47.1℃　[湧出量] 不明
[効能] リウマチ、アトピーなど

高台の湯処「たまごの湯」内の露天風呂「仇討の湯」は、震災の被害をまぬがれた

"温泉・宿・食"の新たな湯治文化を紡ぐ

青風荘.

せいふうそう

☎0967-67-0005　所熊本県南阿蘇村河陽2327　in 15:00　out 11:00　客9室　料1泊2食付 平日2万9850円〜 休前日3万3370円〜　P30台　送迎あり

[日帰り湯] 営10:00〜17:00(最終受付15:00)　料2000円　休火曜(祝日の場合は営業)　予約不要

　明治期創業の老舗宿。熊本地震で被災したが、「清風荘」から「青風荘」に名を変えてリニューアル復活。震災時にも湧き続けた奇跡の湯「すずめの湯」、裏山から源泉を引く「たまごの湯」「元の湯」があり、多彩な泉質を楽しめる。

1

2

3

4

1 阿蘇の食材で彩る旬菜懐石や囲炉裏裏焼きコースが評判
2「たまごの湯」の半露天内湯からは阿蘇を一望できる
3 離れの客室には専用庭と源泉かけ流しの半露天風呂が
4 日中は南阿蘇の自然、夜は満天の星に癒やされる

地獄谷温泉

じごくだにおんせん

長野県山ノ内町

轟音を上げて湧き出す噴泉と温泉に浸かる猿で名高い秘湯

開湯1350年以上の湯田中渋温泉郷の最奥、徒歩でのみたどれる温泉地。地獄の底から噴き上げるように熱泉が自然湧出し、「地獄谷温泉」の名がついた。かつては鬼地獄、油地獄などの噴泉があったが、今は大噴泉「渋の地獄谷噴泉」のみ。その源泉を引く一軒宿が横湯川を挟んで建ち、川沿いの混浴露天風呂などで噴泉の勢いを間近に湯浴みを楽しめる。野生の猿が温泉に入る地としても世界的に有名だ。

ACCESS & INFORMATION

🚃 長野電鉄・湯田中駅から長電バスで15分、上林温泉下車、徒歩30分。

🚗 上信越自動車道・信州中野ICから国道292号で約17km、駐車場から徒歩30分。

地獄谷温泉後楽館 📞0269-33-4376

（温泉データ）
【延命の湯】
泉質 ナトリウム・カルシウム-塩化物・硫酸塩温泉
効能 切り傷、末梢神経障害、冷え性、うつ状態など

地獄谷野猿公苑

温泉に入るニホンザルが愛らしい

後楽館の近くに、長野電鉄が平成39年(1964)に設立。野生のニホンザルが温泉に入る様子を観察できる公園として、人気がある。猿の湯浴みは、後楽館の風呂で明治期に初めて確認され、昭和期に猿の餌付けに成功。この地の風物詩となった。

↑冬を中心に春〜秋も野生の猿が湯浴みに訪れる

ゴーゴーと音を立て、高さ20mの熱泉を噴き上げる「渋の地獄谷噴泉」。国の天然記念物に指定

大噴泉を150年以上守る孤高の宿

後楽館

こうらくかん

📞0269-33-4376 所長野県山ノ内町平隠6818 in14:00 out10:00 室13室 予算1泊2食付 3万8800円〜 Pなし 送迎なし

日帰り湯 営12:00〜16:00（最終受付） 料1200円 休不定休 予約不要

江戸末期創業の地獄谷温泉の一軒宿。代々の当主が噴泉を守りながら、猿が入浴する習性に寄り添うなど、山の湯宿でこその温泉文化を築く。風呂はすべて源泉かけ流し。温泉ちまきの里、新布石発祥の囲碁の聖地としても知られる。

1 山道を30分ほど歩いて、たどり着ける秘境の湯宿
2 客室は落ち着いた和室。「新布石の間」にも泊まれる
3 男女別の内湯「延命の湯」は風情あふれる総木造り
4 横湯川沿いの混浴露天風呂には猿が姿を見せることも

温泉マップ

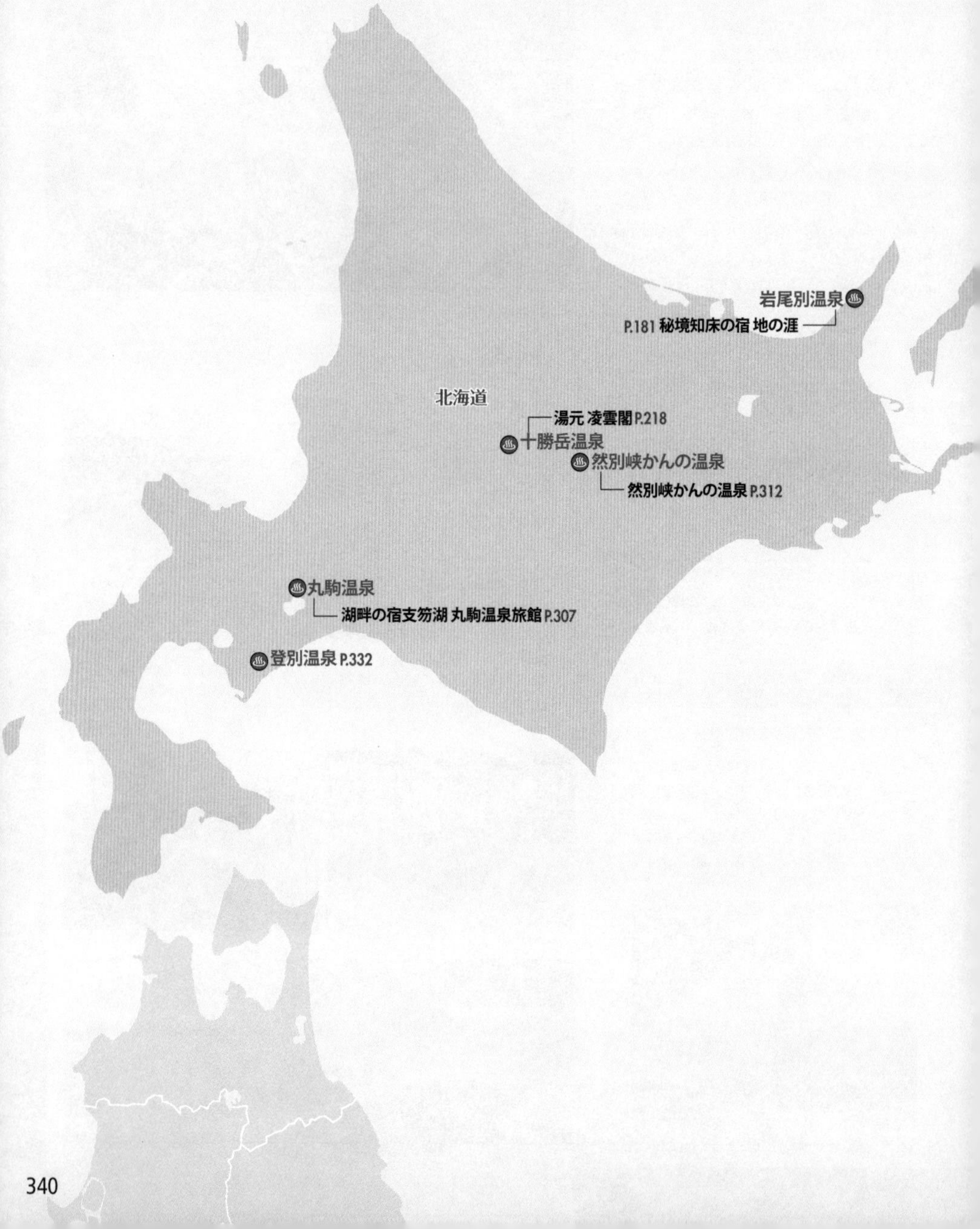
岩尾別温泉
P.181 秘境知床の宿 地の涯
北海道
湯元 凌雲閣 P.218
十勝岳温泉
然別峡かんの温泉
然別峡かんの温泉 P.312
丸駒温泉
湖畔の宿支笏湖 丸駒温泉旅館 P.307
登別温泉 P.332

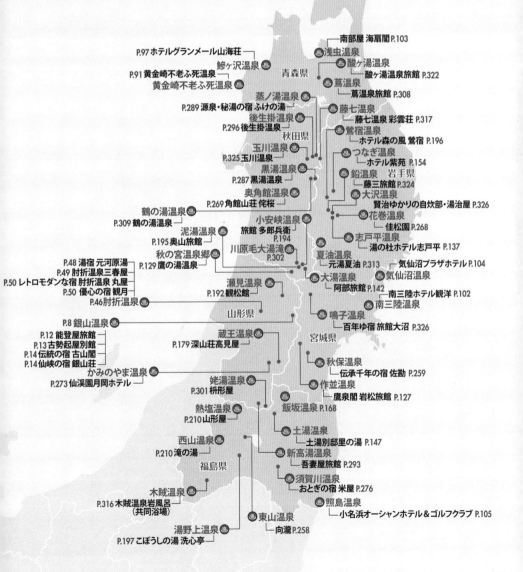

南部屋 海扇閣 P.103

P.97 ホテルグランメール山海荘
鰺ヶ沢温泉 ♨

P.91 黄金崎不老ふ死温泉
黄金崎不老ふ死温泉 ♨

浅虫温泉 ♨
酸ヶ湯温泉 ♨
酸ヶ湯温泉旅館 P.322
青森県

蔦温泉 ♨
蔦温泉旅館 P.308

蒸ノ湯温泉 ♨

P.289 源湯・秘湯の宿 ふけの湯
後生掛温泉 ♨

P.296 後生掛温泉
秋田県

藤七温泉 ♨
藤七温泉 彩雲荘 P.317

鶯宿温泉 ♨
ホテル森の風 鶯宿 P.196

玉川温泉 ♨
P.325 玉川温泉

つなぎ温泉 ♨
ホテル紫苑 P.154

黒湯温泉 ♨
P.287 黒湯温泉

鉛温泉 ♨ 岩手県
藤三旅館 P.324

奥角館温泉 ♨
P.269 角館山荘 侘桜

大沢温泉 ♨
賢治ゆかりの自炊部・湯治屋 P.326

鶴の湯温泉 ♨
P.309 鶴の湯温泉

花巻温泉 ♨
佳松園 P.268

泥湯温泉 ♨
P.195 奥山旅館

志戸平温泉 ♨
湯の杜ホテル志戸平 P.137

小安峡温泉 ♨
旅館 多郎兵衛
P.194

秋の宮温泉郷
P.129 鷹の湯温泉

川原毛大湯滝
P.302

夏油温泉 ♨
元湯夏油 P.313

気仙沼プラザホテル P.104

気仙沼温泉 ♨

P.48 湯宿 元河原湯
P.49 肘折温泉三春屋
P.50 レトロモダンな宿 肘折温泉 丸屋
P.50 優心の宿 観月

瀬見温泉 ♨
P.192 観松館

大湯温泉 ♨
阿部旅館 P.142

南三陸ホテル観洋 P.102

南三陸温泉 ♨

P.46 肘折温泉 ♨

山形県

鳴子温泉 ♨
百年ゆ宿 旅館大沼 P.326

P.8 銀山温泉 ♨

P.12 能登屋旅館
P.13 古勢起屋別館
P.14 伝統の宿 古山閣
P.14 仙峡の宿 銀山荘

蔵王温泉 ♨
P.179 深山荘高見屋

宮城県

秋保温泉 ♨
伝承千年の宿 佐勘 P.259

かみのやま温泉 ♨
P.273 仙渓園月岡ホテル

姥湯温泉 ♨
P.301 枡形屋

作並温泉 ♨
鷹泉閣 岩松旅館 P.127

熱塩温泉 ♨
P.210 山形屋

飯坂温泉 P.168

西山温泉 ♨
P.210 滝の湯

土湯温泉 ♨
土湯別邸里の湯 P.147

福島県

新高湯温泉 ♨
吾妻屋旅館 P.293

須賀川温泉 ♨
おとぎの宿 米屋 P.276

木賊温泉 ♨
P.316 木賊温泉岩風呂
（共同浴場）

照島温泉 ♨
小名浜オーシャンホテル＆ゴルフクラブ P.105

東山温泉 ♨
向瀧 P.258

湯野上温泉 ♨
P.197 こぼうしの湯 洗心亭

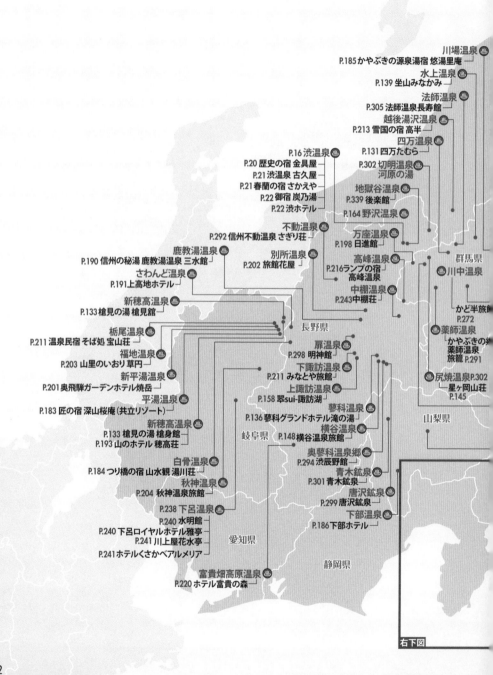

川場温泉
P.185 かやぶきの源泉湯宿 悠湯里庵

水上温泉
P.139 坐山みなかみ

法師温泉
P.305 法師温泉 長寿館

越後湯沢温泉
P.213 雪国の宿 高半

四万温泉
P.131 四万たむら

P.16 渋温泉
P.20 歴史の宿 金具屋
P.21 渋温泉 古久屋
P.21 春蘭の宿 さかえや
P.22 御宿 炭乃湯
P.22 渋ホテル

P.302 切明温泉
河原の湯

地獄谷温泉
P.339 後楽館

P.164 野沢温泉

不動温泉
P.292 信州不動温泉 さぎり荘

万座温泉
P.198 日進館

別所温泉
P.202 旅館花屋

群馬県

鹿教湯温泉
P.190 信州の秘湯 鹿教湯温泉 三水館

高峰温泉
P.216 ランプの宿
高峰温泉

川中温泉

さわんど温泉
P.191 上高地ホテル

中棚温泉
P.243 中棚荘

かど半旅館
P.272

新穂高温泉
P.133 槍見の湯 槍見館

薬師温泉
かやぶきの郷
薬師温泉
旅籠 P.291

栃尾温泉
P.211 温泉民宿 そば処 宝山荘

長野県

尻焼温泉 P.302
星ヶ岡山荘
P.145

福地温泉
P.203 山里のいおり 草円

扉温泉
P.298 明神館

新平湯温泉
P.201 奥飛騨ガーデンホテル焼岳

下諏訪温泉
P.211 みなとや旅館

山梨県

平湯温泉
P.183 匠の宿 深山桜庵（共立リゾート）

上諏訪温泉
P.158 翠sui-諏訪湖

新穂高温泉
P.133 槍見の湯 槍身館
P.193 山のホテル 穂高荘

蓼科温泉
P.136 蓼科グランドホテル滝の湯

岐阜県

横谷温泉
P.148 横谷温泉旅館

白骨温泉
P.184 つり橋の宿 山水観 湯川荘

奥蓼科温泉郷
P.294 渋辰野館

秋神温泉
P.204 秋神温泉旅館

青木鉱泉
P.301 青木鉱泉

唐沢鉱泉
P.299 唐沢鉱泉

P.238 下呂温泉
P.240 水明館
P.240 下呂ロイヤルホテル雅亭
P.241 川上屋花水亭
P.241 ホテルくさかベアルメリア

下部温泉
P.186 下部ホテル

愛知県

静岡県

富貴畑高原温泉
P.220 ホテル富貴の森

右下図

342

P.64 三朝温泉
P.66 依山楼岩崎
P.67 三朝館
P.67 旅館 大橋
P.68 木造りの宿 橋津屋

P.32 玉造温泉　松江しんじ湖温泉
P.36 界 玉造　　└皆美館 P.157
P.37 玉造グランドホテル長生閣
P.37 曲水の庭 ホテル玉泉
P.38 出雲神々縁結びの宿 紺家
P.38 湯之助の宿 長楽園

皆生温泉
└華水亭 P.113

P.282 湯元 湯の川
湯の川温泉

はわい温泉

湖上に浮かぶ絶景の宿
P.155 千年亭

P.281 国民宿舎 清嵐荘
出雲湯村温泉

温泉津温泉
P.283 寛ぎの宿 輝雲荘

千原温泉
P.316 千原温泉
（共同浴場）

奥津温泉

P.315 名泉鍵湯 奥津荘

島根県

広島県

岡山県

夕景の宿 海のゆりかご 萩小町 P.119
はぎ温泉

長門湯本温泉
└湯本観光ホテル 西京 P.284

鞆の浦温泉

P.118 汀邸 遠音近音

山口県

湯田温泉
└松田屋ホテル P.271

344

よしが浦温泉 ♨
P.93 よしが浦温泉ランプの宿 ┘
輪島温泉 ♨
P.115 輪島温泉 八汐 ┘

和倉温泉 ♨
P.107 加賀屋姉妹館あえの風 ┘

小川温泉 ♨
P.150 小川温泉元湯 ホテルおがわ ┘
宇奈月温泉 ♨
P.149 延楽 ┘

みくりが池温泉 ♨
P.220 みくりが池温泉 ┘

石川県

P.244 まつさき ┐
辰口温泉 ♨

富山県

片山津温泉 ♨
P.156 湖畔の宿 森本 ┘
あわら温泉 ♨
P.260 伝統旅館のぬくもり 灰屋 ┘

♨ 山中温泉 P.24
├ お花見久兵衛 P.28
├ かがり吉祥亭 P.29
├ 厨八十八 P.29
├ 胡蝶 P.30
└ 白鷺湯 たわらや P.30

福井県

♨ 城崎温泉 P.160
└ 三木屋 P.320

鳥取県

京都府

兵庫県

♨ 湯郷温泉
└ 季譜の里 P.270

おごと温泉 ♨
P.279 湯元館 ┘

滋賀県

♨ 湯の山温泉
└ 鹿の湯ホテル P.205

P.226 有馬温泉 ♨
P.228 有馬温泉 元湯 古泉閣 ┐
P.228 兵衛向陽閣 ┤
P.229 竹取亭円山 ┘

大阪府

奈良県

三重県

♨ 榊原温泉
└ 旅館 清少納言 P.206

♨ 吉野温泉
└ 吉野温泉元湯 P.207
♨ 洞川温泉 P.58
├ 花屋徳兵衛 P.60
├ 角甚 P.61
└ 旅館 紀の国屋甚八 P.62

和歌の浦温泉 ♨
萬波 M A N P A R E S O R T ┘
P.114

♨ 龍神小又川温泉
└ 丸井旅館 P.278

和歌山県

♨ 白浜温泉 P.230
├ INFINITO HOTEL&SPA南紀白浜 P.232
├ 湯快リゾートプレミアム ホテル千畳 P.232
├ 浜千鳥の湯 海舟（共立リゾート） P.233
└ SHIRAHAMA KEY TERRACE HOTEL SEAMORE P.233

345

香川県

祖谷渓谷温泉
P.209 ホテル秘境の湯 ―

♨ こんぴら温泉郷
└ 琴平花壇 P.280

♨ 鳴門温泉
└ アオアヲ ナルト リゾート P.101

♨ 奥道後温泉
└ 奥道後 壱湯の守 P.265

♨ 道後温泉 P.222
├ 道後御湯 P.224
├ 別邸 朧月夜 P.224
├ 道後温泉 琴の庭 P.225
└ ふなや P.319

♨ 和の宿ホテル祖谷温泉 P.125

♨ 祖谷温泉

♨ 新祖谷温泉
└ ホテルかずら橋 P.219

徳島県

♨ べふ峡温泉
└ べふ峡温泉 P.151

高知県

愛媛県

♨ 北川村温泉
└ 北川村温泉 ゆずの宿 P.208

♨ 松葉川温泉
└ ホテル松葉川温泉 P.153

♨ 用井温泉
└ ホテル星羅四万十 P.153

♨ あしずり温泉郷
└ 足摺国際ホテル P.120

索引

STAFF

編集制作 Editors
(株)K&Bパブリッシャーズ

取材・執筆 Writers
重松久美子　高橋靖乃　遠藤優子
アトリエオップ　沖崎松美
メニィデイズ(間々田正行／熊本真理子)
高見真理子(メリット)　若林宏美
成沢拓司

撮影 Photographers
アトリエオップ(渡辺俊)　成沢拓司
メニィデイズ(間々田正行)
studio FREESTYLE(平野谷雅和)
山城卓也　赤山シュウ

本文・表紙デザイン Cover & Editorial Design
(株)K&Bパブリッシャーズ

表紙写真 Cover Photo
秋田県・黒湯温泉

地図制作 Maps
トラベラ・ドットネット(株)
山本眞奈美(DIG.Factory)

写真協力 Photographs
関係各市町村観光課・観光協会
関係諸施設
PIXTA

総合プロデューサー Total Producer
河村季里

TAC出版担当 Producer
君塚太

TAC出版海外版権担当 Copyright Export
野崎博和

エグゼクティヴ・プロデューサー
Executive Producer
猪野樹

旅コンテンツ完全セレクション
癒しの 湯の街 名湯秘湯

2023年4月22日　初版　第1刷発行

著　　　者　TAC出版編集部
発　行　者　多田　敏男
発　行　所　TAC株式会社　出版事業部
　　　　　　　　(TAC出版)

　　　　　〒101-8383 東京都千代田区神田三崎町3-2-18
　　　　　電話　03(5276)9492(営業)
　　　　　FAX　03(5276)9674
　　　　　https://shuppan.tac-school.co.jp

印　　　刷　株式会社　光邦
製　　　本　東京美術紙工協業組合

©TAC 2023　Printed in Japan　　　ISBN978-4-300-10562-7
N.D.C.291　　　　　　　　落丁・乱丁本はお取り替えいたします。